- 教育部人文社会科学研究青年基金项目（项目批准号：12YJC630199）
- 上海市高校"085工程"项目

Entrepreneurial Competencies and Guanxi Networks
Performance Growth Mechanism of New Venture

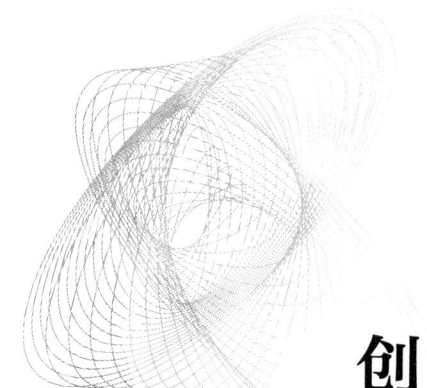

创业能力与关系网络
新创企业成长绩效机制

王辉 ◎ 著

图书在版编目(CIP)数据

创业能力与关系网络:新创企业成长绩效机制/王辉著. —北京:北京大学出版社,2015.6

ISBN 978-7-301-25913-9

Ⅰ. ①创… Ⅱ. ①王… Ⅲ. ①企业成长—企业绩效—研究 Ⅳ. ①F270

中国版本图书馆 CIP 数据核字(2015)第 117864 号

书　　　名	创业能力与关系网络:新创企业成长绩效机制
著作责任者	王　辉　著
责 任 编 辑	朱　彦　杨丽明
标 准 书 号	ISBN 978-7-301-25913-9
出 版 发 行	北京大学出版社
地　　　址	北京市海淀区成府路 205 号　100871
网　　　址	http://www.pup.cn
电 子 信 箱	sdyy_2005@126.com
新 浪 微 博	@北京大学出版社
电　　　话	邮购部 62752015　发行部 62750672　编辑部 021-62071998
印 刷 者	北京溢漾印刷有限公司
经 销 者	新华书店
	730 毫米×980 毫米　16 开本　19.75 印张　283 千字
	2015 年 6 月第 1 版　2015 年 6 月第 1 次印刷
定　　　价	58.00 元

未经许可,不得以任何方式复制或抄袭本书之部分或全部内容。
版权所有,侵权必究
举报电话:010-62752024　电子信箱:fd@pup.pku.edu.cn
图书如有印装质量问题,请与出版部联系,电话:010-62756370

前　言

四年多以前,我们实施了一项有关创业胜任力的研究课题,对十几位创业者进行了深度访谈。其中的一些访谈案例给我们留下了深刻印象,有几位成功的创业者在访谈中不断地谈到自己所经历的与"人脉""贵人""关系""网络"等相关的主题故事。这些故事吸引了我,同时也引起了我对创业网络和网络能力等相关研究文献的关注。我经过一段时间的阅读和思考,结合对一些已有的访谈资料的再分析,逐步形成了一些新的研究想法和思路,再经过提炼和整理,形成研究方案,并成功获得了教育部人文社会科学研究青年基金项目立项。

立项以来的研究和探索让我们在研究方法和理论思考上获益良多。在这里,分享其中的一些体会,这些体会不仅反映了我们课题组在课题研究过程中的思考和收获,同时对有效阅读本书的内容也会有所帮助。

首先,在研究方法上,我们作了一些探索。在前期的案例访谈阶段,我们就遇到了障碍。我们一开始采用的是行为事件访谈法,因为这种方法在我们之前的创业胜任力课题研究中非常有效。但是,当访谈涉及与关系网络有关的细节问题时,我们发现这种方法难以奏效。除了个别案例外,大多数受访者在触及一些重要的商业关系时,就会闪烁其词、欲言又止。开始时,我们分析认为这是因为被访对象存在顾虑,因此我们需要想办法打破这种潜在的顾虑。我们作出了很多努力,包括更详细地介绍研究目的,更诚恳地说明我们研究资料的保密性和使用方法以及研究成果的用途等,甚至还想办法与受访者建立更紧密的关系。但是,效果甚微。这使得我们每次都揣着碰运气的心理去作访谈。为此,我们开始想办法改善行为事件访谈法。也就是在这个探索的过程中,我们接触到了叙事研究方法,并开始尝试将这一方法运用到我们的关系网络研究中。这种转变不仅仅是一个访谈方法的改进,更是引起了我们对研究方法的深入反思。我们发现,在行为事件访谈法的运用过程中,不管我们表现出何种尊重和谦虚的态度,我们和受访者都存在一种潜在的不平等关系——研究者作为一种理论权威角色获取自己想要的信息,而受访者只是一个承载信息的样本,在整个研究方案实施过程中,只是被动地配合研究者,提供其所需的信息和数据。经过对访谈方法的思考和改变,我们开始尝试营造一种氛围,倾听受访者的创业成长故事,让受访者成为访谈的主角,不再用"我问你答"问卷调查式的访谈方法获取数据,而是尝试尽力融入这些受访者精彩的创业故事中。因为我们慢慢开始相信,理解创业者的起点是我们必须沉浸到故事的情境中,深入体会和理解主人公当时的情感、思维和行为。当我们越来越多地这样做之后,整个研究方法取向不知不觉地发生了一个重要的转变,那就是我们开始从一种量化导向的实证研究设计,越来越被质化导向的叙事研究方法吸引。这是我们始料未及的。叙事方法的探索给整个研究课题也带来很多改变,我们总是尝试运用这种方法,并对其不断总结、改进,以期能在理论研究上寻求创新和突破点。为此,我们把对这种研究方法的思考总结出来,单独列为一章放在本书中,这也算是我们在方法探索上的一个收获。

其次,在理论研究上,我们主要试图在两个层面上作一些理论探索:一是理论概念,二是绩效机制。在理论概念上,我们主要尝试洞察和提炼创业者创业成功所需要的重要能力维度,尤其是创业者或创业企业构建、维持和运用外部关系和网络的能力。基于对网络能力和创业网络的文献阅读,我们先对"创业网络能力"这个概念进行研究。我们以行为事件访谈法对十多家创业企业进行了访谈。研究虽然让我们对创业网络能力的内涵有了更深入的理解,但是并没有让我们发现超出已有网络能力研究文献的新维度。

于是,我们在研究设计上作出调整,调整的策略有两个:一是改善研究方法,二是调整理论概念。在方法改善上,我们主要引入了叙事研究方法。如前所述,我们感觉到了这种方法的潜在力量还有待挖掘和创新运用。对于理论概念的调整,我们在阅读相关的本土关系研究文献之后,直觉地联系起了"关系能力"这个理论概念。因此,我们结合叙事研究方法,重新设计了研究。尽管第一个叙事研究中我们只进行了三个样本的访谈,但是研究结果给了我们鼓舞,让我们找到了一个质性研究的新方法。同时,我们期望,随着对这种方法的熟练运用,能让我们在理论概念创新上找到突破。随后的第二个叙事研究中,我们把样本量增加到八个,同时更进一步借鉴了本土关系研究成果。这一次研究更加激发了我们的理论思考,并让我们发现,建立在本土文化背景上的理论创新将可能有巨大的潜力。两个叙事研究设计的小尝试,不仅让我们找到了一个研究理论概念的新方法,也让我们对理论概念有了更深入的理解。

最后,对于绩效机制的研究,我们主要力求了解:创业能力和创业网络分别会对绩效产生什么影响?如果两者对创业绩效产生显著影响,那么它们之间又存在怎样的作用机制?这两个问题看似简单,但是要在理论和实证上予以回答却不容易。因为能力理论和网络理论在理论脉络和思维逻辑上存在差异性。能力理论秉承传统行为理论的研究思路,主要从心理和行为层面提炼创业者所具有的个人特质或行为取向。如果将能力理论运用在组织层面上,则可以考察企业的战略愿景、外部关系、创新导向和管理实践等行为或观念。能力理论视角可以让我们尝试理解创业者或创业企业所需具备的能力维度及其产生的影响机制。网络理论则有不同的分析视角,它主要观察和理解行动者之间的关系,或者多个行动者之间的关系形成的网络结构,以及这些关系属性或结构属性对创业产生的影响。因此,我们在研究过程中碰到了不少需要思考和解决的问题。一是理论融合的问题。一方面,从能力理论研究的角度看,网络可以视为个体所处外部环境的一部分。由于个体可以适应环境,但是很难改变环境,因此环境变量在能力作用机制的相关研究中会被作为控制变量处理。尽管现在的研究已不再执着于这一观点,认为个体的行为是可以影响网络环境的,但是在处理网络结构变量时,也往往把关系属性或网络结构属性转换成个体属性变量,然后与个体属性变量在一个层面上考虑构建模型。另一方面,从网络结构理论角度看,个人或企业的经济行为从来都不是孤立的,总是嵌入其所处的社会环境中,其外部的社会网络结构会对行动者的经济行为产生直接或间接的制约作用。由此可见,社会网络理论感兴趣的是行动者的社会网络结构,而非行动者个体的某些内在属性,两者的理论旨趣迥然不同。因此,我们尝试对理论脉络和思维逻辑不同的两种理论视角进行融合,既充满乐趣,也充满挑战。二是研究方法的问题。除了质化研究方法问题外,我们在量化研究方法上也碰到了不少问题。例如,在网络结构的测量上,我们发现获取行动者之间的关系数据远没有想象中容易,尤其是如何确保关系数据的真实性和有效性很是费劲。辛苦收集数据后又发现质量不理想,多次的徒劳无功一度让我们非常懊恼。但是,我们也发现,犯错也是我们学到知识和积累经验的一个有效途径,越严重的错误越让我们深刻反省。总体上,在绩效机制的研究上,我们的研究才只是个起步,还有许多问题需要我们进一步探索和努力解决。

　　本书把本课题研究的一些主要阶段性成果展现出来。在内容框架的安排上,我们把 11 章内容归类为三篇,分别是理论与方法篇、案例研究篇、实证研究篇。这样安排除了能基本反映我们的研究内容逻辑外,另一个考虑是便于读者迅速锁定选择自己感兴趣的内容进行阅读。其中,在案例研究部分,我的几位研究生参与了案例访谈、资料整理和数据分析等工作,他们是林巧萍、陆恺、陈熠、邱琴,分别参与了第 4、5、6、7 章的案例研究,在这里谢谢他们的工作与努力。同时,还要感谢上海对外经贸大学国际与继续教育学院一直以来的支持,为我们提供了许多宝贵的国际交流机会。最后,本研究成果要感谢教育部人文社会科学研究基金的立项与资助,不仅为我们提供了研究所需的经费,也让我们有了研究的目标和动力。

目 录

理论与方法篇

第1章 创业能力与绩效机制 …………………………………… (3)
 一、能力理论基础 …………………………………………… (3)
 二、创业能力研究 …………………………………………… (8)
 三、网络能力研究 …………………………………………… (23)
 四、创业绩效机制 …………………………………………… (32)
 主要参考文献 ………………………………………………… (43)

第2章 关系网络与创业绩效机制 ……………………………… (47)
 一、网络理论基础 …………………………………………… (47)
 二、创业网络研究 …………………………………………… (62)
 三、本土关系研究 …………………………………………… (87)
 主要参考文献 ………………………………………………… (112)

第3章 创业叙事研究：内涵、特征与方法 …………………… (123)
 一、创业叙事研究的本质内涵 ……………………………… (124)
 二、创业叙事研究的重要特征：与实证研究的比较 ……… (126)
 三、创业叙事研究的步骤与方法 …………………………… (130)
 四、结语 ……………………………………………………… (134)
 主要参考文献 ………………………………………………… (135)

案例研究篇

第4章 一个创业者的成长之路 (139)
- 一、引言 (139)
- 二、初次体验创业 (139)
- 三、开始迈上创业之路 (144)
- 四、探索创业发展模式 (148)
- 五、未来愿景:做创业超市 (150)

第5章 创业网络能力:访谈研究 (152)
- 一、理论基础与研究问题 (152)
- 二、访谈研究方法与设计 (153)
- 三、创业企业网络能力构建 (157)
- 四、结束语 (171)
- 五、附录 (172)
- 主要参考文献 (174)

第6章 创业关系能力:叙事研究 (175)
- 一、关系研究理论背景 (175)
- 二、叙事研究方法与设计 (177)
- 三、创业关系能力叙事研究 (183)
- 四、研究小结 (200)
- 五、附录 (201)
- 主要参考文献 (202)

第7章 创业关系取向:叙事研究 (204)
- 一、关系取向理论综述 (204)
- 二、访谈与叙事研究设计 (208)
- 三、创业关系取向:整体—内容模式 (213)
- 四、创业关系取向:类别—内容模式 (225)

五、研究小结 …………………………………………… (231)
　　六、附录 ………………………………………………… (232)
　　主要参考文献 …………………………………………… (233)

第8章　网络规模与成长绩效：对创业企业的多案例研究 …… (236)
　　一、理论背景与研究问题 ………………………………… (236)
　　二、网络规模与成长绩效关系 …………………………… (239)
　　三、网络嵌入的绩效作用机制 …………………………… (245)
　　四、结果讨论 …………………………………………… (254)
　　五、结束语 ……………………………………………… (257)
　　主要参考文献 …………………………………………… (258)

实证研究篇

第9章　大学生创业能力的内涵与结构 …………………… (263)
　　一、引言 ………………………………………………… (263)
　　二、创业能力内涵与结构分析 …………………………… (263)
　　三、创业能力结构的实证分析 …………………………… (266)
　　四、结果讨论与启示 ……………………………………… (271)
　　主要参考文献 …………………………………………… (273)

第10章　影响创业倾向的能力维度分析 ………………… (275)
　　一、引言 ………………………………………………… (275)
　　二、创业能力与创业倾向关系 …………………………… (276)
　　三、研究样本与变量测量 ………………………………… (278)
　　四、数据分析结果 ………………………………………… (280)
　　五、结果讨论与启示 ……………………………………… (282)
　　主要参考文献 …………………………………………… (284)

第11章　创业倾向的胜任力作用机制研究 ……………… (287)
　　一、引言 ………………………………………………… (287)

二、理论背景与假设提出 …………………………………………（288）
三、研究方法 ………………………………………………………（294）
四、分析结果 ………………………………………………………（297）
五、结果讨论与启示 ………………………………………………（300）
六、结论与展望 ……………………………………………………（302）
主要参考文献 ………………………………………………………（303）

理论与方法篇

　　本篇主要对本研究的主要理论基础与研究方法进行综述。前两章分别对创业能力、创业关系网络以及与两者的绩效机制相关的研究进行综述，试图把与本研究相关的理论基础以及相应的重要研究成果展现出来。其中，第2章第3节介绍了本土关系研究，目的是吸收该研究领域的一些重要成果。因为我们不仅相信关系在实践上对创业者和创业企业来说是重要的，而且还期望本土关系理论研究与网络理论研究能有一些创新性的融合。最后，第3章主要介绍创业叙事研究方法。目前国内鲜见对创业叙事研究方法的关注和运用，因此我们将其作为本研究在方法上的一个新尝试，并特意用一章对该方法作一个精炼的总结和介绍，抛砖引玉，希望让更多的人关注和运用该方法。

第1章
创业能力与绩效机制

能力理论非常具有渗透力,它在对个体、团队、组织乃至国家等各个层面的研究中都产生了广泛的影响。尤其在组织与管理研究领域,能力理论已是占据主流地位的理论视角之一。首先,本章对能力理论基础作了一个简单的回顾,包括其理论缘起、常见模型以及建模的基本方法。然后,本章对创业能力和网络能力理论进行了综述。两者在此视角上有所差异,前者主要侧重于对基于个体层面的相关研究文献进行回顾,后者则主要侧重于对基于组织层面的相关研究文献进行综述。这种差异在本书后两篇的案例与实证研究上也有所体现。最后,本章对创业能力和网络能力的绩效机制研究进行了回顾,主要介绍了几个较为典型的创业绩效机制研究,并作了一个简要的评价。

一、能力理论基础

(一) 理论源起

1973年,McClelland在美国《心理学家》杂志上发表了《测试能力而非智力》一文,提出用能力取代传统的智力测量,强调从第一手的材料入手,直接发掘那些能真正影响工作业绩的个人属性和行为特征,为个人事业成功和组织绩效提升做出实质性的贡献,并提出基于胜任能力进行有效测验的一些原则。这标志着能力运动的开端,也为能力理论的诞生奠定了基础。

McClelland 提出,能力是在某一具体的工作岗位上或者团队环境中可以区别绩效水平的个人特性,包括在社会中的角色、自我的形象以及动机、态度、技能和知识等其他组成要素。有关管理者能力的研究在国外起步较早,并且取得了大量的研究成果和丰富的实证经验,其他主要代表性人物还有 McLagan,Boyatzis,Spencer 等。例如,McLagan(1980)提出,能力是指可以完成重要工作的知识、动机和技能的综合。能力是个人所拥有的某些内在的特质,这些特质可以帮助他们获得较好的工作绩效。潜在特质包括特质、个人动机、技能、社会角色和知识或者是其他的知识实体(McClelland & Boyatzis,1982)。能力是可以通过可靠测量区别出员工绩效高低的内在的更深一层的特征(Spencer,1993)。

能力理论与方法逐渐在世界范围内形成一种影响力,并根据多年的积累,发展出较为广泛适用的"才能模型"资料库和一般的"才能辞典"(competency dictionary)。同时,学者们还对不同的文化进行了比较,结果发现运用才能历程分析所找出的才能具有丰富的"情境敏锐"(context sensitive)的特性。例如,有学者经研究发现,成功的印度创业家会依照自己的组织及文化采取相应的作为,而并不表现为西方心理学或管理学理论所阐释的成功所必需的行为(Spencer & Spencer,2003)。

(二) 能力模型

1. 能力冰山模型

Spencer 和 Spencer(2003)从特征的角度提出了"能力冰山模型",把个体的能力形象地描述为一座漂浮在水面上的冰山。如图 1-1 所示,冰山分为两部分:浮出水面的部分是知识和技能,潜在水面下的部分是动机、特质和自我认知等。前者被称为"门槛能力"(threshold competence),是对个体胜任某职位的基础素质要求。基础素质是容易被观察和测量的,因而也是容易被模仿的。后者被称为"差异能力"(differentiating competence),是区分绩效优异者与绩效平平者的关键因素。相对于知识和技能而言,差异能力不容易被观察和测量,也更加难于被改变和评价。对以上几项主要的门槛能力和差异能力,Spencer等人分别给出了其相应的内涵。

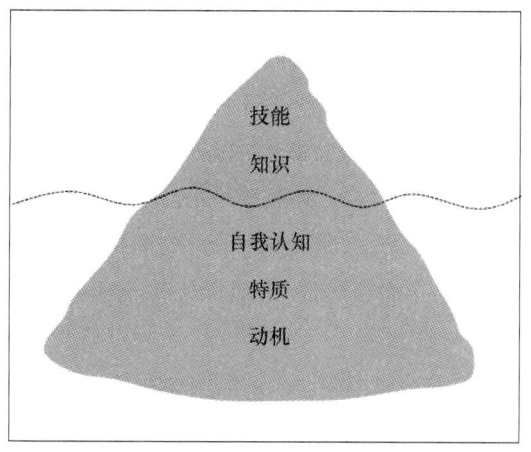

图 1-1　能力冰山模型

（1）知识,指个人在某些特定领域所拥有的专业知识。

（2）技能,指个人有效地运用特定知识和技术来完成某些具体工作或任务的能力,即反映了个人对具体知识和技术的掌握和运用能力。

（3）自我认知,指一个人的态度、价值观和自我印象。一个人的价值观,指对现象的回应或反应式的动机,可以预测个人在一段时间内由别人操控的情况下所呈现出来的意向。

（4）特质,指身体特征对环境和各种信息所表现出来的持续反应。

（5）动机,指一个人对某种事物持续渴望,进而付诸行动的念头。动机将驱动、引导和决定一个人的外在行动。

知识和技能的特征是,倾向于看得见和具有表面特性,比较容易通过教育和训练获得,具有良好的成本效益,特别是在员工的培训中能获得显著效益。动机和特质的才能则是潜藏在"能力冰山"之下,难以探索与发展,因此最好的办法是去甄别和选择。自我认知介于知识和特质之间,是可以通过有效的教育和训练等方式改变,但是在改变的时间和程度上都有一定的困难。

2. 能力洋葱模型

与驮轿冰山模型具有相似价值的是由美国学者 Richard Boyatzis 提出的"能力洋葱模型"。他对能力理论进行了深入和广泛的研究,然后用该模型来展示能力构成的核心要素,并对各核心要素的特征进行了分析和说明。

如图 1-2 所示,由内至外,能力洋葱模型的核心要素分别是:动机、个性、自我形象与价值观、社会角色、态度、知识、技能。其中,动机是推动个体为实现目标而去采取行动的内在驱动力;个性是个体对所在外部环境及其各种信息等作出反应的方式、意愿与特性;自我形象与价值观是个体对其自身与经济、政治、道德等的看法与评价;社会角色是个体对其所属社会群体或组织行为准则的恰当接受和认识;态度是个体的自我形象与价值观以及社会角色综合作用下的外化结果;知识是个体在某些特定领域所拥有的专业知识;技能是个体有效地运用特定知识和技术来完成某些具体工作或任务的能力。

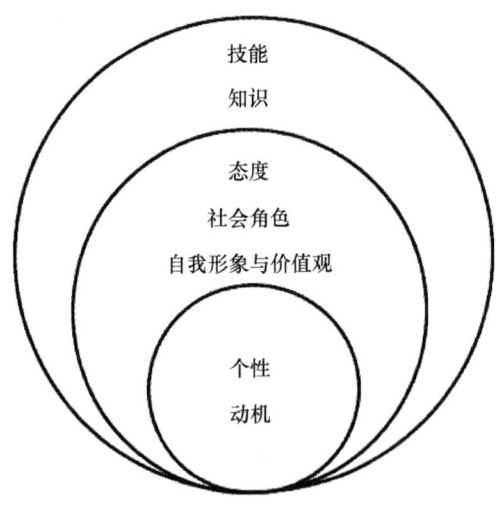

图 1-2 能力洋葱模型

能力洋葱模型是把胜任素质由内至外概括为层层包裹的结构,最核心的是动机,然后向外依次展开为个性、自我形象与价值观、社会角色、态度、知识、技能。越向外层,越易于培养和评价;越向内层,越难以评价和习得。

与能力冰山模型相比较,"洋葱"最外层的知识和技能,相当于"冰山"的水上部分;"洋葱"最里层的动机和个性,相当于"冰山"水下最深的部分;"洋葱"中间的自我形象与价值观等,则相当于"冰山"水下浅层部分。因此,能力洋葱模型与能力冰山模型相比,本质是一样的,都强调核心素质或差异素质。

(三) 能力建模方法

由于不同学者对能力的理解和定义存在不同观点,由此衍生出了以两种视角识别能力构成的方法(李明斐,卢小君,2004):

第一种方法是从人的特征角度出发去识别能力,可以采用工作分析去研究能力,根据分析的侧重点不同,又分为员工导向、工作导向和复合导向三种方法。这种方法将能力视为与人的特征相关的现象,这些特征是独立于情境的,能够适应较广范围内的工作活动。但是,这种方法对能力的描述难以操作和使用,也很难用以描述工作中复杂的能力。因此,有些研究以现象学为基础,强调人的工作经验,将能力置于具体情境下加以识别。该方法表明,能力不是独立于情境,而是依赖于情境。具体工作中用到的能力通过员工的工作经验获得它们的情境性。这种方法在具体工作情境下界定和描述能力,有助于设计和指导培训以及发展活动。

第二种方法是从行为的角度对能力进行识别。动机、个性、自我形象与价值观、社会角色、知识和技能等能力构成要素共同决定了人的行为。能力构成要素之间通过以潜在的部分(如动机、特质、自我认知、价值观、社会角色)"推动"或"阻碍"表象部分(如知识、技能)的方式,影响能力作用于行为的过程或结果。这种方法的优点是,将能力与特质和动机进行区分,将行为看作特定情境下个体知识、技能、态度、特质、动机等的外在表现形式。因此,这种方法通过可以观察到的行为指标反映能力,即能力通过具体的行为表现进行度量。

基于对能力的不同理解,学者们在不断的实践中总结出了能力模型的构建方法。其中,Spencer等人(2003)开发了一套以行为事件访谈法(Behaivor Event Interview,简称"BEI")为基础的能力模型构建程序,该程序有以下几个主要步骤：

第一，界定所研究岗位的业绩优秀者和业绩普通者，以建立模范效标样本。

第二，运用行为事件访谈法对两组样本进行访谈。行为事件访谈法主要是让当事人以讲故事的方式，以一个主题为中心，倾诉三个最成功的经验与三个最失败或最受挫折的事件。研究人员会深入询问事件发生的一些细节问题：什么因素带领你到这样的情境？有谁一起参与？你在当时情境下的想法及感觉是什么？你想实现的目标是什么？你实际做了什么？事件的最后结果又是怎样的？

第三，基于内容分析法，提炼能够对业绩优秀者和业绩普通者进行区分的能力。对行为事件访谈所获得的内容进行分析，提炼出在优秀者身上展现的行为特质，而不是出现在表现平平者的身上。这些不同记录可以转化成客观的定义和计分方式，并且不同的观察研究者基于这种方法也可以获得一致的结果。

第四，寻找并发展测量这些能力的指标或方法。根据获得的主要能力类别或维度，从原始的行为事件访谈数据资料中找到典型的行为，转化为可实施测量的指标或工具。

第五，重新选择两组样本，对这些能力进行检验，以保证测验成功。

这种方法的运用在许多研究中都表现出一些共同的特点。例如，研究对象主要聚焦于业绩优秀者所表现出来的行为，主要运用行为事件访谈法来收集资料，资料分析一般会采用内容分析法，分析结果往往被提炼成一些行为性术语所描述的一系列能力。

二、创业能力研究

（一）国外相关研究

1. Spencer 等人的早期研究

能力理论与方法早期主要用于美国国务院外交新闻官员和人力服务工

作者的测试与甄选上,后来逐渐广泛地应用到了其他各个领域。在创业领域,Spencer等人1983年在美国国际发展协会(USAID)的赞助下,进行了一项跨文化的研究,企图找出"个人企业家特质",也就是在不同的文化中,哪些能力可以预测企业创立与创业经营成功。研究样本主要来自3个发展中国家,分别是拉丁美洲的厄瓜多尔、非洲的马拉维、亚洲的印度。研究者选取了制造、行销/贸易、服务3个行业,每个行业分别访谈了12位杰出的企业家与12位一般的企业家。每一国接受访谈的对象加起来共有72位,3个国家的总样本为216个。每位企业家都必须是公司的所有人或股东,他们需要参与该公司成立的过程,而且在该公司服务至少3年以上的时间。Spencer等人(2003)经过深入的企业家访谈、编码分析和统计分析研究,提出了一个企业家通用胜任力模型,并对模型包括的13个能力所包含的行为模式进行了提炼总结。

表1-1 企业家通用胜任力模型

能力	行为模式
主动积极	• 在他人提出要求之前即主动处理,或因为事件发生而主动处理 • 采取行动拓展新的产品或服务领域
把握机会	• 掌握新的商业机会 • 掌握不寻常的机会以获得融资、土地、工作空间或协助
坚持	• 采取重复或不同的行动以解决障碍 • 面临重大障碍时,会采取行动
寻求资讯	• 研究如何提供产品或服务 • 请教专家,寻求商业或技术建议 • 寻求资讯或提出问题以澄清供应商的需求 • 进行市场研究、分析或调查 • 使用人际网络或资讯网络以取得有用的资讯
注重高品质的工作	• 表达欲望,希望能够制造或提供更高品质的产品或服务 • 认为自己与公司的工作优于其他工作

（续表）

能力	行为模式
对工作契约尽忠职守	• 做个人牺牲或尽更大的努力以完成工作 • 对问题负起完全责任,为顾客完成工作 • 加入员工的行列以协助完成工作 • 表达对顾客满意度的关切
效率倾向	• 想办法以更快的速度、更低成本的方式做事 • 使用资讯或商业工具以改善效率 • 针对改善、改变或行动过程表达对成本/利益的关切
系统性的规划	• 将大任务分解为小任务以方便规划 • 所发展之规划均能预测到可能发生的障碍 • 评估替代方案的可行性 • 以有逻辑的、系统性的方法进行各项活动
解决问题	• 采用替代方案以达成目标 • 提出新的概念或创新的解决方案
自信心	• 表达个人对完成工作与克服挑战的自信 • 面对他人反对或初步失败时,仍然坚持自己的判断 • 愿意做自己认为有风险的事
说服力	• 说服某人购买产品或服务 • 说服某人提供融资 • 说服看中的某个人做你要他做的事 • 向别人保证自己的能力、可信度或其他个人/公司的特质 • 向别人说明自己对公司的产品或服务深具信心
使用影响力策略	• 采取行动发展商业关系 • 使用有影响力的人为代理人以完成自己的目标 • 给予别人资讯之前会先过滤 • 使用策略以影响或说服他人
果断力	• 直接向他人提出问题 • 告诉别人该做什么 • 责备或规范没有达到预期目标的人

2. Chandler 等人的研究

基于创业者角色分析,Chandler 和 Jansen(1992)认为,创业者在整个创业过程中需要完成三个角色的工作,即创业角色、管理角色和技术职能角色。创业角色是指创业者必须研究自身所在的环境,选择有利可图的机会,并规划出战略。管理角色是指需要创业者开发计划、编制预算方案、评价绩效以及为顺利执行战略而需要完成的其他工作。技术职能角色是指创业者能够运用特定领域内的工具和技术。创业者为了顺利履行上述角色的责任而获得良好的创业绩效,需要具备以下几个方面的能力:(1) 识别出可利用的机会;(2) 驱动企业完成从创建到收获的整个过程;(3) 概念性能力;(4) 人力能力;(5) 政策性能力;(6) 运用特定领域内的工具和技术的能力。研究发现,基于自我评估的创业能力与企业绩效的关系具有显著相关性。因此,要实现新创企业绩效,创业角色要求创业者有能力识别有效的企业机会,管理角色要求创业者具备概念性能力、人力能力和政策性能力,技术角色则要求创业者能熟练运用其所在专业领域的工具和技术。

Chandler 和 Hanks(1994)总结出创业者的创业能力主要表现在两个方面:(1) 机会能力。即考察环境,选择有前途的机会,并形成利用机会的战略。他们认为这种能力是创业能力的核心,并会随着对市场的熟悉程度而得到改善。(2) 管理能力。即与环境互动并获取和利用资源的能力。这种能力包括诸多方面的内容,例如必须能协调整个组织利益与行为的能力,必须能理解和激励他人并与他人和谐共事的能力,以及授权、管理客户和雇员关系、人际关系技巧等方面的能力。这些创业能力都对创业成功具有重要作用。

3. Man 等人的研究

Man 和 Lau(2000)运用行为事件访谈法,对香港服务行业的 19 名中小企业创业者进行访谈,涉及的行业包括餐饮、零售、贸易、快递、咨询、商务、专业技术服务等。他们通过访谈获得了 413 个能反映创业能力的事件,再通过编码分析获得了 182 种行为,这些行为被归类到 45 个能力族中,这些能力族最终被归纳为 7 个创业能力维度。如表 1-2 所示,Man 等人的质性研究不但验证了前人的研究成果,还总结出了一个新的创业能力维度,该维度被命名为"支持能力"(supporting competencies)。

表 1-2 Man 等人的创业能力维度

能力维度	能力族
机会能力	机会识别、机会评估、机会寻找
关系能力	建立和维持关系网络、利用关系网络、建立和维持信任、利用信任、媒体宣传、沟通、谈判、冲突管理、建立共识
概念能力	直觉思考、多视角思维、创新、风险评估
组织能力	计划、组织、领导、激励、授权、控制
战略能力	愿景、设定和评估目标、利用资源和能力、制定战略变革、设定和评估市场定位、努力实现目标、利用策略、战略预算、控制战略产出
承诺能力	保持能力、致力于长期目标、投入工作、承诺同事、承诺信仰和价值观、承诺个人目标、失败后重来
支持能力	学习、适应、时间管理、自我评估、平衡生活、管理焦虑、诚实

其后，Man 等人进一步对外部环境对创业者创业能力的影响作用进行研究。Man 和 Lau(2005)首先考察了产业环境对创业能力的影响。产业环境主要聚焦在四个方面：创新机会、感知的产业成长、新产品和服务的重要性、市场异质性。为此，他们选择了批发贸易行业和 IT 服务行业的创业者作为研究对象。前者是稳定的成熟行业，相对来说，创新机会较少，产业成长速度低，对新产品和服务需求少，市场较具同质性。比较起来，后者近年来发展较快，技术的迅速发展使得产业环境变化较快，相应的创新机会较多，产业成长速度快，对新产品和服务有更多的需求，市场较具有异质性。

Man 等人主要考察了 10 个创业能力维度，分别是机会能力、关系能力、分析能力、创新能力、运营能力、人文能力、战略能力、承诺能力、学习能力、个人优势。他们通过问卷调查了 138 名创业者，其中 97 名来自批发贸易行业，41 名来自 IT 服务行业。

数据显示，两个行业的创业者所感知的产业环境在创新机会、感知的产业成长、新产品和服务的重要性、市场异质性四个方面均存在显著差异，在创新能力、战略能力、学习能力三个创业能力维度上均存在显著差异。统计数据还显示，两个行业的创业者对创业能力维度重要性的排序是不一样的。如表 1-3 所示，在传统的批发贸易行业，关系能力是最重要的；而在新兴的

IT服务行业,学习能力则是最重要的。但是,总体上,关系能力、承诺能力、个人优势和学习能力在所有创业者的身上都具有较高的排序。其中,研究者认为关系能力是一个具有中国本土商业行为特色的能力,该能力不仅应用在客户和合作伙伴身上,同时也应用在雇员、贸易协会等其他会直接或间接影响企业经营的对象身上。

表1-3 两个行业的创业能力排序

排名	批发贸易行业	IT服务行业
1	关系能力	学习能力
2	承诺能力	关系能力
3	个人优势	承诺能力
4	学习能力	个人优势
5	机会能力	机会能力
6	分析能力	分析能力
7	创新能力	创新能力
8	运营能力	运营能力
9	人文能力	战略能力
10	战略能力	人文能力

Man等人不仅考察了产业环境的影响,还研究了社会文化环境对创业能力的影响。他们(2008)运用关键事件与行为事件访谈法,分别对八名国内成长和八名国外成长的创业者进行访谈。所有访谈者都来自不同的制造业,包括医药、工程服务、床上用品、油漆涂料、手表配件、电子产品、手工装饰、摩托引擎等。访谈共收集了210个反映创业能力的关键事件,将这些事件编码分析后,两类创业者在创业能力上存在一定差异。如表1-4所示,尽管两类创业者的创业能力存在一定相似性,但在创业能力排序上还是存在差异。对于国内成长的创业者来说,表现最为突出的是关系能力和战略能力;而对于国外成长的创业者来说,表现最为突出的是战略能力和组织能力。不仅如此,通过对每个创业能力的子维度及其内涵进行分析,两者也存在明显的差异性。以关系能力为例,两类创业者虽都强调了关系能力对创

业和企业经营发展的重要性,但国内成长的创业者却表现出一种优势,他们能够更容易地利用相关的知识和技巧,这些都是基于他们早期的经验、关系和背景所形成的。另一方面,国外成长的创业者也具有自己的优势。例如,在组织管理能力上,他们中的大多数都显示出对产品质量的关心,并对组织效率的重要性有更清醒的认识,在组织管理和信息技术方面也拥有更高层次的知识。这可能是由于在香港长大的他们有更多接触西方管理思想和观念的机会。

表 1-4 国内外创业者能力排序

排序	国内成长创业者	国外成长创业者
1	关系能力(23)	战略能力(25)
2	战略能力(22)	组织能力(21)
3	概念能力(20)	概念能力(18)
4	组织能力(13)	机会能力(17)
5	机会能力(12)	关系能力(17)
6	支持能力(7)	承诺能力(7)
7	承诺能力(5)	支持能力(3)

Man 等人认为,创业能力的形成既与当前的创业环境有关,也与早期的成长环境有关。两个创业群体同在国内创业,面临相同的经济、法律和社会文化环境,因此在创业能力的表现上具有类似性。但是,早期的成长环境不同,同样会影响他们最终形成创业能力的表现。

4. Baron 等人的研究

Baron 等人(2003)从与他人互动的角度考察创业者的社会能力是否会影响其创业成功。研究主要涉及创业者与他人面对面互动的社会能力,主要包括四个方面:(1) 社会感知,主要指准确感知他人的能力,用"我对他人有良好的判断"等五个条目进行测量;(2) 印象管理,主要指引起他人好感的能力,用"我善于恭维他人,并在自己愿意的时候能作为一种优势运用它"等两个条目进行测量;(3) 社会适应,主要指适应各种社会情境的能力,用"我能很轻松地调整自己适应任何社会情境"等五个条目进行测量;

(4) 表达能力,主要指用恰当方式表达感情与感受的能力,用"即使我努力掩饰,他人总是能读懂我的情感"等五个条目进行测量。社会能力的测量采取了交叉验证方法(cross-validation procedure),即不仅让创业者自我评价,还让非常了解创业者的其他人(如配偶、家人、亲密商业伙伴)进行评价。

研究选取了化妆品和高科技两个明显不同的行业,共调查了230个创业者,其中化妆品行业159人,都是女性创业者;高科技创业者71人,91.5%的人是男性。运用探索性因子和验证性因子分析,结果显示,四个创业能力的测量具有良好的信度和效度。进一步的分析显示,两组创业者的社会感知能力都与创业财务成功正向相关;化妆品行业创业者的社会适应能力与创业财务成功正向相关;高科技行业创业者的表达能力与创业财务成功正向相关。因此,Baron等人认为,不同的创业商业环境需要不同的社会能力组合。

5. Lans等人的研究

在Man等人的创业能力研究成果的基础上,Lans(2011)等人进一步运用荷兰的小农业企业主的348个样本,对Man等人的六个创业能力维度进行因子分析,重新提炼出了三个创业能力因子,分别是:(1) 分析能力(analysing);(2) 追求能力(pursuing);(3) 网络能力(networking)。Lans等人的研究较好地运用了统计技术,并且较好地与前人的研究成果进行融合,因此其提炼的三个创业能力因子较好地整合了已有研究成果中的创业能力内涵。

6. Rasmussen等人的研究

Rasmussen等人(2011)研究了以下几个问题:在非商业化的学术环境中,创建新企业需要哪些创业能力?谁来提供这些创业能力?这些创业能力又怎样演化发展?为了深入了解以上问题,Rasmussen等人采取了纵向案例研究方法,共选择了四家大学衍生创业企业。为了控制制度环境的影响,他们从挪威和英国各选两家。相对来说,英国是大学创业制度环境较好的国家。为了控制市场和产业环境的影响,四家样本分别取自生物科学和工程两个专业。四家大学衍生创业企业的初始人都是大学教授、讲师或博士后。通过深入的案例研究,他们提出了大学创业所需要的三个重要创业能力,分别是:

(1)机会提炼能力(opportunity refinement competency)。该能力可视为如何改善和完善创业机会的能力,对于大学新创企业来说,则在于如何将高技术与市场和产业进行结合。因此,创业者与产业界的互动就成为发掘商业机会的关键。与一般的新创企业相比,大学衍生新创企业的主要挑战就是识别和发展这种互动的能力。如果创业团队中有学术背景的创业者的比例太高,则对这种产业互动能力的要求就更高。该能力在机会识别与进一步的机会开发上起到重要作用。

(2)杠杆能力(leveraging competency)。该能力主要是指获取和整合内外部资源以支撑新创企业成长。由于大学衍生新创企业具有高不确定性和风险性,需要长时间获得重要资源的支持才可能获得赢利,这些资源可能来自大学内部或者外部。在创业成长前期,大学衍生新创企业通常会从大学内部获得成长所需的资源;在成长后期,从外部获取资源变得越来越重要,因此创业团队需要增加有创业经验的新成员,这样有助于从投资者、行业合作伙伴和客户那里获得资源。

(3)领导能力(championing competency)。该能力是认同创业并能说服他人对创业发展做出贡献,是一种个人承诺与领导角色。与其他创业能力一样,领导能力不是静态的。在创业初期,学术性的领导能力的重要性更为突显,尤其是对技术发展的领导作用。随着新创企业的不断成长,领导能力也需要变化。到后期,虽然学术性的领导能力是必要的,但不是充分的,这时需要招募新的领导人以迎接挑战。

Rasmussen 等人的研究贡献主要在于,针对大学衍生创业企业这个较为特殊的群体进行了研究,并在理论上回答了谁提供创业能力,以及创业能力是怎样演化的。在以前的文献中,对这些问题的关注不多。同时,与仅仅关注个体的创业能力相比,该研究实际上是关注了整个创业团队的创业能力,这在一定程度上可能更有利于预测创业企业的成长绩效。同时,该研究的结论在实践上也具有指导作用,特别是对于大学技术型的创业企业来说,随着企业的成长,需要弥补哪些能力,以及相关政府部门需要推行哪些相应的配套政策等,都具有一定借鉴意义。

(二)国内相关研究

在国外相关研究的基础上,国内主要围绕着不同创业群体的创业能力特征进行研究。

1. 中小高技术企业创业者胜任力特征

张炜和王重鸣(2004)在 Man 等人研究的基础上,提出了创业能力八要素模型,分别是机会要素、关系要素、概念要素、组织要素、战略要素、承诺要素、情绪要素和学习要素八个不同的维度。在此基础上,他们对浙江和北京地区的 12 家中小高技术企业进行了深入访谈和问卷调查。访谈结果显示,高技术企业创业者普遍具备概念、机会、承诺、关系、学习和情绪等创业胜任要素,而组织、战略等创业胜任要素的体现则并不是非常显著。访谈结果还表明,知识专长创业、效率组合创业、技术资源创业和风险机会创业四种高技术企业创业者组合在创业胜任特征要素反映中存在一定差异。技术资源创业更多地反映出概念和机会胜任特征;风险机会创业更多地反映出机会、关系和情绪胜任特征;知识专长创业更多地反映出概念、机会、承诺和学习胜任特征;效率组合创业则基本反映了概念、机会、承诺、关系、学习、组织、战略和情绪等多维胜任特征。知识专长与效率组合创业者的胜任特征维度相对完备,这是与异质性团队组合特征相匹配的。研究还特意指出,关系胜任特征在我国高技术企业创业者中表现突出,与政府部门、社区和客户关系得到了大多数创业者的重视,良好的网络关系是有利于创业成功的。研究认为,我国目前的创业环境具有强烈的政策导向。例如,高技术企业的技术产品常常需要行业或科技主管部门认证,以获得技术许可证或市场进入许可证;同时,一旦被认定为高技术企业,就可以享受税收返还等政策优惠。

王红军和陈劲(2007)在张炜和王重鸣研究的基础上,进一步通过对 93 位科技企业家的问卷实证研究,验证科技企业家创业胜任力基本结构以及创业胜任力与绩效关系的构思模型。研究显示,科技企业家的创业胜任力包含八个维度:机会要素、关系要素、概念要素、组织要素、战略要素、承诺要素、情绪要素、学习要素。以财务绩效作为因变量,以创业胜任力作为自变量,概念要素、机会要素和组织要素进入回归方程,它们共解释了32.6%的变异。其中,概念要素对任务绩效的贡献最大,标准回归系数为0.28。这说明,提高创业胜任力会提高创业企业的任务绩效,概念要素、机会要素、组织要素和绩效是前因后果关系。科技企业家的创新意识、风险决策能力、机会把握能力、组织协调能力等是创业企业获得高任务绩效的重要因素。以非财务绩效作为因变量,以创业胜任力作为自变量,关系要素、战略要素和承诺要素进入回归方程,它们共解释了36%的变异。其中,关系要素对非财务绩效的贡献最大,标准回归系数为0.28。这说明,科技企业家的拓展和维护关系能力、坚强的意志和毅力以及战略把握能力是创业企业获得较高的非财务绩效的重要因素。情绪要素和学习要素没能进入回归方程,说明这两个要素不直接影响创业企业的绩效,而是通过其他要素的作用间接影响到绩效。

在前人研究的基础上,唐靖和姜彦福(2008)认为,在创业过程中,创业者需要完成两大任务:(1)感知、发现和开发机会;(2)运营管理新企业,构建组织能力并获取企业成长。基于此,可以将创业能力划分为两个部分:(1)机会能力,即与识别和开发机会任务相关的机会识别能力和开发能力;(2)与运营管理新企业、创建组织任务相关的运营管理能力,包括管理能力、战略能力、关系能力和承诺能力。其中,机会识别和开发能力、运营管理能力为一阶维度;机会识别能力、机会开发能力、组织管理能力、战略能力、关系能力和承诺能力为二阶维度。

王重鸣和薛元昊(2014)进一步对知识产权创业能力进行研究,分析了知识产权在创业过程中的作用,进而构建了能够辨别和评价知识产权创业能力的理论模型。他们将知识产权创业能力定义为"将知识产权资源融入创业过程之中,从而促进自身成长与发展的一种能力,体现在知识产权的创造、管理、保护、运用等一系列过程和行为中"。研究通过对三家高技术企业的知识产权创业历程与关键行为的分析,基于组织学习和创业能力的理论框架,提炼出了由获取能力、维护能力和运营能力所构成的知识产权创业能力模型。其中,获取能力包括内部创造和外部吸收;维护能力包括产权保护和系统构建;运营能力包括产品运营和产权运营。

2. 家族企业创业者的能力特征

仲理峰、时勘(2003)通过对中国家族企业的企业家进行的访谈,构建了中国家族企业的企业家的胜任力特征模型,具体包括11个维度:自主学习、信息查找、自我信任、寻找机会、团队意识、指导、影响他人、自我约束、权威指导、仁慈和主动能力。

陈万思(2008)基于案例研究法,选择了10家新浙商家族企业进行研究,其中总部所在地为杭州的三家,宁波两家,绍兴、东阳、海宁、临海、温州各一家,几乎全部为制造业。研究通过网络与书刊查阅原始文本一百余万字,筛选出10对新浙商家族企业创业者与继承者,获得可用于统计分析的文本资料16万字左右。研究结合所搜集的案例资料,运用文本分析和统计分析等方法,比较新浙商家族企业创业者与继承者企业家胜任力,构建了新浙商四维企业家胜任力模型:个人风格与学习、问题决策与影响、组织管理与创新、行业成就与自信。研究分析发现,新浙商在决策、意志力、经营管理经验、沟通协调、务实、自信、前瞻性等企业家胜任力项目上获得的评价较高,在成就欲、影响力、创新、危机感、行业知识经验、内敛等企业家胜任力项目上获得的评价较低。研究进一步把新浙商家族企业创业者与继承者进行比较发现,创业者在务实、意志力、影响力和自信四个项目上获得的评价高于其继承者,在学习、内敛和商业知识三个项目上获得的评价低于其继承者。研究又对这些胜任力特征进行因子分析,获得了四个因子,分别是:(1)个人风格与学习,包括七个项目:务实、诚信、责任感、意志力、危机感、灵活性和学习;(2)决策与影响,包括五个项目:决策、影响力、前瞻性、果断和解决问题;(3)组织管理与创新,包括四个项目:团队领导、沟通协调、经营管理经验和创新;(4)行业成就与自信,包括三个项目:成就欲、自信和行业知识经验。

3. 大学生创业群体的创业胜任力特征

随着国内创业教育的兴起,人们对大学生的创业现象和行为也给予了关注,同时也有一些文献开始对大学生创业群体的创业胜任力进行研究。木志荣(2008)分析了大学生创业者在创业过程中需要具备的创业胜任力特征。研究首先对五百多名具有创业选择意愿的在校生进行问卷调查,统计分析发现,大学生认为最重要的前五个创业胜任力分别是:创新能力、领导能力、经营管理能力、人际交往能力、专业技能。研究同时还对18位大学生创业者进行了深度访谈,并提炼出能反映大学生创业胜任力特征的一些重要关键词,例如"社会经验""人际能力""机会能力""创意和创新力""创业激情""团队建设能力""市场洞察力和营销能力""资金筹集和运作能力""心理素质""综合能力""胆气""执着""管理魄力"等。研究综合以上两方面的资料,把大学生创业胜任力特征分为创业素质和创业技能两个维度。其中,创业素质维度包括社会经验与人际能力、创业激情与创造力、团队意识与风险承受力、心理素质与知识结构四个维度;创业技能维度包括机会能力、资源整合能力、市场洞察和营销能力、管理技能四个维度。虽然所提炼的维度并没有相应的行为指标,但是在一定程度上也能说明大学生的创业胜任力特征。

王辉等人(2012)基于行为事件访谈法,对11家企业共12位在校创业或毕业两年内创业的大学生进行了访谈。访谈样本的选择主要满足三个条件:(1)在校创业或毕业即创业;(2)已注册公司且有实际业务发生;(3)是创业企业的股东。由于研究主要聚焦于大学生创业胜任力,因此样本的选择没有刻意区分创业绩效优和创业绩效差。研究潜在的一个假设是,只要满足上述样本选择的三个条件,就认为该创业者具备了创业胜任力。对访谈进行编码分析,研究最后归纳总结出大学生创业的九个创业胜任力,分别是:创业机会力、创业资源力、创业关系力、创业风险力、创业创新力、创业战略力、创业企望力、创业坚持力、创业学习力。但是,研究认为,创业战略力与创业风险力在创业大学生身上体现得并不是太明显,其他七个创业胜任力则都有较为明显的体现。

（三）简要评价

经过二十多年的发展，国内外的创业能力研究虽然在概念上还未取得一个统一的认识，但已有的丰富研究成果已让我们对创业能力有了深入理解，并在创业理论和实践中发挥了重要作用。综观以上国内外的研究成果，可以发现两者既存在相同点，也有许多不同点。因此，对已有成果进行一个总结，将有助于概念的更好发展，也可为我们对其他相关概念的研究带来新的启示和经验。

第一，尽管国内外创业能力的研究结论存在许多差异，但依旧存在许多共同点。这表现在以下几方面：（1）"创业能力"是一个复杂概念。首先，对创业能力的定义还存在分歧，不同研究会强调不同的核心内容。其次，大多研究都认为"创业能力"是一个多维度概念，少的有三个维度，多的达到十余个维度。（2）一些核心概念上的相似。尽管没有两个研究结论在核心维度上会一样，但一些核心维度还是会在许多研究中反复出现，如机会能力、风险能力等。（3）认可研究方法的多元化。尽管行为事件访谈法是能力研究的经典方法，但国内外的研究都会拓展出不同的研究方法和技术对此进行补充，这使得我们可以探索到更多的新观点，也显示出该理论概念的生命力。

第二，总体上来看，国内外创业能力的研究结论所存在的差异性还是非常明显的。这些差异性产生的原因可能是多方面的，并且多数是我们可以理解和接受的，总结起来，涉及以下几方面：（1）研究视角的不同。虽然大多数研究不会明确说明其所关注的视角，但潜在地，有些研究非常关注创业能力的行为表现，而有些研究则偏向对个体特征的关注，当然也有些研究两者兼顾。潜在研究视角的不同最终会导致结论上的差异性。（2）研究样本的不同。首先，国内外研究的样本不可避免地存在文化和制度背景的差异，可能会带来研究结论的差异性。上文中一些具体的研究结论实际上也证实了这一点。虽然一些研究考虑到文化背景的差异，但很少能够在核心概念的维度层次上做到较好地整合。其次，是样本的行业背景不同。由于各种原因,不同研究会偏向于选择某些特定行业。行业的差异可能也会导致结论的不同,但要在质性归纳研究中兼顾多数行业不是太现实。尽管量化研究更具有优势做到这一点,但实际上也是有难度的。这不仅是因为现有行业的数量庞杂,而且不同的新行业也在不断涌现。因此,可能最终我们只能相信,行业是创业能力的一个重要影响因素。最后,样本的群体特征不同。这一点似乎在国内的研究中较为强调,如强调样本的区域特征(如浙商)、经验特征(如大学生或学术创业者)和背景特征(如家族创业)等不同创业群体。在国内,大家可能潜在地相信,不同群体创业是存在差异的,即群体环境在一定程度上塑造了个体的创业能力。(3)研究数据来源的不同。数据的不同往往会对最终结论产生重要影响,这一点毋庸置疑。如果仔细甄别不同研究所用的数据,会发现其来源很多,有一手数据和二手数据。其中,一手数据有通过访谈获取,也有通过问卷调查获取,而访谈和问卷调查又会采取不同的数据获取方式。这些数据来源的不同最终会影响到结论的不同。(4)研究分析方法的不同。虽然有些研究会严谨地说明数据分析的方法和过程,但许多研究对分析方法也是语焉不详的。这对研究结论的效度会不可避免地产生影响。尤其是在质性研究中,如果分析过程中主观因素考虑得很少,就一定会对其结论的效度产生更多的担忧。(5)研究层面的不同。由于能力概念的渗透性,其适用范围不断得到拓展。能力研究最早主要集中在个人层面,目前已拓展到团队和组织层面,甚至是国家层面。当然,我们对由于研究层面的不同而带来的不同结论能较好地作出判断和理解。

在对已有的创业能力研究成果进行深入分析之后,我们认为"创业能力"尽管是一个大家都接受了的理论概念,但对其内涵的理解和实践中的运用还远谈不上充分。虽然创业研究领域一直以来并未对"创业能力"这一理论概念产生过高的热情,但我们相信,当它与一些新的理论视角相结合时,还是有可能出现新的研究成果的。

三、网络能力研究

（一）国外相关研究

国外学者在研究企业的技术发展时，发现企业间在处理外部关系网络时所用的技巧是有差别的，并对企业技术发展产生重要影响，由此提出了"网络能力"的概念。Ritter 等人（1999，2003，2004）对网络能力有较深入的研究，将其定义为"组织发展、使用和保持与外部合作者，包括客户、供应商和研究机构的能力"（Waltera，Auerb，& Ritter，2006）。Ritter 的研究大都是聚焦于网络能力对企业创新的影响，他把网络能力视为企业的一种技术特征，是企业能够主动控制、开发和利用其外部关系网络，从而形成自身竞争优势的能力。

Ritter（2002）把网络能力分为任务执行和资格条件两个维度（如图 1-3 所示）。其中，资格条件从个人角度来说是指某个人做某项工作的特征，而在网络管理中则是指使得个体能够发展、维持和利用关系的特征。任务执行是指为达到目标而实施的一系列活动。通过任务执行，个体可以展示他们的资格。同时，任务执行提升了网络管理的资格，而资格条件则又是执行各种网络管理任务的根本。

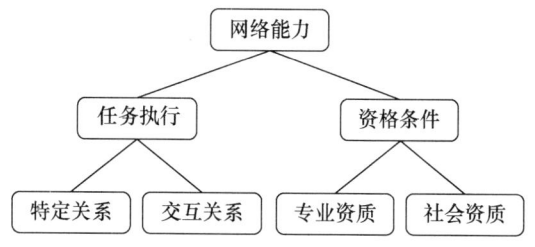

图 1-3　Ritter 等人的网络能力维度

任务执行包括特定关系任务（relationship-specific tasks）和交互关系任务（cross relational tasks）。特定关系任务包括建立新关系、交换和协调三个方面的内容。建立新关系是指在有效识别有潜力的网络主体的基础上与其建立新的关系网络。交换是指网络中企业之间各种形式的转移,包括产品、服务、信息、资金、技术和人员等的转移。协调是指建立和使用网络规则与程序,解决网络争端。交互关系任务包括计划(planning)、组织(organizing)、员工参与(staffing)、控制(control)四个方面的内容。计划是对未来发展的定义或展望,包括对企业内部的分析、网络分析以及对环境的分析。组织是指为保证计划的实现,在网络内部协调并进行资源的配置。员工参与是指指导和调动员工参与到关系网络管理活动中,控制则是网络管理活动的起点和终点,分为内部控制导向和外部控制导向。

资格条件分专业资质和社会资质。其中,专业资质包括技术、法律、经济等能力,社会资质包括社会经验、关系处理能力。

Ritter 在其网络能力框架的基础上,进一步开发了网络能力的测量量表。该量表的完整版共包括了110个测量条目,分别测量计划(planning)(17)、组织(organizing)(8)、人员(staffing)(8)、控制(controlling)(7)、发起(initiation)(8)、交换(exchange)(9)、协调(coordination)(10)、专业资格(specialist qualifications)(12)、社会资格(social qualifications)(14)。

同时,Ritter 还给出了一个精炼量表,共22个测量条目,分别测量交互关系任务、特定关系任务、专业资质和社会资质。具体测量条目如下表所示:

表1-5 Ritter 的网络能力精炼量表

维度	测量条目
交互关系任务	• 我们评估与每一个技术合作伙伴的关系,取决于我们与其他技术合作伙伴的关系 • 我们评估与每一个技术合作伙伴的关系,会影响到我们与其他技术合作伙伴的关系 • 我们会在技术合作伙伴中组织常规的会议 • 我们会委派人员管理与技术合作伙伴的关系 • 我们会赋予责任给管理与技术合作伙伴关系的人员

(续表)

维度	测量条目
特定关系任务	• 除了现有的合作伙伴,我们会利用一些组织去结识潜在的技术合作伙伴(如商会、顾问、行业协会、政府机构等) • 我们会参加工业博览会和展会以结识潜在的技术合作伙伴 • 我们会浏览专业技术杂志的公司广告以认识潜在的技术合作伙伴 • 我们会与技术合作伙伴的员工讨论合作的方式 • 我们会让技术合作伙伴的员工与我们公司的重要人员保持联系 • 我们会让公司员工与技术合作伙伴的关键人员保持联系
专业资质	• 他们与我们公司的重要人员有良好的关系 • 他们对我们公司的工作方式有良好的认识 • 他们对我们公司其他技术合作伙伴的工作方式有良好的认识 • 他们处理与技术合作伙伴的关系时很有经验
社会资质	• 他们很容易把自己的需要与别人沟通 • 他们能自信地处理与别人的谈判 • 他们与其他人融合得很好 • 他们很容易感觉到潜在的冲突 • 他们在产生冲突时能提出建设性的解决方案 • 他们很容易换位思考 • 他们很容易理解他人的行为

基于网络能力的不同层次,Moller和Halinen(1999)认为,构建和管理关系网络可以从产业、企业、关系集和单一关系四个不同层面展开,分别对应的是网络构想能力、网络管理能力、组合管理能力和关系管理能力。

第一,网络构想能力(network visioning capability)。网络是企业进行创造价值活动的基本结构,企业嵌入网络环境中。网络构想能力是指结合企业自身发展状况,制定战略规划,识别网络内部的系统落差与网络发展机会的能力。网络构想能力是一种高端的能力,要求企业拥有强大的信息获取能力和分析利用能力。

第二,网络管理能力(network management capability)。网络管理能力是从整个网络的角度出发,考察焦点企业对网络中其他成员的资源和活动的动员和协调能力。因此,网络管理能力特别关注焦点企业和整个网络间的互动。拥有高能力和广泛社会资源的企业在网络中能占据更中心的地位,从而获得更多的网络权利。

第三,组合管理能力(portfolio management capability)。一般情况下,个体企业不会只处于一个网络中,而是同时处于多个不同网络中,企业会与各种不同网络的成员构建不同的关系网络。组合管理能力就是企业对这些不同关系的管理能力。首先,企业需要对各种可能的关系组合进行评估,判断不同的关系未来的发展空间和影响,从而制定相应的策略,建立相应的连接。其次,尽管企业在网络中的中心度越高,业务的开拓越有利,但是毕竟企业的资源和精力是有限的,组合管理能力就是把有限的资源配置到能最大化企业价值的关系网络中。最后,企业占有了网络资源,但是占有不等于拥有,需要通过组合管理能力将网络中的信息整合以符合自身发展需要。

第四,关系管理能力(relationship management capability)。该能力聚焦于企业二元关系的管理。二元关系是网络的最基本单位,是企业最直接的关系管理对象。关系管理能力是企业针对与特定组织或群体之间的关系进行管理的能力。

Moller 和 Halinen 提出的四种网络能力可以实现企业在网络中的战略规划、合作伙伴的鉴别和选择、资源的获取和利用以及关系网络的管理,从而建立与网络成员间的信任机制,最终促进企业绩效的提升。

Waltera 等人(2006)提出了"网络能力"的概念,认为网络能力是组织发展、利用和保持与外部伙伴关系的能力,这些外部伙伴包括客户、供应商和研究机构。他们主要从四个方面界定和测量网络能力:一是合作能力(coordination),主要从六个方面测量:(1)我们会分析自己愿意和渴望与合作伙伴实现什么目标;(2)我们会把资源的使用匹配到个人关系上;(3)我们会告诉自己合作伙伴的目标、潜力和战略;(4)我们会提前判断和哪些合作伙伴建立关系;(5)我们会任命协调者负责与合作伙伴的关系;(6)我们会与合作伙伴定期讨论如何彼此支持。二是关系技能(relational skills),主要从四个方面衡量:(1)我们有能力与商业伙伴建立良好的个人关系;(2)我们能够置身于合作伙伴的位置思考;(3)我们能灵活处理与合作伙伴的关系;(4)我们大多数能建设性地解决与合作伙伴产生的问题。三是合作伙伴知识(partner's knowledge),主要从四个方面衡量:(1)我们了解合作伙伴的市场;(2)我们了解合作伙伴的产品、工艺和服务;(3)我们了解合作伙伴的优势和劣势;(4)我们了解竞争对手的潜力和战略。四是内部沟通能力(internal communication),主要从五个方面衡量:(1)在我们的组织里,我们对每个项目都有常规的沟通会议;(2)在我们的组织里,员工会发展他们自己的非正式关系;(3)在我们的组织里,沟通经常会跨项目和跨职务领域;(4)在我们的组织里,经理和员工会彼此给出透彻的反馈;(5)在我们的组织里,经常会自发地交换信息。

Ritter和Walter(2006)还针对"供应商—客户"的关系提出了关系管理能力,主要聚焦于一些关系行为,包括:在两家公司的员工间建立个人关系;告知专家两家公司的需求;制定这种关系需要完成的目标;共同决定每家公司应做出的贡献;控制是否认可双方公司做出的贡献;在两家公司中提升这种关系;在两家公司间作出妥协;适应双方公司彼此提出的需求;抵制关系受到第三方不必要的影响;在双方公司的高层管理中协调关系的发展。Ritter和Walter认为,关系管理能力可以让客户企业的资源与供应商建立连接,在这个过程中,适应潜能可得到识别和利用,创新的观点也能得到交换。更进一步分析,通过这种长期的关系,长期的契约是实现更低价格、更高质量或更高产量的有效途径。关系维持行为也是预期市场机会或进入供应商网络的一种途径。

除了"网络能力"外,一些学者还提出了有类似内涵的概念。Zhao等人(2010)提出的"综合社会能力"(comprehensive social competency),就是指一个人可以调动社会资源以实现自己的目标。他们认为,一个人需要具备三个方面的能力:(1)社会技能。即一个人所习得的观察行为,包括一些非常具体的语言或非语言行为模式,藉此能影响他人和满足我们的需求。(2)前瞻性和详细的社会战略(proactive and elaborate social strategies)。即帮助实现个人目标的社会互动行为计划,藉此能积极地发展社会关系和精明地利用社会机会。(3)关系坚持能力。即遇到社会互动的困难时,能够坚持和不轻易放弃。

(二) 国内相关研究

徐金发等人(2001)认为,企业发展关系网络是基于战略、关系和进程三个层次进行的。企业通过制定战略目的,明确自身在网络中的角色和地位,通过充分挖掘网络资源,与网络成员合作,从而形成自己的竞争优势。他们认为,网络能力应包括三个维度:网络构想能力、网络角色管理能力和关系网络组合能力,分别对应于战略、网络和关系三个层面。其中,网络构想能力主要是指企业对外部网络关系的战略识别能力和发展网络关系的规划能力。其目的是让企业从外部组织网络系统中,发现有利于企业自身发展的机会、资源和能力。网络角色管理能力主要是指在网络组织内企业自身的角色管理能力。这可以从角色、任务和管理职能三个方面理解。一方面,企业要对自身的发展阶段、发展水平和局限性有清晰的认识,对合作伙伴拥有的信息和资源有深入的了解。另一方面,企业要与合作伙伴加强合作,以获得对方的信任和帮助。关系网络组合能力则着眼于把企业与供应商、顾客、竞争对手的网络关系看作资源和能力的组合,通过组合发挥协同效应,提高企业的能力。相较于网络角色管理能力,关系网络组合能力更关注的是企业对网络的整合能力,企业对供应商、顾客、竞争对手等的关系网络和资源的整合能力,以此发挥协同效应,从而促进企业自身的发展。

邢小强和仝允桓(2006)将网络能力定义为:"企业基于内部知识和其他补充资源,通过识别网络价值与机会,塑造网络结构,开发、维持与利用各层次网络关系,以获取稀缺资源和引导网络变化的动态能力",并认为网络能力是网络环境下企业的核心能力,是企业竞争优势的重要源泉。网络能力又可以进一步分为网络愿景能力、网络管理能力、组合管理能力和关系管理能力四个维度。其中:(1)网络愿景能力是对网络整体发展演化的识别、判断与预测能力。这是属于战略层次的能力,要求企业从网络演化的角度对自身发展进行战略思考与规划,把握网络变革趋势,预测网络范围与网络结构的变化程度与方向,并及时制定与调整发展战略。其主要任务是:塑造网络愿景与目标;辨识网络价值与机会;预测网络演化趋势。(2)网络管理能力是通过对整体网络的控制与协调,执行各种网络任务,以获取网络优势的能力。这是属于网络整体层次的能力,通过制定与执行各种管理任务以推动网络向着目标发展,实现企业价值。它决定了企业与其他行动主体间发生联系的最终结果。其主要任务是:引导网络变革的结构与方向;获取优势网络地位;提高网络管理效率。(3)组合管理能力介于关系与网络层级之间,是指对网络成员如供应商、竞争者、顾客、合作伙伴、科研机构等关系组合的管理能力。其主要任务是:优化关系组合(包括关系数量、内容和强度);优化关系组合内资源配置;整合关系资源与能力。(4)关系管理能力是处理与单个组织之间二元关系的能力。其主要任务是:搜寻与评价最优对象;建立有效联结;交换与获取。影响企业网络能力的因素涉及知识存量、网络地位、资源投入和组织因素等诸多方面。

基于徐金发等人的研究成果,马鸿佳等人(2010)也将网络能力界定为三个维度:网络构想能力、网络关系组合能力和网络角色管理能力,并构建了网络能力影响创业能力的模型。他们主要借鉴了Chen等人(1998)的观点,将创业能力的维度划分为机会能力和运营管理能力,其中机会能力用"机会识别能力"与"机会开发能力"来表征,运营管理能力用"组织管理能力、战略能力和承诺能力"来表征。网络能力的三个维度用了19个测量条目进行测量。实证分析结果显示,网络能力的三个维度对创业能力的三个维度均产生了显著的影响。

任胜钢等人(2011)针对国内企业网络能力实证研究的不足,提出了网络能力构成的四个维度:网络愿景、网络构建、关系管理和关系组合,四个维度又细分为13个能力要素,分别为:网络感知、网络识别、网络定位;网络开发、网络联结、网络学习、网络控制;关系交流、关系优化、关系协调;关系组织、关系整合、关系重构。在此基础上,他们开发了企业网络能力的测度量表,并运用中国企业的346个大样本数据对该网络能力结构进行了统计检验。

(三) 简要评价

除了"网络能力"和"关系管理能力"外,其他一些学者还用到了一些类似的理论概念,如"市场能力"(marketing capability)(Moller & Svahn,2003)、"关系能力"(relational capability)(Lorenzoni & Lipparani,1999)、"综合社会技能"(comprehensive social competency)(Zhao,et al,2010)。但是,比较起来,"网络能力"最能体现这一理论概念的精髓。

从已有的研究文献来看,"网络能力"概念的提出和研究,主要在技术创新、战略管理和市场营销等研究领域得到了较深入的探讨。因为在这些领域的实践中,企业与外部组织的关系网络的重要性越来越得到人们的重视。由此,企业如何建立、利用和维持外部关系网络成为研究的关注点。以上的文献回顾让我们对国内外网络能力的研究成果有了一个大致了解。

首先,"网络能力"是一个复杂的多维度概念。它可以是一种决策者抽象的观念、愿景或战略构想,也可以是执行者具体的关系或网络行为,且与日常的管理行为融为一体。同时,网络能力研究可以在不同层面上展开,可以是网络层面、组织层面,也可以是个人层面。在一些实证研究中,这些层面有时会产生交叉运用。

其次,"网络能力"和"创业能力"一样,同属于能力理论概念范畴。前者更多得到战略或创新研究学者的关注,后者多为创业领域研究学者所关注。从已有研究文献的具体分析来看,两个概念存在密切关系。虽然有些研究文献将两者看作两个独立的概念,但其维度和内涵却有相互包含之处。即在创业能力概念的维度中会包含网络或关系能力,而网络能力中也包含了一些创业能力的内涵,如机会识别与利用。

再次,网络能力与网络结构的关系。虽然能力研究与结构研究是两种不同的理论视角取向,但由于两者都涉及网络,因此自然而然地会有学者将两个不同的概念放在一起思考和研究。从目前的研究成果来看,还不是很多。两者的研究除了在实证的实施上具有一定难度外,如概念的测量、数据的收集以及分析方法,都需要兼顾考虑,才可能得出较为严谨的研究结论。

第1章 创业能力与绩效机制

更重要的是,在理论上需要有合理信服的分析和整合。需要说明的是,"网络能力"与"网络结构"两个概念的整合研究在理论上的意义主要在于,可以让我们去挖掘个体属性(个人或组织)是如何与外部环境实现互动影响的。因为在组织战略领域中,个体的行为主要是对环境作出适应调整,而很难对环境产生影响。如果我们能够找到网络能力影响网络结构的作用机制,那么就能理解个体是如何主动影响环境的,而不仅仅是被动的环境条件接受者。

最后,如何融合中国文化背景特征。总体上,目前国内对网络能力的研究无论在概念的理论分析上,还是对概念的实证研究,都基本上跟随国外的研究思路和进展。但是,我们预测,国内的网络能力研究应该存在一个潜在的优势,那就是在普遍重视"关系"的中国,网络能力研究将为这一理论概念注入新鲜的内容。原因来自两方面:第一,国外的网络能力研究都是建立在成熟的市场经济基础上的,所以多基于正式的市场关系,虽然其维度和测量中会涉及非正式关系,但基本上是市场关系的补充。但是,在中国,"关系"的渗透是无所不在的。这不仅表现在个人之间的关系上,就是在组织之间的关系上,在正式与非正式关系的影响上,也是很难作出区分的。即中国的网络能力会具有更多成分的社会嵌入性。这在我们对概念的维度开发和测量中需要充分考虑。其次,考虑"关系"在中国的本土化特征。现有的网络能力研究实际上潜在地遵循了西方的战略思维模式,即从宏观层面的战略构想或愿景出发,到后续的战略实施的理性逻辑思维,构建网络能力。这以西方大企业的思维和运作逻辑是较容易接受的,但是中国文化背景下的本土企业是否会遵循同样的模式?这非常值得我们作深入探讨。尤其是对于刚刚起步的新创企业来说,基于以上战略思维模式构建的网络能力是否适用,或者这种网络能力是否真正反映了它们的实际情况,值得我们作更多的本土化研究。我们相信,这种探讨不仅能满足中国大量创业企业的实践需求,同时在理论上也是对现有概念的完善和补充。

四、创业绩效机制

创业绩效研究是创业领域的一个研究重点。创业绩效研究关注的一个最核心的问题是:什么因素会影响创业绩效?在回答这一问题之前,需要清楚界定何为创业绩效。实际上,以上两个问题都不容易简单地作出回答。第二个问题看似更为简单,其实不然。创业绩效不仅是表征创业成功的最重要的因变量,也是检验各种创业理论解释力和预测力的基本标准。站在经济学、管理学、社会学等不同学科角度来看,都可能会有不同的理解和回答。从组织与战略管理领域的研究偏好来看,往往以资源基础理论、过程理论和目标理论为基础理论,分别从企业的特质、行为和结果三个方面评价创业绩效。事实上,创业绩效确实可以体现在多个方面,已有文献中诸多被使用的指标都有其合理性,其中使用最为频繁的测量指标包括销售收入及其增长、销售回报率等(Brush & Vanderwerf,1992)。经过长期的探索性研究,学者们越来越趋于采用多样化指标,综合测量新企业绩效的不同侧面,如效率性、成长性、盈利性、规模性、流动性等(Churchill,1979)。这些由多个常用指标综合得到的绩效数值在理论上和实践中均比单一指标测度更能全面地反映新企业真实的运营特征及结果,被越来越广泛地采用。

从测量工具的具体操作方式来看,先前学者们经常通过主观度量和客观度量方式获取新企业绩效的数据。主观度量指的是要求被调查者通过比较本企业与主要竞争企业的绩效,运用李克特量表对本企业绩效的特定方面作出比较性主观判断。例如,被调查者要求初步主观判断与主要竞争对手相比,本企业的销售额、利润率、员工人数增长、市场回报率等是否"很好、比较好、一般、比较差、很差",以此为基础综合衡量新企业的绩效。主观度量的优势在于,可以在最大程度上避免被调查者对透露本企业数据的担忧,引导他们更好地配合完成调查,同时可以大致了解新企业的竞争状况;其劣势在于,过于主观化,在一定程度上受到被调查者主观看法的影响。客观度量方法则恰恰相反,通过直接调查新企业的客观数据测度其绩效,准确性更高,却也因此使得数据获取的难度增加。尽管财务数据披露是法律规定的内容,一般既有企业在此方面的披露透明度较高,但对于有的小企业主来说,非法律要求时并不愿意向他人披露此类信息,这就增加了调查的困难。因此,在创业绩效测量的实施上同样存在许多需要考虑的问题。

至于什么因素影响了创业绩效,则是一个更为宽泛的研究问题。Chrisman 等人对 1962—1992 年的 62 个关于新创企业绩效的研究进行了总结,结果发现企业家、行业结构、公司战略、资源、组织结构等因素都是影响创业绩效的重要变量。因为从不同的理论视角进行研究,就会得到不同的答案。余绍忠(2013)在梳理创业绩效研究脉络的基础上,结合创业过程的基础研究,将创业绩效研究的理论视角归结为种群生态论、社会认知论、资源基础论和战略适应论四种。其中,种群生态论强调环境对创业绩效的影响,认为创业企业的生存取决于外部环境及其变化,它们既不能进行自身变革,也不能影响环境。因此,这种理论也被称为"自然决定论"。社会认知论将创业者(或团队)作为分析单元,认为创业企业能否生存取决于创业者(或团队)的动机和行为,强调人可以通过学习掌握知识并培育能力。资源基础论站在企业层面,强调内外部可用资源对创业企业生存的重要性,企业可通过自身变革影响创业绩效。战略适应论则视环境中的机会与威胁为影响因素,认为创业成功的关键在于通过战略性地利用机会创造价值。创业企业既能进行自身变革,也能影响环境。由此可见,创业绩效的影响因素几乎可以涉及个体、组织、网络和环境等不同层面的各类因素。

基于本研究聚焦的理论问题,我们主要考察创业能力和网络能力对绩效的影响机制。虽然创业绩效及其影响机制是一个复杂的问题,且研究文献已涉及多种理论视角和变量,但是基于关于创业能力和网络能力的绩效机制的研究并不多,我们不单单局限于财务和市场等方面的狭义创业绩效,而是会拓展到创新、学习等诸多宽泛的创业过程产出。这些对我们理解创业绩效机制也是有所帮助的。

(一) 创业能力的绩效机制

Chandler 和 Hanks(1994)提出了一个创业者能力、组织资源与能力、环境与企业绩效的关系模型。如图 1-4 所示,该模型突出了四个变量对创业绩效的影响:(1)创业者个人层面的能力,包括创业能力和管理能力;(2)企业组织层面的机会质量和组织资源与能力。其中,个人层面的创业能力和管理能力是根据创业者在企业中最主要的创业角色和管理角色所作的划分,机会质量反映的是组织外部环境中机会的稀缺或丰富性,组织资源与能力反映的是组织内部环境的情况。创业绩效则主要通过企业的增长率及规模进行衡量。

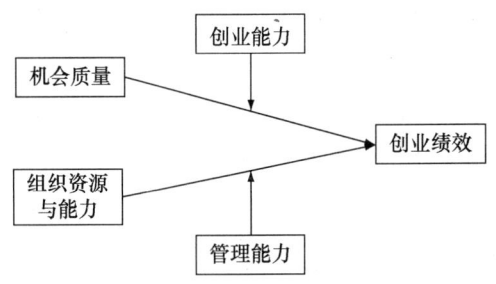

图 1-4 创业能力调节模型

该模型认为,创业能力,即识别、预见与利用机会的能力,调节着机会质量和创业绩效的关系。管理能力调节着组织资源与能力和创业绩效的关系,并据此提出相应的研究假设。其中,创业能力用了六个条目进行测量,分别是:(1)我能准确感知到客户未满足的需求;(2)我花费了相当多的时间和精力去寻找能为客户带来真正利益的产品或服务;(3)我的最大优势之一是能识别客户需要的产品或服务;(4)我的最大优势之一是能捕捉到高质量的商业机会;(5)我有极强的动力去看到创业成果的实现;(6)我的最大优势之一是能开发出技术上出众的产品或服务。

然后,研究运用问卷调查法,收集了宾夕法尼亚州的 155 家制造业公司创业者的数据。实证分析发现,创业能力对创业绩效具有显著的作用,同时还调节着机会质量和创业绩效的关系。管理能力虽然对创业绩效没有直接的作用,但调节着组织资源与能力和创业绩效之间的关系。

从理论上看,该模型不但简洁,而且在一个模型中同时把个人层面的能力、组织层面的能力与环境变量纳入其中,具有一定特色;同时,还开发出了一个创业能力的测量量表。实践中,该模型的实证结果对创业实践者、创业教育者和政府政策制定者都具有借鉴意义。

Man等人(2002)借鉴竞争力的研究范式,提出了一个中小企业竞争力模型。该理论模型基于能力研究方法,强调创业者的创业能力对中小企业的企业绩效产生的直接或间接影响。该模型的核心构念是创业者的创业能力,包括机会能力、关系能力、概念能力、组织能力、战略能力和承诺能力六个维度。如图1-5所示,在创业者创业能力与企业绩效的关系之间,Man等人还引入了两个重要构念:竞争范围和组织能力。其中,竞争范围的测量主要考虑创业者对公司所处竞争环境的主观感知或解释,包括技术复杂性、市场差异性、环境动态性、市场吸引力、产品或产业周期、环境丰富性(environmental munificence)、可感知的机会、市场需求、竞争集中度等。组织能力则主要包括创新能力、质量能力、成本效率、组织性(organicity)。

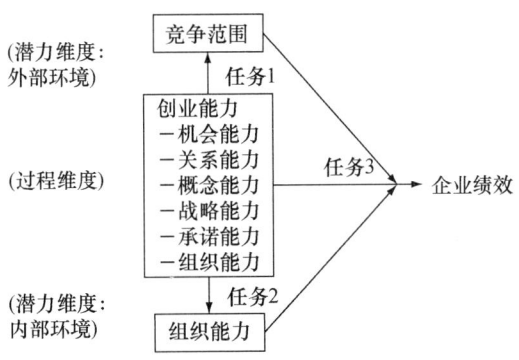

图1-5 中小企业竞争力模型

该模型认为,三个任务把以上四个构念内在的逻辑关系连接了起来:任务1是形成企业的竞争范围,这个过程主要涉及创业者的机会能力、关系能力和概念能力,这三个创业能力维度都与中小企业的竞争范围正相关;任务

2是构建组织能力,这个过程主要涉及创业者的组织能力、关系能力和概念能力,这三个创业能力维度都与中小企业的组织能力正相关;任务3是设定目标和采取行动,这个过程主要涉及创业者的战略能力和承诺能力,并且该影响过程要被竞争范围和组织能力两个变量调节。最后,该模型认为,以上战略能力和承诺能力、竞争范围和组织能力通过交互作用正向影响中小企业的创业绩效。

该模型的主要贡献在于,整合了已有的创业能力研究的相关成果,围绕这三个任务有效地组织创业能力与企业绩效的关系。

此后,Man等人(2008)又进一步对该理论模型进行了实证研究。首先,研究开发了相关构念的测量工具,其中创业能力各个维度的测量条目不仅借鉴了前人的研究成果,同时还根据对19位创业者行为事件访谈的一手材料提炼了相应的测量条目,经过探索性因子分析,最后用53个条目对创业能力的10个维度进行测量,10个维度分别是:机会能力、关系能力、分析能力、创新能力、运营能力、人文能力、战略能力、承诺能力、学习能力、个人优势。其中,由于探索性因子分析过程中存在交叉负荷问题,因此研究将原来的概念能力分成了分析能力和创新能力两个子维度,同时将组织能力分成运营能力和人文能力两个子维度。遗憾的是,该量表没有进一步作验证性因子分析,以检验其效度。同时,可能由于受样本量的局限,在探索性因子分析中,将创业能力的10个维度分三组进行因子分析,这在一定程度上有损量表的整体信度。但是,由于较好地吸纳了前人的研究成果,同时又通过访谈提炼了相应的条目,因此该量表对创业能力的测量具有一定参考价值。

然后,Man等人采用153个样本数据,运用层次回归分析方法,对先前提出的模型假设进行了检验。数据结果对模型假设具有部分支持,其中机会能力、关系能力、创新能力和人文能力分别对竞争范围和组织能力具有显著的影响;竞争范围和组织能力对战略能力与企业绩效的关系也存在显著的正向调节作用。同时,数据至少部分支持了战略能力、竞争范围和组织能力对企业绩效存在的交互作用。

该实证研究的重要之处在于,检验了创业者个人层面的创业能力对组织层面的企业绩效存在影响作用,这为以后的研究提供了一个重要方向。

Zahra,Sapienza 和 Davidsson(2006)从新创企业的角度,提出了"动态能力"(dynamic capabilities)的概念,并提出了相应的创业绩效作用模型。"动态能力"概念是相对于战略管理研究领域的能力概念而言的。Zahra 等人把以往战略研究文献中提及的能力归为实质性能力(substantive capabilities),或者说是一种一般能力(ordinary capability)。动态能力则是改变或重塑已有的实质性能力的一种能力,即公司主要决策者以想象的方式重塑企业资源与惯例的能力。创业绩效作用模型还涉及"组织知识""学习过程""创业行为""资源绩效"等概念。对该模型的作用机制,Zahra 等人提出了以下命题:

(1)动态能力与实质性能力随着使用而强化。

(2)实质性能力如果没有变化地重复使用(如没有发展出动态能力),将导致未来很难变化。

(3)改变实质性能力的动态能力重复使用,虽然会增加实质性能力使用的成本,但会减少未来动态能力使用的成本。

(4)整合性技巧可以增强动态能力的发展和使用。

(5)如果当前实质性能力不成功,会增强对动态能力的开发和使用。

(6)主要和持续的环境变化会增强动态能力的开发和使用。

(7)随着企业年龄的增长,即兴发挥(improvisation)有可能减少对动态能力的开发和使用。

(8)随着企业年龄的增长,试错学习先是增强动态能力的开发和使用,然后会降低对动态能力的开发和使用。

(9)随着企业年龄的增长,实验(experimentation)会增强动态能力的开发和使用。

(10)模仿开发和使用动态能力与企业年龄无关。

(11)相对于实验过程,即兴发挥和试错学习改变实质性能力的量和速度都更大。

（12）在动态环境中,动态能力的潜在收获更大。

（13）动态能力与创业绩效的关系为实质性能力所中介。

（14）实质性能力对创业绩效的影响作用受到组织知识的调节作用。

贺小刚等人（2007）基于企业家能力和核心能力理论,提出了一个有别于传统模式的企业竞争力新模型（如图1-6所示）,即把企业家能力视为企业核心能力、竞争优势（质量优势和成本优势）和企业绩效（盈利能力和成长潜力）的源头。他们认为,虽然企业核心能力仍旧是企业市场竞争优势的源泉,但企业家能力同时对企业核心能力和竞争优势产生直接的作用。其中,企业家能力有六个维度,分别是:（1）战略能力,即正确地界定企业的经营边界、及时地调整战略目标和经营思路、快速地重新组合资源以适应环境的变化;（2）管理能力,即组建高效运作的高层管理团队,领导并团结员工,激励员工,有效地与员工沟通并说服员工,有效地将权力与责任委派给有能力的下属,合理配置企业内部人、财、物等各项资源;（3）关系能力,即善于与政府、税收和工商等政府职能部门、金融机构、行业协会和商会等中介机构、公众媒体、其他企业家、上下游企业或客户等建立良好的关系;（4）创新能力,即善于对经营理念和管理方法、经营的产品和服务、市场营销和货源等进行创新;（5）机会能力,即能够快速地察觉到顾客的潜在需求、主动寻找可为顾客带来实际利益的产品和服务、准确地鉴别并抓住至关重要的商业机会;（6）学习能力,即快速地更新知识结构、善于总结经验,能够做到学以致用。实证分析结果显示,企业家能力对企业核心能力具有显著的影响。这就意味着,企业家能力对于企业核心能力的培育将起到非常积极的作用,并最终对企业竞争优势和企业绩效产生影响。如果企业家越是具备充分的战略定位能力、关系组建能力、管理员工及团队的能力、经营创新能力、发现机会并抓住机会的能力、善于学习的能力,则相应地企业在技术整合、组织学习以及革新等核心能力方面就越强。

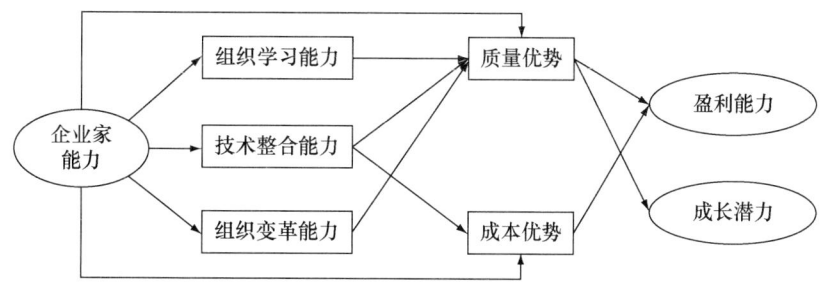

图1-6　企业家能力、核心能力、竞争优势与企业绩效路径图

Baron和Tang(2009)研究了创业者的社会技能(social skills)对创业绩效的影响机制。研究认为,社会技能主要包括四个方面:第一是社会感知(social perception),主要指对他人的一种准确感知,也可称为"社会敏锐"(social astuteness);第二是印象管理(impression management),指给别人初次留下一个好印象的能力,这又可以包括两个成分:逢迎能力(ingratiation)和自我推销能力(self-promotion);第三是社会适应性(social adaptability),指适应广泛的社会环境,并能在这些环境中做出适应的行为;第四是表达能力(expressiveness),指表达情感和明确而公开地作出反应的能力。

研究认为,创业者的以上几个社会技能对新创企业的绩效(销售增长、利润增长和员工增长)具有正向影响,并且这种影响会为两个变量因素所部分中介:第一是"获取有用信息的效率"(effectiveness in obtaining useful information),此中介变量主要对社会感知、社会适应性和逢迎能力三个社会技能具有中介作用;第二是"获取重要资源的效率"(effectiveness in obtaining essential resources),此中介变量主要对表达能力和自我推销能力具有中介作用。

研究对中国13个不同行业的129名创业者进行了问卷调查,调查对象的平均年龄为37岁,84%是男性创业者。分析结果发现,社会感知、表达能力和自我推销能力对销售增长和利润增长具有显著的积极作用。但是,数据没有支持逢迎能力和社会适应性具有显著影响。中介效应检验发现,获取信息对社会感知与销售和利润增长的关系起到部分中介作用;获取重要资源对表达能力与销售和利润增长的关系起到部分中介作用;获取重要资源对表达能力与员工增长的关系起到完全中介作用。

(二) 网络能力的绩效机制

由于"网络能力"概念最初是在企业技术发展的相关研究中被提出来的,因此网络能力的绩效机制中首先探讨了如何影响企业创新绩效。Ritter等人(2004)在对"网络能力"概念的内涵与维度进行研究的基础上,提出了网络能力如何影响企业创新绩效的机制。该机制将网络能力与企业战略、技术能力一起看作企业创新成功的重要变量。如图1-7所示,企业创业创新成功同时受到企业技术导向战略、技术能力和网络能力的积极影响,企业技术导向战略也会对技术能力和网络能力产生积极影响。

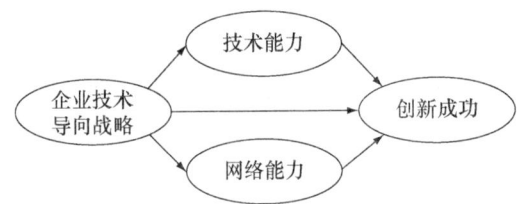

图1-7　企业技术导向战略、网络能力与创新成功机制模型

朱秀梅等人(2010)认为,网络能力是在网络导向驱动下,企业利用关系和合作技巧构建和管理网络以实现资源获取目标的能力,对于新企业克服资源约束、实现生存和成长具有重要作用。他们构建了网络能力、资源获取与新企业绩效的理论模型,并经实证分析发现:网络导向对网络构建和网络管理具有显著正影响,网络构建和网络管理对知识资源获取和运营资源获取具有正影响,知识资源与新企业绩效显著正相关,知识资源获取对运营资源获取具有正影响。运营资源对新企业绩效无显著影响,但知识资源可以加强两者之间的关系,说明新企业只有具备很强的资源管理能力才能将运营资源转化为企业绩效。

胡海青等人(2010)认为,网络能力作为企业通过构建外部关系获取各类资源的能力或技巧会对企业绩效产生影响,且实证显示企业通过自身的网络能力占据独特的网络位置(如图1-8所示),这种特定的位置为企业带来优势创新资源,从而提升企业的创业绩效。

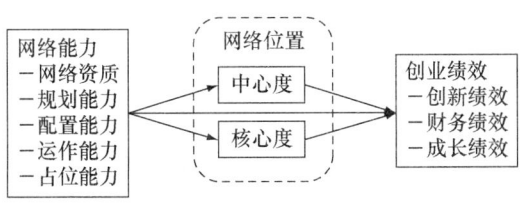

图1-8　网络能力与创业绩效关系模型

范钧和王进伟(2011)认为,新创企业发展和管理外部利益主体的网络能力对关键性隐性知识获取和成长绩效有重要影响。他们提出了网络能力影响企业绩效的一个机制模式(如图1-9所示)。然后,他们基于浙江省内209家样本新创企业的问卷调查和结构方程模型分析发现:(1)网络能力的四个维度对隐性知识获取的影响均显著;(2)隐性知识获取对新创企业成长绩效的影响均显著;(3)网络规划能力和网络运作能力对新创企业成长绩效有直接正向影响;(4)网络配置能力和网络占位能力通过影响隐性知识获取,对新创企业成长绩效产生间接正向影响。

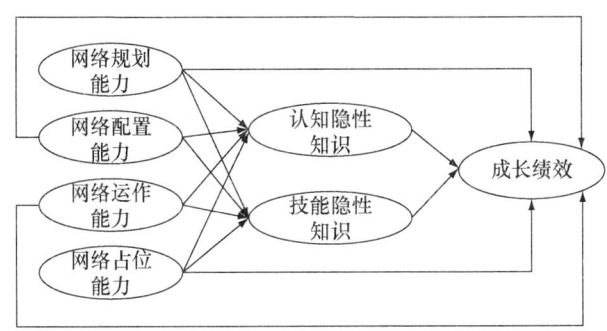

图1-9　网络能力影响企业成长绩效的概念模型

基于社会网络理论和心理学理论,Zhao等人(2010)构建了一个综合社会能力、社会网络规模与企业成长绩效的关系模型(如图1-10所示)。其中,综合社会能力由三个能力维度组成:(1)社会技能(social skills)。这是指可观察到的一些具体行为模式,可以是言语的或非言语的,通过它们影响他人以满足自己的需求。具备高社会技能的创业者能够给他人留下好印象,并能说服他人做有利于自己的事情,有助于结识他人和扩大社会网络。社会技能至少包括三个具体的技能:社会感知、社会适应性和表达能力。(2)超前和详尽的社会战略(proactive and elaborate social strategies)。社会战略是指实现个人未来目标的社会互动行为计划。它主要解决的问题有:互动什么、和谁互动、互动的顺序与时机。因此,创业者需要积极主动地发展社会关系,明智地把控社会互动机会。(3)关系保持(relational perseverance)。社会网络的建立不是一帆风顺的,关系恒心是指在社会互动中遇到困难时,坚持而不轻易放弃。实证分析采取了两个样本,分别作了实证分析。一个是来自大都市北京的133个创业者样本,一个是来自陕西省旬邑县的78个创业者样本(大多数是个体户创业者)。两个样本的实证分析结果显示,综合社会能力都与企业成长绩效有直接的强关系,并会通过政府网络规模(部分中介)作用于企业成长绩效。

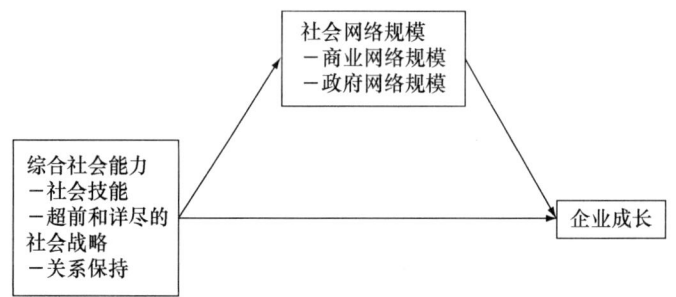

图 1-10 综合社会能力、社会网络规模与企业成长模型

同时,也有研究表明,创业网络结构反过来可能会影响到企业的能力和行为。窦红宾和王正斌(2011)认为,网络的中心度、联结强度和网络规模会影响到企业的学习能力。如图1-11所示,学习可以分为利用性学习和探索性学习,两者会在网络结构和成长绩效之间起到中介作用。其中,利用性学习指对现有知识的延伸或改进;探索性学习指创造或者利用全新的知识,是打破现有路径的开发和创造。他们通过对中国西安106家电子企业的问卷调查,实证检验了利用性学习在中心度、联结强度和网络规模与成长绩效之间具有完全中介作用;探索性学习在网络强调和网络规模之间具有完全中介作用。

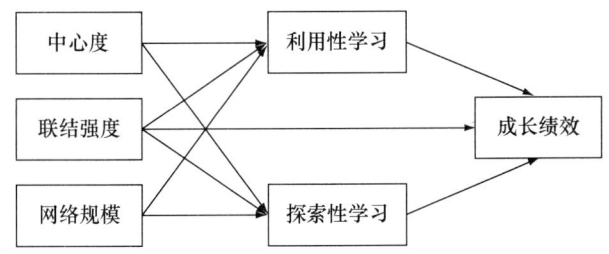

图1-11　网络结构、学习能力与成长绩效模型

基于不同的理论逻辑,网络能力与网络规模之间的关系,以及两者对成长绩效的影响,目前在不同的研究文献中展现出了百家争鸣的状态,说明其绩效作用机制还是一个有待深入研究的主题,需要更多的理论与实证研究,以对该理论机制的构建进行补充和完善。

主要参考文献

[1] Baron R A, Markman G D. Beyond social capital: The role of entrepreneurs' social competence in their financial success[J]. Journal of Business Venturing, 2003, 18:41—60.

[2] Brush C G, Vanderwerf P A. A comparison of methods and sources for obtaining estimates of new venture performance[J]. Journal of Business Venturing, 1992, 7(2):157—170.

[3] Chandler G, Jansen E. The founder's self-assessed competence and venture performance [J]. Journal of Business Venturing, 1992, 7(92):223—236.

[4] Chandler G N and Hanks S H. Founder competence, the environment and venture performance[J]. Entrepreneurship Theory and Practice, 1994, 18(3):77—89.

[5] Chen C C, Greene P G, Crick A. Does entrepreneurial self-efficacy distinguish entrepreneurs from managers[J]. Journal of Business Venturing, 1998, (13):295—316.

[6] Churchill G A. A paradigm for developing better measures of marketing constructs[J]. Journal of Marketing Research, 1979, 16(1):64—73.

[7] Lans T, Verstegen J A A M, Mulder M. Analysing, pursuing and networking: Towards a validated three-factor framework for entrepreneurial competence from a small firm perspective[J]. International Small Business Journal, 2011, 29(6):695—713.

[8] Man T W Y, Lau T, Chan K F. The competitiveness of small and medium enterprises: A conceptualization with focus on entrepreneurial competencies[J]. Journal of Business Venturing, 2002, 17(2):123—142.

[9] Man T W Y, Lau T. The context of entrepreneurship in Hong Kong: An investigation through the patterns of entrepreneurial competencies in contrasting industrial environments[J]. Journal of Small Business and Enterprise Development, 2005, 12(4):464—481.

[10] Man T W Y, Lau T, Chan K F. Home-grown and abroad-bred entrepreneurs in China: A study of the influences of external context on entrepreneurial competencies[J]. General Information, 2008:113—132.

[11] Man T W Y, Lau T, Snape E. Entrepreneurial competencies and the performance of small and medium enterprises: An investigation through a framework of competitiveness[J]. Journal of Small Business & Entrepreneurship, 2008, 21(3): 257—276.

[12] McClelland D C & Boyatzis R E. Leadership motive pattern and long term success in management[J]. Journal of Applied Psychology, 1982, 67(9):737—743.

[13] MeClellad D C. Characteristics of successful entrepreneurs[J]. Journal of Creative Behavior, 1987, 21(1):18—21.

[14] Mclagan P A. Competency model[J]. Training & Development Journal, 1980, 34(12):22—26.

[15] Möller K K, Halinen A. Business relationships and networks: Managerial challenge of network era[J]. Industrial Marketing Management, 1999, 28(99):413—427.

[16] Moller K, Svahn S. Managing strategic nets: A capability perspective[J]. Marketing Theory, 2003, (2):209—234.

[17] Murphy G, Trailer J, Hill R. Measuring performance in entrepreneurship research[J]. Journal of Business Research, 1996, 36(1):15—23.

[18] Rasmussen E, Mosey S, Wright M. The evolution of entrepreneurial competencies: A longitudinal study of university spin-off venture emergence[J]. General Information, 2011, 48(6):1314—1345.

[19] Ritter T. The networking company: Antecedents for coping with relationships and networks effectively[J]. Industrial Marketing Management, 1999, 28(5):467—479.

[20] Ritter T, Wilkinson I F, Johnston W J. Measuring network competence: Some international evidence[J]. The Journal of Business and Industrial Marketing, 2002, 17:119—138.

[21] Ritter T, Gemünden H G. Network competence: Its impact on innovation success and its antecedents[J]. Journal of Business Research, 2003, 56(9):745—755.

[22] Ritter T, Gemünden H G. The impact of a company's business strategy on its technological competence, network competence and innovation success[J]. Journal of Business Research, 2004, 57(5):548—556.

[23] Ritter T, Walter A. Matching high-tech and high-touch in supplier-customer relationships[J]. European Journal of Marketing, 2006, 40(3—4):292—310.

[24] Spencer L M, Jr., Sige M Spencer. 才能评鉴法:建立卓越的绩效模式[M]. 魏梅金,译. 汕头:汕头大学出版社,2003.

[25] Walter A, Auer M, Ritter T. The impact of network capabilities and entrepreneurial orientation on university spin-off performance[J]. Journal of Business Venturing, 2006, 21(4):541—567.

[26] Zahra S A, Sapienza H J, Davidsson P. Entrepreneurship and dynamic capabilities: A review, model and research agenda[J]. General Information, 2006, 43(4):917—955.

[27] 陈万思."子承父业"新浙商企业家胜任力实证研究[J]. 商业经济与管理,2008,(10):18—24.

[28] 李明斐,卢小君. 胜任力与胜任力模型构建方法研究[J]. 大连理工大学学报:社会科学版,2004,25(1):28—32.

[29] 马鸿佳,董保宝,常冠群. 网络能力与创业能力——基于东北地区新创企业的实证研究[J]. 科学学研究,2010,28(7):1008—1014.

[30] 木志荣. 创业困境及胜任力研究——基于大学生创业群体的考察[J]. 厦门大学学报:哲学社会科学版,2008,(1):114—120.

[31] 任胜钢,孟宇,王龙伟. 企业网络能力的结构测度与实证研究[J]. 管理学报,2011,08(4):531—538.

[32] 王红军,陈劲.科技企业家创业胜任力及其与绩效关系研究[J].科学学研究,2007,25:147—153.

[33] 王重鸣,薛元昊.知识产权创业能力的理论构建与实证分析:基于高技术企业的多案例研究[J].浙江大学学报:人文社会科学版,2014,(3):58—70.

[34] 王辉,等.大学生创业胜任力探究[G]//商科院校创业教育研究.上海:上海人民出版社,2012.

[35] 邢小强,仝允桓.网络能力:概念、结构与影响因素分析[J].科学学研究,2006,24:558—563.

[36] 徐金发,许强,王勇.企业的网络能力剖析[J].外国经济与管理,2001,23(11):21—25.

[37] 余绍忠.创业绩效研究述评[J].外国经济与管理,2013,(2):34—42.

[38] 张炜,王重鸣.中小高技术企业创业者组合模式与胜任特征研究[J].科学学与科学技术管理,2004,25(3):90—93.

第 2 章

关系网络与创业绩效机制

一、网络理论基础

社会学理论对关系网络的研究可以追溯到西方的社会网络研究。社会网络研究是西方社会学一个重要的分支领域,被视为社会结构或关系研究的一个新范式。"社会网络"概念的形成与社会学家 Georg Simmel 的研究有关。19 世纪末 20 世纪初,Simmel 被视为反实证主义社会学思潮的代表,他对社会关系的研究给予了很大关注。与当时的 Emile Durkheim 等学者的主流观点不同,Simmel 认为社会是一种过程,而非一种实体,即社会本质应该存在于人与人之间的交往或互动过程之中。齐美尔形象地用"网"(web)来描述社会元素之间所构成的一种关系。

在 1908 年出版的著作《社会学:关于社会交往形式的探讨》中,Simmel 就把社会想象成相互交织的社会关系。他把社会学划分成三类,分别是一般社会学、形式社会学和哲学社会学。其中,形式社会学被视为社会学的重点,它主要研究社会现象的纯粹形式。Simmel 认为,社会是人们互动中的协调、冲突、吸引、排斥、爱和恨等诸多关系形成的一个统一体。形式社会学从社会现象中分离出社会交往的形式,这就像语言学研究从语言中分离出语法的纯粹形式一样。形式社会学的任务就是要从社会现象中把这些社会交往关系抽取出来,进行整理和分析,形成系统化的观点,并进行心理学的论证和描述。齐美尔用形式社会学考察社会群体与社会结构问题时,开创了小群体的形式研究。他在研究中发现,两人组成的群体可以不超出个人的结构,但三人组成的群体就会有一些较复杂的形态。例如,三人中的任何一人都可以充作中间人,并利用其他两人的不和而从中渔利,或者可以对其他两人采取一些分而治之的策略。小群体的形式研究开始促进社会学领域对群体和社会结构的网络分析。

自20世纪60年代起,社会网络研究在美国迅速发展。70年代后,以Harrison C. White为代表的"新哈佛学派"在社会网络的研究发展过程中形成了一种非常有影响力的主流力量。在他们的努力下,社会网络分析逐渐发展成为社会学研究领域一种有影响力的分析方法。怀特的研究成果受到其扎实的数学和自然科学方面的功底影响,他非常主张进行结构分析,并致力于建立各种社会结构模型。因此,以怀特为代表的社会结构观又可称为"关系/网络结构观"(relational/network approach)。怀特明确指出:"目前所存在的大量的关于社会结构的类型性描述不具有牢固的理论基础;而网络概念可以为建构一种社会结构理论提供独有的方式。"(林聚任,2008)

社会网络分析不仅在国外产生了重要影响,在国内也获得了许多学者的关注。总结起来,对社会网络分析有以下一些主要的观点:

(1)社会网络分析方法是一种与个体主义不同的研究视角或方法。传统的社会学研究从个体的属性特征角度进行分类研究,而社会网络主要从个体的社会关系角度进行研究,这有望补充甚至超越传统的个体主义方法。因为在一定程度上,从社会关系角度对社会现象进行解释,会比单纯从个体属性角度进行解释更具有说服力。

(2)社会应该是一种网络关系,而不是个体的组合。传统社会学的"原子论"观点认为,社会是由不同个体或群体所组合而成的。但是,实际上,行动者及其行动是相互依托和相互影响的,不能简单地还原为独立自主的实体。

(3)社会网络结构是影响或制约主体行动的重要因素。社会网络分析强调个体行为的"嵌入性",即个体与他人的关系决定了他在社会网络中的结构位置,这个结构位置将影响和制约其行为及结果。

(4) 社会网络影响了个体的社会资源配置。在社会网络中的位置不同,将对个体的各类资源(如信息、权利、地位、信任、资产)的流动和配置产生重要影响。这与传统社会学将之归因为阶层地位、教育地位和职业地位等个体属性特征不同。

(5) 社会网络分析是连接个体与环境之间互动的中介。在一些社会学研究中(如组织管理),环境决定了个体的行为,个体是被动适应的。但是,这种观点越来越被个体与环境互动的观点取代。至于个体如何与环境互动,则是个研究难点。社会网络分析可以成为个体与环境互动研究的一个重要中介。

(6) 社会网络结构有其自身的规范和运作模式。虽然个体是社会网络的行动主体(actor),但社会网络结构本身的规范可以产生于社会关系系统之中,并且其运作模式具有网络自有的一些特性,这些特性与我们从个体属性所推导出来的模式和规律具有差异性。

以下将对社会网络理论中的重要学者和具有代表性的一些观点进行介绍,以作为我们后续研究的一个理论基础。

(一) 嵌入性理论

美国学者 Mark Granovetter 在社会网络理论研究中提出了两个重要的理论概念:弱关系(weak ties)和嵌入性(embedness)。他在 1973 年发表的《弱关系的优势》(The Strength of Weak Ties)一文中,首次提出了"弱关系优势"的理论观点。该观点是 Granovetter 在研究美国人在劳动力市场找工作的现象中提出的。在对劳动力市场的供给和需求匹配问题的分析中,Granovetter 从人际关系网络角度进行分析,得出了包括信息质量、强关系和弱关系对信息的影响等一系列重要命题,其中包含他对社会网络分析的一些重要思想。

"弱关系是传递信息的有效桥梁"是弱关系优势理论的核心观点。Granovetter 把关系划分为强关系(strong ties)和弱关系(weak ties),关系的强弱程度主要从互动的频率、感情力量、亲密程度和互惠交换四个维度进行衡量。他认为,人与人之间或组织与组织之间的关系在强度上具有区别,强弱关系会在不同的关系之间发挥不同的作用,强关系可以维系群体或组织内部的关系,弱关系在群体或组织之间建立了纽带联系。群体或组织的成员所了解的信息往往具有类似性,通常在一些个体属性上也具有较高的相似性,因此通过强联系获取的信息往往重复性高。与强关系不同,弱联系主要是在群体之间发生的,来自不同群体的信息较少重复,具有一定的异质性。因此,相较强联系,弱联系更能帮助个体跨越群体或组织的界限去获得信息和资源。弱关系能起到桥梁的作用,可以将其他群体的重要信息带给不属于这些群体的个体。Granovetter 认为,相对于强关系,弱关系更能够充当信息桥的功能。Granovetter 提出弱关系优势理论后,人们开始关注和思考社会网络不同关系类型的内涵和运作机制。

弱关系优势理论的假设及其经验发现对欧美学界的社会网络分析产生了重大影响,也让社会网络分析在社会学研究领域获得了新的活力。在一定程度上,以 Granovetter 为代表所形成的社会网络结构观之所以影响巨大,是因为它与传统社会学研究中占据主流的地位结构观存在较大差异,甚至是观点相悖。他们开始明确反对地位结构观把人按类别属性分类并用范畴属性解释行动的惯常做法,转而关注人与人或组织与组织之间的纽带关系,并相信这些网络关系才是构成影响我们行为的社会结构。关于它们之间的不同,学者边燕杰(1999)作了较全面的总结:(1)与地位结构观关注的年龄、性别、阶级等个体属性不同,网络结构观开始关注个体与其他个体之间的关系属性,如亲属、朋友、熟人等。(2)网络结构观将个体按其社会关系分成网络,而不是将个体按其属性特征进行分类。(3)与地位结构观注重人们的身份和归属感不同,网络结构观注重分析人们的社会联系和社会行为的"嵌入性"。(4)地位结构观强调个体是否占有以及占有多少资源,网络结构观关注个体通过关系和网络对资源的获取能力。(5)网络结构观认为个体在网络中有利的中心位置是其资源和权利的重要机制,而不仅仅归因于阶层地位。

"嵌入性"是 Granovetter 社会网络理论中的另一个重要概念。嵌入性理论首先来自于 Karl Polany 的思考,他是在对经济制度发展历史的研究中提出"嵌入性"的概念。其后,Granovetter 继续发展和丰富了"嵌入性"概念,他在 1985 年发表的《经济行动和社会结构:嵌入性问题》一文中提出,处于社会网络结构之中的自利者,在其市场经济行为和社会关系之间有可能存在着重要的因果关系,经济行为应该密切地嵌入其所在的社会关系结构中。信任在这个嵌入过程中起重要的作用,是双方经济交换行为发生的一个基础。信任的建立和维持往往需要交易双方长期的接触、交流和互动。Granovetter 认为,人们的信任来源于社会网络,嵌入社会网络之中;同时,人们的经济行为也嵌入社会网络的信任结构之中。由此,"信任"是 Granovetter 在嵌入性理论中强调的一个核心概念,也成为人们研究社会网络所聚焦的内容。

Granovetter 的"嵌入性"概念又引出了人们对社会网络机制的关注。他提出的"行动者之间通过社会关系互相嵌入……各种经济行为在一个社会中互相嵌入和影响"等一系列理论引发了各个领域的关注和思考。例如,在组织与管理领域,企业的经济行为如何嵌入社会网络之中,企业家如何从社会网络中获取资源,发现新的机会,其行为如何受到网络结构的影响,从而为企业成长绩效带来影响,一下子扩展了人们观察和理解企业经济行为的视角。

(二)结构洞理论

Burt(1992)提出了著名的关于社会网络个体之间结构的结构洞理论。他认为关系的强弱与社会资源的多少之间没有必然的联系。社会网络的成员无论是个人还是组织,如果与其他社会网络主体之间都建立起关系,没有关系间断的网络成员,从整体上看,没有类似于"洞"的结构。但是,具有这种特性的社会网络往往是规模较小的社会网络。如果社会网络中的个体不是与所有其他个体建立关系,只是与部分个体建立了关系,那么从整体上看,网络产生类似于"洞"的结构。Burt(2001)将这种结构特征称为"结构洞",认为这有助于网络主体获取更多的社会资源。

《结构洞:竞争的社会结构》(Structural Holes:The Social Structure of Competition)是 Burt 对网络分析的经典之作。结构洞理论认为,社会网络并不是完全连通的网络,而是存在着结构洞(structural hole)。所谓结构洞,是指"社会网络中的某个或某些个体和有些个体发生直接联系,但与其他个体不发生直接联系、无直接或关系间断的现象,从网络整体看就好像是网络结构中出现了洞穴"。因此,结构洞是非重复的联系间的"断开",是一种非冗余性关系(a relationship of non-redundancy)。

White 和 Granovetter 的理论观点对 Burt 的结构洞理论的形成产生了重要影响。White 在其 1981 年的著名论文《市场从何而来》中指出,市场是从社会网络发展而来的,它就是一种社会网络,存在于社会关系的网络之中。同样,Granovetter 的弱关系优势理论和结构洞理论所研究的对象是相同的。但是,与弱关系优势理论所不同的观点是,Burt 认为结构的影响并不在于关系的强与弱,而主要在于个体所在网络中的位置,如果个体能够占据网络中的"结构洞",就起到联系相互之间没有直接联系的两个个体的作用,该个体也就可能获得该结构洞所赋予的信息和控制优势。例如,在 ABC 网络中,若 A、B 之间有关系,B、C 之间有关系,而 A、C 之间没关系,则 AC 为一个结构洞;A、C 若要发生联系,则必须通过 B。假如 A、B、C 处于资源竞争的状态,AC 结构洞的存在为 B 提供了保持信息和控制信息两大优势(Burt,1992)。因此,结构洞是一个网络中最有可能给个人和组织带来竞争优势的位置。

Burt 还进一步证明,结构洞中如果没有或很少有信息与资源的流动,就有可能为其中的个体或组织提供某些机会。因为可以将两个关系连接紧密的网络联结起来,就可以为这些联结起来的个体或组织带来新信息,从而使信息与资源通过这种新联结流动出来,产生之前没有的机会和价值。伯特依据结构洞理论,非常有效地对市场经济中的竞争行为提出了一些新的社会学解释:竞争优势不仅来源于资源优势,更为重要的是来自关系优势,个体或组织拥有的结构洞越多,则拥有的关系优势就可能越大,获得较大利益

第 2 章 关系网络与创业绩效机制

回报的机会也就可能越高。

因此,Burt 认为,社会网络主要可以为行动者带来信息和控制两方面的收益。其中,信息收益(informational benefits)包含:(1)摄取(access),指能够获得有价值的信息,并且知道有谁可以使用它;(2)时效性(timing),指可以及早地获得有用的信息;(3)举荐(referrals),指在适当的时间和地点,如在征聘中,由于被人推荐而获得机会。而控制收益(control benefits)指的是齐美尔提出的第三者渔利观点,即第三方在居间协调时,由于所处的特殊网络位置而带来的优势。

伯特提出两个标准以判断一个社会网络中结构洞是否存在:凝聚(cohesion criterion)标准和结构对等(structural equivalence)标准。符合这两个标准中的任意一个,则可表明结构洞不存在。在标准的凝聚模型中,由于每个成员之间都存在着强关系,因此对于第三方来说,其中任何两个关系人之间都存在着冗余性的关系。在结构对等模型中,按照定义,两个人由于联系着一组相同的人而在结构地位上是对等的。无论相互之间是否有直接联系,从信息流程看,他们通向同样的信息来源。因此,这两个关系人也是冗余性的。

结构洞理论有四个标志性特征:

第一,竞争是一个关系问题,并非玩家(player)相互之间的竞争。结构洞理论弱化了社会科学解释竞争的分析方法,即通过玩家自身的特点解释竞争。关系相互交叉,创造结构洞,这给玩家带来企业家机会,使他们可以获得更高的回报率。在伯特看来,玩家的自身特征不是解释竞争的有效视角,竞争中获胜的关键不在于拥有某些特征,而是要构建和维持富有生产性的关系。即使某些特征与竞争获胜具有关联性,也并非竞争中获胜的根本原因。结构洞会对不同特征的个人或者组织产生不同的影响,是因为人的不同特征或者组织的不同形式与其在社会结构中处于不同的结构位置有关。Burt 试图用结构洞分析来剥开个人特征和竞争结果之间的虚假相关性,去探索影响竞争结果的潜在社会结构因素。

第二,竞争是一种突现的关系,是不可见的。结构洞是看不见的非冗余关系,关系只有在缺席的时候才看得见。竞争是由两个玩家之间通过他们与其他人可见的关系而创造出来的紧张的、隐秘的、暂时的、不可见的关系。结构洞理论不是关于竞争关系的理论,而是关于为利益关系而竞争的理论。为了解释人们在成功上表现出的差异,结构洞理论跳出竞争者本身,关注到他们为之竞争且本身也处于其中的关系所构成的环境。玩家们的竞技场在他们自身之外大大延展,竞争存在于他们努力与其他玩家谈判的关系中。当那些关系被嵌入社会结构中时,谈判的空间就很小,也就是说成功与失败只有一线之隔。竞争的社会结构是关于关系的可谈判性的问题,可谈判性越大,竞争者胜出的可能性就越大。这就是"结构自主性"概念的本质。

第三,竞争是一个过程,而非结果。Burt 认为,绝大部分竞争理论都关注竞争结束之后留下的是什么,而这些理论都没能击中关于如何最大化生产者利润这一现实问题的要害。结构洞理论关注的是真实发生的、决定价格和交易的竞争过程。它关注交易如何发生、发展,关注谈判关系的过程,而经由这个谈判过程竞争者才会胜出。结构洞决定了一个玩家在谈判中所具有的竞争优势的性质和程度。

第四,不完全竞争是一个自由的问题,而不仅仅是权力的问题。结构洞理论认为,各人成为企业家的自由度不同,导致了竞争是不完全的。完全竞争的市场受价格机制的支配,玩家都一样微不足道;在另一个极端上,市场是由具有支配性地位的玩家控制的,其他玩家也一样微不足道。竞争极大的丰富性在于,它是不完全的,玩家彼此斗智斗勇,每个人都在努力寻找胜出之路。从玩家可以影响关系的意义上来说,竞争是不完全的。不完全竞争的核心问题是玩家如何逃脱被支配的境地,不管这种支配是来自于市场还是另一个占据市场支配地位的玩家。结构洞理论描述了一个竞争场域中的社会结构是如何为某些玩家创造企业家机会,并由此影响他们之间的关系的。

伯特的成果不但是在理论上构建了一个完整和缜密的结构洞理论框架,更令人信服的是,他还进一步从宏观和微观两个层面,运用相应的数据对其理论进行了严格验证,从而使得人们相信和接受其理论。首先,在宏观层面,Burt 利用美国商务部提供的二手数据,对美国生产市场进行定量分析。分析结果表明,边际利润随着厂商之间结构洞的缺乏而上升,随着原料供应者与顾客之间结构洞的缺乏而下降。市场是由结构洞所形塑的,主要供应商和顾客的网络关系决定了参与厂商的利润。占有更多结构洞的企业,其自主性强,能更好地获得信息和控制优势,比自主性差的企业获得更多的利润收益。其次,在微观层面,通过对美国高新技术企业内管理人员的结构洞与晋升关系进行研究,Burt 通过对企业管理人员的职业流动与晋升分布数据对理论进行检验,发现企业内部网络中有较多结构洞的经理在晋升过程中往往会被提升得更快,能更早地获得相应级别的职位。基于宏观和微观层面的研究结果,Burt 认为,结构洞将是一个很好地桥接社会学宏观分析与微观分析的有效概念。

(三)社会资本理论

社会资本(social capital)起源于社会学研究。Jane Jacobs 1961 年在《美国大城市的生命与死亡》一书中首次使用"社会资本"概念,阐述了公民意识对城市和人民生活的重要性。法国社会学家 Pierre Bourdieu 1980 年发表了一篇题为《社会资本随笔》的文章,将社会资本界定为"实际或潜在资源的集合,这些资源与由相互默认或承认的关系所组成的持久网络有关,而且这些关系或多或少是制度化的"。此后,"社会资本"逐步成为组织学、经济学、政治学等诸多学科广泛使用的一个跨学科概念。

对社会资本,不同的学者从各自的研究领域和研究对象出发,作出了不同的界定。例如,Bourdieu 认为社会资本是资本的三种基本形态之一,是一种通过对"体制化关系网络"的占有而获取的实际的或潜在的资源的集合体。这种"体制化关系网络"是与某个团体的会员制相联系的,获得这种身份会为个体赢得"声望",进而为获得物质或象征的利益提供保证(Bourdieu,1986)。Burt(1992)认为,社会资本指的是朋友、同事和更普遍的联系,由此得到了使用其他形式资本的机会……企业内部和企业间的关系是社会资本;它是竞争成功最后的决定者。Putnam(1993)认为,社会资本是一种组织特点,如信任、规范和网络等。像其他资本一样,社会资本是生产性的。它使得实现某种无它就不可能实现的目的成为可能,并能够通过推动协调的行动提高社会的效率。Portes(1998)认为,社会资本指处在网络或更广泛的社会结构中的个人动员稀有资源的能力。在这些学者中,美国社会学家 James Coleman 的思想较有代表性和影响力。他从社会结构的意义上对社会资本进行了深入阐释,认为社会资本是个人拥有的表现为社会结构资源的资本财产,由构成社会结构的要素组成,主要存在于人际关系和社会结构之中,并为结构内部的个人行动提供便利(Coleman,1994)。在他看来,社会资本不是一个单一体,而是有许多种类,彼此间有两个共同之处:它们都包括社会结构的某些方面,而且有利于处于同一结构中的某些个人行为;和其他形式的资本一样,社会资本也是生产性的,使某些目的的实现成为可能,而在缺少它的时候,这些目的不会实现(Coleman,1990)。

美籍华裔社会学家林南对社会资本理论也做出了重要贡献,他从个体理性选择行为的角度出发,在行动与结构的互动关系中,基于微观、中观和宏观社会结构层面,对社会资本进行了系统论述,在社会资本理论研究中具有重要的国际影响力。随着林南的一些重要学术成果被翻译成中文出版,其理论观点在国内产生了非常广泛的学术影响力。

林南的社会资本理论是在对阶级资本和人力资本等重要资本理论进行了深入分析和总结的基础上提出来的。这些不同的资本理论在一定程度上也代表了资本主义社会发展的不同历史阶段。阶级资本是马克思等人研究自由竞争早期资本主义所提出的理论;人力资本是以 Schultz 和 Becker 等人为代表的经济学家研究新技术革命时期的资本主义发展所提出的。

首先,马克思提出的资本概念对林南产生了影响。马克思认为资本是存在于社会关系中的资源,是可以带来回报的投资过程。因此,林南把资本定义为"为了获取回报而在市场中的资源投资",就直接地反映和继承了马克思对资本所持的观点。人力资本理论产生于新技术革命时期,具备知识和技能的劳动者在资本主义的发展中发挥越来越重要的作用。马克思的一个观点是,劳动者可以通过接受教育和技术训练而掌握知识和技能,从而获取更多的利益回报,进而改变自己的社会地位。由此可见,马克思的资本理论是关于物质资本理论,而人力资本理论则把有知识和技能的劳动者本身视为一种资本主义发展的资本。在这种意义上,人力资本理论是对马克思的阶级资本理论的超越,代表了资本主义生产力发展新时代下的理论新发展。社会资本概念是对人力资本概念的又一次超越,拓展了人力资本研究的视野,代表了社会科学研究的一个新视角。

基于以上理论观点的影响,社会资本被林南认为是嵌入一种社会结构中,在有目的的行动中可以获取或动员的资源。按照这一定义,社会资本的概念包括三种成分:嵌入社会结构中的资源;个人可以获取或动员这些资源;在有目的的行动中运用或动员这些资源。因此,"资源""社会结构""个体行动"就构成了林南社会资本理论中的三个核心概念。三个概念的内在关系是:资源是投资活动的对象,社会结构是投资活动的场所,而个体及其行动则是投资者及其活动。其中,和科尔曼一样,社会结构也是林南分析社会资本的基础之一。林南认为,社会结构包含四个基本要素:位置(positions)、权威(authority)、规则(rules)和代理人(agents)。位置表现了个体行动者对资源的占有,或者说是嵌入社会网络中的资源通过个体聚结成的网络节点;权威体现了位置之间的关系,是控制与取得资源的权力;规则制约和引导着行动者或代理人如何取得有价值资源,可以保证行动者在一定的秩序中获取资源;代理人是占据着那些蕴含着资源的位置的个体。

社会资本的功能被概括为多个方面:第一,促进信息的流动。由于市场的不完善,处于某种有利战略位置或等级地位的关系人能够较好地了解市场需求,可以为他人提供有价值的信息以帮助其获取机会和作出选择。同样地,这些关系也可以为市场中的组织或社区提供可用信息和利益,而之前人们可能并没有意识到这些信息的可用性,如这些信息可以降低交易成本,让组织招募到合格的专业技术人员,也使个人找到可以提供适当回报的组织。第二,影响代理人的决策。社会关系人可以影响到代理人,这些代理人又对行动者的决策产生关键影响作用。因为某些社会关系处于有利的战略位置(如结构洞)和等级地位,从而拥有更有价值的资源和更大的权力,影响组织代理人的决策。第三,提供信任担保。个人被确认的社会关系及其社会关系资源可以被视作个人的社会信任担保。信任也反映了个人通过社会关系网络与社会资本获取资源的能力。个人可以通过这些关系为组织及其代理人提供担保。这些超出个体之外的社会资源对组织也可以具有利用价值。第四,身份确认和获得认可。个人的价值得到确认和识别,就可以成为个人和社会群体成员共享的一种利益和资源,不仅可以获得情感支持,而且可以获得某些社会资源的共同认可。

(四) 网络组织理论

20世纪80年代,网络组织理论开始兴起。与上述边界清晰和体系完整的社会学理论相比,网络组织理论并不是指某一个理论,而是众多学者基于社会学、经济学和管理学等不同学科领域理论,对网络组织现象进行研究所形成的理论观点的一个总称。不同学者对研究对象——网络组织的解释和定义一开始就呈现出百家争鸣的状态。例如,Miles 和 Snow(1986)将网络组织定义为在价值链的各个点上做出贡献的若干企业集体资源的结合。Thorelli(1986)认为,网络组织既含有企业的协调因素,也含有市场的交易因素。但是,它既不是企业也不是市场,而是介于市场与层级制企业之间的一种组织形式。Jarillo(1988)认为,战略网络是一种关系网络,是组织之间所形成的长期关系,是获取企业生存和发展所需资源和知识的关键渠道,使网络内的成员相对于外部的成员更能拥有其自身的竞争优势。Johanson 和 Mattson(1990)认为,网络组织是企业之间相互作用关系的复杂组合,是长期的、有目的的组织安排,它使企业获得长期的竞争优势。Podolny 和 Page(1998)认为,网络组织是组织之间互相依赖和紧密联结在一起,以提高组织的可依赖程度和满足大规模的生产需要。

网络组织研究不仅涉及经济学、社会学和管理学等主流社会学科,同时还把其他一些边缘学科,如生态学、生物学和系统科学等,也融入这一领域的研究,使得网络组织研究呈现出多学科交叉的态势。不可否认的是,网络组织"百花齐放"的理论研究成果对创业网络的相关研究产生了重要的影响,以至于有些创业网络研究学者将其作为与"社会网络"(social network)相提并论的理论派系,统称为"商业网络研究"(business network)。以下将对这些网络组织研究中的一些有代表性的研究观点进行介绍:

第一,基于新制度经济学的研究观点。经济学理论是网络组织研究最为重要的理论基础,而新制度经济学又是其中最有影响力的学派之一。新制度经济学派以科斯在《企业的性质》中提出的纯粹市场和科层企业两种特例为基础,将两者之间的关系看作由交易成本决定的、可相互替代的社会资源配置的制度安排,试图揭开企业这个"黑箱",说明企业存在的原因及其边界。新制度经济学家虽然认可在这两种典型的制度安排之间还有其他组织形态的存在,但他们的注意力基本放在分析研究企业与市场两者之间的关系上。随着20世纪80年代网络组织和网络经济的兴起,新制度经济学在网络经济的研究中开始显示其重要的影响力。基于交易的不确定性、交易频率和专有资源依赖程度三个重要特性,Williamson(2001)分析认为,当这三个变量处于较低水平时,市场调节是有效的调节手段;当这三个变量处于较高水平时,企业则会替代市场组织,作为资源配置的有效调节手段;而当这三个变量的水平介于两个极端之间时,自动调节(价格机制)和强制调节(科层结构)会同时发生作用,与其匹配的不同治理结构可能是介于市场治理结构和企业治理结构之间的中间性经济组织(intermediate organization)。这些中间性经济组织的根本特点是带有企业和市场的双重特性。其中,有些可能更接近于市场关系,有些可能更接近于企业内部关系。因此,企业之间的协调既不是完全通过传统市场理论的价格机制,也不是完全通过企业内部一体化的科层结构,而是通过企业间复杂的、多样化的契约安排进行的。在新制度经济学派看来,网络组织是区别于市场和企业的第三种治理结构安排。这样,基于新制度经济学的网络经济研究就是将原有的企业和市场的二层次制度分析框架,提升为全新的市场、网络和企业的三层次制度分析框架。

第二,基于经济社会学理论的研究观点。Gulati(1998)在研究联盟与网络时曾批评说:"有关联盟的经验研究继续着交易费用经济学的传统,孤立地看待联盟,并将联盟现象仅看成是对交易成本的反映,这是不幸的。"Gulati 是成功运用经济社会学研究企业战略网络的代表性学者之一。与经济学视角相比,社会学的特点在于更加强调经济现象、个体行为与组织的社会嵌入性。基于嵌入性理论和结构洞理论,Gulati(1998)分析了企业间的互动行为,认为战略网络结构联系主要由嵌入关系构成,嵌入关系的作用是介于市场关系和层级关系之间。比较起来,嵌入关系能更真实地表现企业间的实际联结方式。战略网络应该是"包含了企业与供应商、客户、竞争对手以及其他组织之间的各种联系"。企业被嵌入社会的、专业的和带有其组织因素的交换关系的网络中,企业的行为和绩效可以被更全面地理解为是对其被嵌入的关系网络的一种检验。Gulati(1999)认为,战略网络潜在地提供了信息、资源、市场和技术,并具有规模和范围经济以及学习方面的优势。战略网络有利于企业接近和获得网络之中的关键资源。由于企业网络的优势具有异质性和路径的依赖性,加上资源的通道本身也是异质性的,嵌入网络之中的企业和组织之间的关系也将因企业和组织而异。同时,由于企业所处的战略网络不同,不同企业的战略网络中的关系密切程度和信任程度也会不同,加上不同企业管理关系网络的能力有所区别,因此不同企业的网络资源或关系资源就具有异质性,同时对网络资源或关系资源的整合能力和利用效率也可能存在天壤之别,从而最终导致企业行为绩效的差异化。因此,Gulati(1998)相信,合作伙伴之间丰富的信息交流与对机会主义行为的自然制约,能使具有良好社会性嵌入的联盟与网络获得更好的企业绩效。通过合作努力创建的网络,可以创造出使合作者共同受益的价值,这种价值是任何一方所无法单独达到的。

第三,基于商业系统理论的研究观点。同样,Jarillo 也认为,对联盟网络的研究不一定要沿用交易费用经济学所设定的"市场—层级连续体"。以 Jarillo(1988)为代表的学者认为,战略网络是一种长期的、有目的的组织安排,其目的在于使企业获得长期竞争优势。Jarillo(1993)以商业系统思想研究企业的网络行为,认为要想实现产品和服务有效地传送到顾客手中,整个过程的所有活动需要企业间的良好合作,而企业如何选择组织的合作方式,就是保证企业持续竞争优势的一个中心问题。他进一步提出了组织商业系统合作方式的评价标准,就是应最大化组织效率与灵活性;然后,通过比较科层制、市场和网络三种不同组织方式的特点,分析和说明战略网络是网络经济时代的最佳组织模式,并指出效率与弹性要求应把网络组织作为一个系统整体管理。Jarillo等学者基于商业系统思想,构建了战略网络的基本理论,其优势在于:有利于指导企业进行战略网络管理,如利用交易成本理论说明何时建立网络,利用博弈理论提出如何加强组织间信任的机制等,为企业的战略网络实践提供了一个更广阔的视野和方法。

第四,基于产业集群理论的研究观点。以 Porter 为代表的学者主张用企业集群理论来研究区域合作网络,认为企业集群是指在一特定区域内的一群相互联系的公司和组织(如政府机构、中介组织、高校、研究机构、客户等),为了获取新的、互补的技术,加快企业学习过程,增加企业间信任,降低交易成本和分担风险,并从联盟企业中受益而结成的网络。企业集群是一个开放系统,具有外部效应,同一地区内的公司或机构之间相互联系和共享知识,形成了一种"新竞争"和"新经济"。集群构成了空间布局上的新组织形式,"代表一种合作与竞争的新组合",是一种合作竞争思想,突破了单个实体竞争的狭隘思想,形成了一种群体竞争的战略思维,是竞争战略的新发展。Porter 等人基于产业集群理论的研究,分析了企业集群的成因、特征和网络关系,揭示了企业集群与竞争优势的关系,大大地丰富了战略网络研究的内容。以 Porter 为代表的集群思想不但很好地解释了发达国家的区域网络发展,如美国硅谷和波士顿的高技术产业,同时也很好地解释了发展中国家的区域网络发展,如中国浙江地区许多传统产业集群的形成和发展。

第五,基于生态系统观的研究观点。以 Moore(1999)为代表的学者从生态系统观的视角来研究战略网络。Moore 提出的商业生态系统是一种以个人和组织相互作用为基础的经济联合体。个人和组织是商业世界的有机体,经济联合体生产出对消费者有价值的产品和服务,企业商业系统的有机体成员包括供应商、主要生产者、竞争对手、消费者、科研机构、风险承担者、政府及其他利益相关者。基于商业生态系统理论,Moore 提出了生态系统战略的一些基本思想:(1)随着传统行业的崩溃,唯一实用的竞争方法不在产品方面,而是通过构建新的生态系统模式超越竞争对手。(2)新的共同体存在的基础在于为消费者带来大胆的革新,革新不是简单地改进产品、工艺或服务,而是要创造一个完整的有机体,这需要付出巨大的代价。(3)在生态系统所认定的范围内,企业可以创造一个广泛的、成员众多的、相互联系的经济共同体。(4)要想获得新世界的竞争优势,必须了解建立生态系统的时机和方法,能够在持续发展和不断改进过程中调整战略方向。Moore运用商业生态系统分析了许多成功的企业战略,总结出运用商业生态系统获得领导地位以及企业成长的方法与步骤。

二、创业网络研究

(一)组织研究的网络视角

随着网络研究的兴起,组织研究领域与网络理论具有天生的亲近性,因为传统组织与管理研究中所关注的个人、团队与组织都可自然地被视为网络的行动者(actor),从而成为网络研究较为适合的分析对象。根据 Brass 等人(2004)的定义,网络是由一组节点(nodes)和一组代表节点之间存在关系或不存在关系的连接(ties)所组成的。基于此定义,Brass 等人发现组织研究中的网络分析主要集中在三个层面:个人间网络(interpersonal networks)、部门间网络(interunit networks)、组织间网络(interorganizational networks)。

在对以往文献分析归纳的基础上,Brass 等人(2004)总结出在以上三个层面的网络研究中,可以分别将网络作为因变量或自变量进行研究,并已取得了不少成果。

第一,在个人间网络研究中,行动者相似性、个性、邻近性和组织结构、环境因素是网络形成的重要前因变量;而网络会给个人带来诸多影响,如提高工作满意度、方便找工作、绩效得到提升、获得晋升和领导力等。网络理论将传统的关注个人属性的视角转移到关注人与人之间的关系上。例如，如果这种关系能够使个人获得信息、技能、知识和资源，就可以提升个人的绩效。同时，实证表明，个人网络的中心性、网络规模、互动频率、网络密度等一些属性对绩效具有重要影响。

第二，部门间网络的形成因素包括人际关系、职能关系以及组织流程和控制机制。部门间网络的影响研究主要集中于绩效、创新和知识行为。研究发现，网络的密度、凝聚度、结构洞、外部网络范围、网络的正式性与非正式性、网络关系的性质（积极、消极与中性）等都可能对绩效产生不同的影响。此外，创新与知识相关的行为也容易被部门间的关系模式影响，并成为文献研究关注的因变量。

第三，相对来说，组织间网络研究是一个较有潜力的研究领域，它包括了组织与供应商、客户、竞争者和其他各种组织成员的关系网络。Brass 等人（2004）主要对组织间长期合作关系的研究文献进行了总结，发现动机、学习、信任、规范与控制、公平、环境等是组织间网络形成的前因变量，而组织间网络的形成对组织的模仿、创新、企业生存、绩效等因变量产生影响。在以网络为自变量的研究中，以上网络变量都同样得到了关注，只是其所考察的是组织间的关系。同时，由于组织与人毕竟存在区别，处于市场中的企业会受到各种市场因素的重要影响，因此组织间网络的研究面临重要的挑战和机会。

Brass 等人（2004）通过文献综述分析认为，组织间网络将是一个非常具有潜力的领域，其研究一定会蓬勃发展，并且会逐渐出现四个转向：第一，从考察网络的绝对转向考察网络的权衡；第二，从静态的网络研究转向动态的网络研究；第三，从单一层面分析转向跨层面分析；第四，从单一的二元关系分析转向关系的差异性分析。

组织间网络研究又可以从两个不同的视角展开：自我中心网络（egocentric network）和整体网络（whole network）视角。Prowan 等人（2007）认为，自我中心网络的相关研究可以回答如下几个主要问题：（1）二元联系或网络联系对组织绩效的影响；（2）哪种类型的连接会使个体网络成员收益最大或最小;(3)哪个网络位置影响最大或最小;(4)组织在网络中的位置如何随着网络内外的变化而变化。在自我中心网络研究中,所研究的网络结构包括:程度中心性(degree centrality)、亲近中心性(closeness centrality)、中介中心性(between centrality)、关系多重性(multiplexity)、中介人关系(broker relationship)、派系(cliques)。

但是,作为整体网络层面的组织研究,其关注点并不是个体组织,而是解释网络作为一个整体的属性和特征;其关键点在于网络层面的结果,而不是构成网络的个体组织。整体网络层面关注的结构属性主要包括:密度(density)、碎片和结构洞(fragmentation and structural holes)、治理(governance)、中心化(centralization)、派系(cliques)。

通过对网络层面的组织网络研究文献进行回顾,Prowan 等人(2007)发现目前超半数的文献都集中在健康与人事服务部门,而对商业组织的研究刚刚兴起,针对企业网络的相关研究非常少。总体上看,这些文献主要研究两大类问题:(1) 整体网络的网络属性和过程,如网络结构、网络发展、网络演化以及网络治理;(2) 网络结果,如网络效果和网络学习。由于整体网络研究相对较少,Prowan 等人就未来的整体网络研究趋势进行了大胆预测。其中,网络发展与演化的研究将是一个非常有潜力的方向,因为现有的网络静态特征研究对网络的解释已经呈现出局限性。

Zaheer 等人(2010)也对基于网络视角的组织间研究文献进行了回顾,从理论机制和分析层次两个维度对组织间网络研究进行了分析。如表 2-1 所示,理论维度有四个理论基础,包括资源获取、信任、权利或控制/信号,分析维度主要涉及二元关系、自我中心网络、整体网络三个分析层次。以前的研究文献在理论机制上比较偏重于资源获取和信任两种机制,在分析层次上较集中于二元关系和自我中心网络。其中,自我中心网络研究成为目前组织间网络研究的主阵地。在自我中心网络研究文献中,网络中心性、结构洞、凝聚性、结构等价性(structural equivalence)等网络特征是研究的焦点。例如,在网络中心性的研究上,许多研究发现中心性对绩效有影响,包括企业成长、创新、产出和财务成功等诸多方面的作用机制。同时,在研究的结论上也存在不少争议。例如,对于结构洞和凝聚性(closure)这两个相互联系的网络特征指标,其背后的绩效作用机制还存在不少争议:两者之间是竞争的、互补的,还是权变的?这还有待于作更多的深入分析研究。相对来说,整体网络的研究处于一个刚刚发展的阶段。与早期的研究问题(如strategic "blocks")相比,近年来的整体网络研究较为关注网络的中心化(centralization)和小世界(small worldness)等问题。

表 2-1　组织间网络研究的一个框架

理论机制	分析层次		
	二元关系	自我中心网络	整体网络
资源获取	强关系→隐性知识传递 弱关系→显性知识传递 利用情境→强关系 探索情境→弱关系	程度中心性→信息 程度中心性→能力和学习 结构洞→信息 结构洞→能力和学习	组织间网络→区域成功 组织间网络→有效的知识传递
信任	强关系→信任 信任→绩效	凝聚性→信任 中心性→信任	组织间网络→区域成功
权力/控制	权利不平衡→关系形成 多边依赖→约束 吸收	结构洞→议价能力	组织间关系→战略模块
信号	未来研究	作为身份的Bonacich中心性	未来研究

资料来源:Zaheer, et al, 2010.

Zaheer等人在对文献作梳理的基础上,提出了未来组织间网络研究的三个方向或思路:第一,是在不同研究模块之间进行跨界或互动研究;第二,填补现有的研究框架;第三,拓展已有的研究框架。

张闯(2011)对12本管理学国际顶级期刊在2001年至2010年10年间,从社会网络理论角度发表的有关组织与管理问题的研究文献进行了分析。他在对245篇实证论文进行分析后发现,将网络变量作为自变量研究的共有211次,作为因变量研究的有44次,分别作为调节变量和中介变量研究的各有18次和17次。作为自变量的网络变量主要包括网络结构变量(如网络密度、网络中心性、结构洞等)、社会资本、关系嵌入等。这些网络变量解释较多的因变量是各个层面的绩效和知识的创造或转移,涉及最多的因变量是关系(如战略联盟)的建立。调节变量一般是调节网络变量与其他变量之间的关系;而中介变量既有中介网络自变量与其他变量,也有其他传统属性变量。相对来说,网络变量的调节效应和中介效应的相关研究还处于起步阶段。其中,在网络变量作为解释机制的相关研究中,主要通过三种解释思路展开:网络结构嵌入机制、关系嵌入机制和社会资本理论。这也说明 Granovetter(1992)的社会嵌入理论对组织与管理研究产生了重要的渗透和影响。

总体上,在过去的三十余年中,社会网络理论、组织与管理学理论的研究者在推动二者融合方面,尤其是将社会网络理论融入到管理学研究中做了大量的工作,并且在主要管理学期刊上发表的社会网络分析的文献仍然处于稳定增长状态,研究的主题几乎涵盖了管理学研究的主要领域。

(二) 创业网络研究的兴起

随着网络理论视角在组织与管理领域的兴起,到 20 世纪 80 年代中后期,创业网络研究也开始引起人们的兴趣并得到关注和重视。Birley 在 1985 年的研究中将"社会网络"的概念引入到创业的研究中,并界定了创业网络的内涵。他认为,创业者连同其外部环境构成了创业网络。对创业网络的这种理解比较片面和局限,但是学者们在研究创业的过程中可以用"创业网络"这个概念来描述创业者自身以及与创业者相关的人和组织,并探讨资源和信息在其中的流转。Zimmer 和 Aldrich(1986)进一步对创业网络的概念进行深入研究,强调在创业过程中创业者社会网络的重要性,使得社会网络的研究与创业的研究更加紧密,并确立了创业网络在创业研究中的重要地位。

经过二十多年的研究,创业网络已经成为创业研究领域较为重要的内容之一。Hoang 和 Antoncic(2003)通过文献回顾总结,发现创业网络研究主要围绕网络关系、网络治理和网络结构等内容展开,并取得了丰富的成果,已成为创业研究领域的一个重要方向和阵地。

1. 网络结构特征

网络结构被认为是行动者之间直接或间接的关系模式,行动者不同的网络位置会对网络内资源流动造成重要影响,进而影响其创业绩效(Hoang & Antoncic,2003;张玉利,2004)。Granovetter 区分了"关系嵌入"和"结构嵌入"的概念,前者考察关系的强度、持续性、方向等;后者则更多地从系统结构的要素角度考察网络关系,主要研究企业在网络中的结构、位置等因素。结构嵌入理论强调行动者在社会网络中的结构位置,认为网络位置对于行动者的行动和绩效会产生重要的影响(Granovetter,1992)。Burt(1992)进一步提出"结构洞"(structural holes)的概念,认为通过结构洞建立起来的关系比例越高,企业家的能力越大;机会越多,企业家投资在高回报关系上的可能性越大。随着对社会网络结构认识的深入,人们越来越认识到创业者作为一个社会角色,嵌入社会、政治和文化的环境中,网络结构对企业的行为和绩效产生重要作用(Bruderl,1998)。基于以上社会网络理论脉络,"网络结构"也成为创业网络的一个重要概念,对网络结构特征的深入分析应是理解创业网络的关键。总体上,创业网络对网络结构特征的研究主要围绕"网络规模、网络强度、网络中心度、网络密度、网络结构洞、频率、同质性"等构念展开(Hoang & Antoncic,2003)。

2. 创业网络的过程机制

基于以上网络结构特征的创业网络的过程机制研究可以进一步概括为以下两个方面:

首先是以创业网络为自变量的相关研究,研究创业网络对创业产出的影响。这些创业产出可以包括:新企业的创建、生存与成长、竞争优势、绩效、创业成功,以及机会识别、机会利用、资源获取、知识获取、创业倾向、创业投资决策、创业行为和创业意图等诸多方面。此类创业网络研究的成果较多,也是国内外学者关注的重点。国外相关研究认为,创业者的社会网络不仅是创业所需信息和资源的重要来源(Hansen,1995),而且也对发现、识别创业机会至关重要(Hilis,2003;López-Morell & O'Kean,2008)。网络关系提供了资源流动的最佳渠道,新企业可以利用与外部企业及其他组织机构之间的广泛社会关系,获取金融资本、关键技术、人力资本和管理经验(Hite,2001)。建立持久的社会网络关系使企业更容易以较低成本获取所需的创业资源,成功的创业者往往会花费大量的时间去建立网络关系以帮助新企业成长(Elfring,2003)。Manolova(2006)等人研究发现,网络内的社会资本及互动与新创企业的成长密切相关。Anderson 等人(2010)通过案例研究,深入地展现了创业者通过企业内外网络关系和社会资本有效地实现了企业的创业成长。国内学者也有类似的研究和观点,认为企业能够通过与不同经济领域的种种联系,摄取企业成长所需的稀缺资源,并经实证发现了社会网络对创业商机信息、创业资金和订单获取具有显著的影响作用(边燕杰,2000)。创业网络不仅仅是创业企业获得各类信息和资源的渠道,还是创业者与不同群体交换或借用资源(林剑,2006)、获取声誉与社会合法性的重要途径(缪荣,茅宁,2006),并能保留人才资源(梁小威等,2005)。同时,从动态的角度看,在不同发展阶段,新企业对不同形式的创业网络(创业者个人的非正式网络和创业企业正式网络)的利用对企业绩效产生的影响存在着差异性(蔡莉,单标安,2010)。这些研究都意味着创业网络对新创企业的成长与成功有着重要且复杂的影响机制。

其次是以创业网络为结果变量的相关研究,主要研究哪些因素影响了创业网络的形成。这些因素可以包括:国别、文化、性别、信任、创业者背景、创业者外倾性、个人责任意识、成长阶段等。此类研究一般从过程视角关注创业网络。由于不同文献对"过程"的定义和理解不同(Slotte-Kock & Coviello,2010),如果把过程仅作为一种逻辑上的因果解释,这种理解就在把创业网络作为自变量的研究中占据主流;如果把过程视为网络本身变化发展的一个过程,则这种理解就在以创业网络为结果变量的研究中占据主流。Smith 和 Lohrke(2008)研究发现,基于情感和认知的信任在创业网络的发展过程中具有显著影响。其中,情感型信任建立在亲朋好友关系的基础上,在创业初期起主要作用;认知型信任建立在对机构型网络理性选择的基础上,在早期成长阶段作用突出。Foley(2008)通过跨文化的案例研究发现,性别、信任、文化、政府支持等因素对创业网络的形成和发展都有显著影响。

Jack等人(2010)综合运用参与观察、访谈和问卷调查的方法,通过六年的案例跟踪研究发现,网络演化会经历从"功能的"到"工具的"和"利他的"这样一个非常复杂的社会互动过程,仅仅基于功能性的理论视角去解释创业网络演化是远远不够的。由此可见,由于创业网络的发展与演化是一个较为复杂的过程,现有研究往往偏向于采用质性研究方法,如案例研究方法;同时,随着对网络发展演化认识的深入,越来越需要突破功能性理论视角,如资源依赖理论,深入分析创业网络的演化过程与机制。

创业网络的发展与演化机制是创业网络研究的重点,也是人们能去理解和运用创业网络的重要理论问题。以下我们先主要对几个典型的创业网络发展与演化机制的研究成果进行介绍,然后在下一节中再结合本土的关系研究作一个简要的评价。

(三) 创业网络的发展与演化

1. 网络演化的过程理论

组织变革是组织学研究的重要内容,但是学者们对如何研究组织变革一直存在着不同的观点。与其他组织理论视角不同,演化理论的一个重要世界观是把组织看作一个不断变化的过程,而非由一些静态的实体组成。总结Poole等人(2000)的观点,Van de Ven和Poole(2005)提出了组织演化研究的两种典型的方法:变量方法(variance methods)和过程方法(process methods)。如表2-2所示,两种方法表现出了不同的认识论观点。具体来说,两种方法有以下特点:

第一,变量方法强调变量,变量代表了所研究事物的重要方面或属性。变量研究的潜在目的是建立产生结果的必要条件。最普遍的变量研究类型是把变化视为一个变量,研究的目的是解释和预测变化的发生与大小程度,以及变化对其他变量的影响。这些研究运用的方法有相对简单的实验方法、复杂的时间系列的问卷调查设计和历史时间模型。变量研究方法是组织变革、创新与创业研究的主导方法。

表 2-2　变量方法和过程方法的比较

变量方法	过程方法
规定的实体具有一些变化的属性	实体参与到事件中并可以随着时间变化
基于必要和充分的因果关系进行解释	基于必要的因果关系进行解释
基于有效的因果关系进行解释	基于最终的、正式的和有效的因果关系进行解释
普遍性依赖不同情境的一致性	普遍性依赖不同案例的通用性
自变量的时间顺序不重要	自变量事件的时间顺序非常重要
强调直接的因果关系	解释是多层的,包含间接的和周边的因果关系
演化过程中的属性只有单一的意义	演化过程中的实体、属性和事件的意义可以变化

资料来源:Van de Ven & Poole,2005.

第二,过程方法比变量方法更复杂一些。因为事件的复杂性,需要解释这些事件间的暂时联系、同一过程的不同时间尺度以及过程的动态属性。过程解释包括三个层面:(1)解释一个事件如何导致或影响后续事件;(2)解释一系列事件发展的整体模式;(3)两者兼具,把微观解释和整体模式连接起来。过程理论吸收了多种不同的方法进行解释,包括关键事件与转折点、情境影响、整体演变方向的形成模式、一系列事件的影响因素等。过程研究采取不拘一格的研究设计,如直接观察、档案分析和多案例研究。

从本体论看,组织可以被理解为作为名词的真实实体(entity,or thing),或者是作为动词的组织过程(process of organizing);从认识论看,组织可以有变量方法和过程方法。基于这两个维度,Van de Ven 等人(2005)提出了组织演变研究的四种方法,如表 2-3 所示:

表 2-3 组织演变研究方法的一个分类

		本体论	
		组织作为名词,是一个社会参与者,一个真实的存在	组织作为动词,是一个组织过程,处于不断流动之中
认识论	变量方法	方法一: 组织演变的变量研究通过对自变量的因果分析,解释实体因变量的变化	方法三: 组织演变的变量研究主要对基于中介的模型或混沌的复杂适应性系统,提出一个动态的模型
	过程叙事	方法二: 组织演变的过程研究对实体发展中的一系列演变的事件、阶段和周期进行叙述	方法四: 组织演变的过程研究对不断出现的行为或事件进行叙述,以展现出集体的努力

资料来源:Van de Ven & Poole,2005.

基于以上 Van de Ven 等人的组织演变研究方法分类,Jack 等人(2008)结合创业网络的研究,提出了创业网络研究的四种过程理论:

(1) 生命周期理论(life-cycle process theories)

生命周期理论把生物体从出生、成长、成熟、衰退到死亡的全过程应用于产品、组织、行业等方面的研究。在创业领域,创业网络演化的研究也借鉴和运用了生命周期理论,把创业网络的生命周期分为出生、早期成长、后期成长、成熟、死亡等阶段(Hite & Hesterly,2001);或者一些学者把创业网络的发展分为三个阶段:创业前期、创建企业与早期成长、后期成长与发展(Larson,1992;Lechner & Dowling,2003;Greve & Salaff,2003)。Jack(2008)总结前人的研究成果,归纳出了一个较为简单的三阶段演化周期:

阶段一:创业前期。这个阶段,创业者主要利用一些社会网络为自己打下创业基础。这个阶段的社会网络一般是比较亲密的关系,包括家人、朋友、前同事、老同学等强关系。这些关系网络不仅能为创业者带来创业所需的资源,而且能激发创业者的商业灵感,降低各种不确定性。他们还往往是创业后期成长的重要支持力量,甚至会影响到创业企业的成长战略与路径。

阶段二:创建阶段。在第一阶段的基础上,第二阶段的重点是为了创业实践的需要,进一步发展创业网络。例如,为了扩大销售,需要大量发展市场网络;为了更好地利用技术,需要发展合作网络等。这个阶段,创业网络的重要特点是关系的多重型,为此也开始逐步形成双边关系管理的原则和程序、信任、互惠和未来预期。

阶段三:成长阶段。在创业网络快速发展,网络关系数量达到一个极限后,就需要对创业网络的结构进行调整。这个阶段,对网络新关系的需求开始减少,但网络关系变得更深入和复杂,且不仅仅在个人的社会关系层面上运作,也开始在组织间的关系层面上运作。这个阶段的创业网络特征是计算性的(calculative),更像市场关系(market-like),少了情感关联,其发展更具有目的性和战略性。

(2)目的过程理论(teleogical process theories)

与生命周期理论不同,目的过程理论认为事物的发展遵循着"展望与设定目标、实施、评估和目标修订的过程",而事物本身具有适应性、目的性和发展路径选择的特点。这样,创业网络就可以被认为是各个参与实体互动的一个结果。创业网络也成为创业企业发展过程中的重要成分,不仅促进了创新,而且是知识的载体,是一种集体学习的机制。

Johannisson(1997)强调了环境和社会互动在创业网络演化过程中的重要性,并认为创业企业本身正发生的事实就是整个缓慢演化网络的一部分,是理解创业网络演化最好的事实。更进一步地看,创业者的自我中心网络常常会嵌入一个更大的社会中心网络环境背景中。Johannisson等人(2006)认为,这种环境背景对自我中心网络可能非常重要,网络和创业企业就是一个共同演化的过程。基于这种社会化的观点,网络就不仅仅是创业者从环境中获取资源的一种工具,还应是创业者的一种延伸(Jack,2008)。这样,网络就成为一种组织和治理机制,能为网络中的成员提供身份、意义和资源;反过来,这也允许创业者让他们的环境更加有效率。

目的过程论与社会结构主义是一脉相承的。根据社会结构主义者的观点,我们不能把网络作为一个独立的分析单位进行研究和分析。因为创业者、创业企业、创业网络和更大的社会中心网络是一种嵌入与相互构建和影响的关系,创业者和创业企业组成了创业网络,创业网络构成了参与者的环境和背景。创业网络的演化也是由所有网络成员的社会互动与发展所组成的,这个互动与发展过程体现了每个参与者自己的目的性、适应性和选择性。在社会结构主义和目的过程论看来,网络就是由网络实践者共同创造出来的一种环境。一定程度上,要理解创业网络的演化,需要理解网络参与者的发展演化。

(3) 演化过程理论(evolutionary process theories)

演化过程理论与种群生态学(population ecology)最为相近,认为变异、选择、保留的过程是对外部宏观环境压力的一种反应……因为在有限的稀缺资源和一系列盲目变异的条件下,组织必须为生存而持续地竞争。网络为应对环境的震荡提供了一种机制。为应对环境变化的不确定性和丰富性,网络变化可以有四种模式:扩张(expansion)、搅动(churning)、强化(strengthening)和萎缩(shrinking)(Koka, et al,2006)。研究发现,对于环境中不断增强的敌意,创业网络会趋向萎缩,并更多地依赖个人的强关系(Johannisson,1996)。但是,相对来说,环境对网络行为的直接影响还是缺乏关注和研究。

(4) 辩证过程理论(dialectic process theories)

辩证过程理论依据的假设是,权力和影响的冲突是所有冲突之源。以此来看,我们就能发现,为应对这种权力与影响的不平衡,以性别、阶层或种族为特征的群体是如何构建这些独特类型的网络的。例如,Anderson和Miller(2003)发现社会阶层出身会强有力地塑造网络的类型和价值。但是,辩证过程理论往往只是对同质化网络形成的前因进行解释。

2. 创业网络演化机制

Hite(2005)通过美国计算机行业的八个案例研究,总结了创业网络的演化过程和关系嵌入的演化路径(如图2-1所示)。首先,Hite研究总结出创业网络的演化过程主要有三个过程:(1) 网络进入过程(network entry processes)。该过程主要是准许网络关系进入创业网络,主要通过三种方式进入:① 通过个人关系进入。案例中有66%的关系是通过这种方式进入的,如此高的比例可以让我们相信创业者非常依赖朋友和家人的亲密网络;

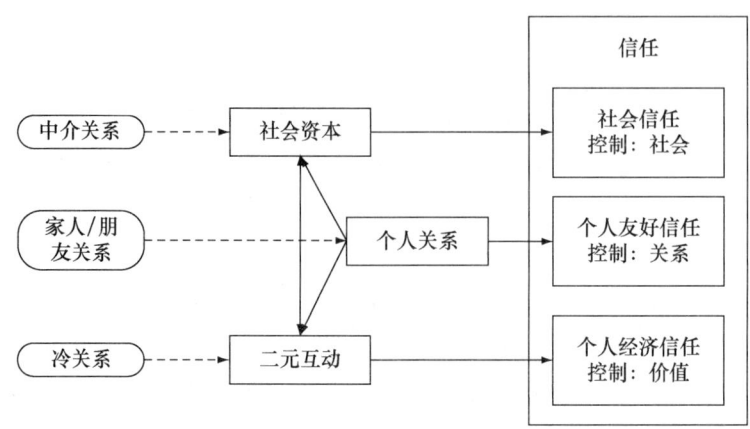

图 2-1 嵌入网络关系的演化过程

② 通过双方的经济互动进入。案例中有 14% 的关系是通过这种方式进入的。市场关系开始时是基于合同信任,随着时间的推移,互动越来越多,互动的质量也随之提高。③ 通过社会资本进入。案例中有 20% 的关系是通过中介经纪人进入的。(2) 社会影响过程(social leveraging processes)。社会影响过程就是用现有的社会关系成分去发展其他社会关系成分。基于个人关系、经济互动与社会资本三种社会关系成分,社会影响过程也有三种形式:① 个人关系与社会资本之间的影响;② 经济互动与社会资本之间的影响;③ 经济互动与个人关系之间的影响。(3) 信任促进过程(trust facilitation processes)。不同的社会关系会有不同的信任类型,三种社会关系会导致三种不同的信任,分别是:① 个人善意信任(personal goodwill trust)。个人善意意味着网络成员寻找彼此的最佳利益。这种信任是关系维护的动机,能阻止机会主义行为,鼓励双方的价值追求行为,为关系治理提供战略控制。② 个人能力信任(personal competency trust)。这种信任建立在长时间的重复互动行为上,互动过程能让彼此认知、理解和期待。由于互动历史的价值,获得关键能力和资产的特异性和可预见性,个人能力信任为关系合约提供了战略控制。③ 社会信任(social trust)。这种信任通过声誉和其他社会控制,为关系合约提供了关键控制机制。不同社会关系促进了不同类

型信任的发展,具有三种不同社会关系的完全嵌入关系网络,会在三种类型的信任上有一个有效的平衡。

在创业网络演化过程研究的基础上,Hite进一步总结了关系嵌入的演化路径,共有五条:第一条演化路径从双方的经济互动开始,随着互动的增加,开始发展个人关系,随着个人关系中感情和社交的发展,又发展出更大的社会网络和社会资本,从而实现全面的关系嵌入。第二条演化路径从社会资本开始,随着社会资本和社会信任的增加,互惠和义务的成分也开始增加,从而促进了双方的经济互动,不断的互动又促进了能力信任和个人善意信任,最后带来个人关系的嵌入,从而实现全面的关系嵌入。剩下的三条演化路径都首先从个人关系开始,然后分别发展到经济互动嵌入和社会资本嵌入,最后实现全面的关系嵌入。但是,第五条路径有点特殊,它不是线性地发展,而是可以让经济互动与社会资本同时发生,从而实现全面的关系嵌入。

Hite(2005)的案例研究结果显示,关系嵌入的演化路径具有叠加性和循环性。叠加性使得关系嵌入能够通过任何一种社会促进过程增加网络关系。循环性显示社会关系的演化不完全是严格线性的,也可以是周期循环的。这也说明不同的社会关系和信任类型可以互为因果。但是,总体上,关系嵌入的演化过程遵循网络进入、社会影响和信任促进这样一个确定的过程。

Jack等人(2008)通过对三个石油行业的创业企业的案例研究发现,创业网络演化所表现出来的特征补充了已有网络演化理论没有回答的问题和重要过程。

首先,以生命周期理论来说,案例研究发现,不是所有的网络关系都要随着时间发生变化,周期阶段只能部分地解释这种变化,网络关系变化的广度和深度只是得到了部分解释,网络关系的属性并没有得到很好的解释。在网络生命周期的第二个构建阶段,与客户的关系会从创业企业的中层管理向其他同事转移,并有意识地把这种网络关系的层次和地位提升到一个更高的水平,去构建更多的潜在强关系,并作一些前期的测试和评估,包括情感亲密、职位、资源和知识等方面的内容。在第三个成长阶段,则会把一些高层次的强关系内部化(internalizing)。这些强关系经常是以前的商业伙伴,有时也可以是新结识的中介经纪人。内部化通常采取董事会任职的方式。这个阶段,会把更多强客户关系的维护工作授权给其他同事,同时广泛地参加行业内的交流座谈会,以构建未来的社会关系。这经常通过中介经纪人的桥接,建立一些强关系,开发一些新产品或服务,进行市场开发,或根据这些新强关系的需要,创新一些产品或服务。

其次,对目的过程理论来说,网络作为一种机制,会以其自身的目的和方向进行演化。但是,Jack等人通过案例研究发现,关系网络发展是一种自然的、自发的、没有外力影响的过程。案例受访者对关系网络过程的非预谋和无计划观点的坚持,也表达了一种信念,即人情关系是发展网络的首要条件。由此,网络发展被研究者视为一种综合的人类行为,是通过惯例与他人互动,没有预谋,也没有算计,是新创企业发展很重要的一个方面。尽管案例受访者对这种关系网络中的算计行为持有保留态度,但他们也明确表示有时会抱着工具性的目的去结识一些人,有时也会加入一些他们所鄙视的正式团体。他们还是强调,即使在这样的情况下,感情纽带也是非常重要的。与文献中的目的过程理论相比,研究发现网络过程所富有的感情、人性和自然的一面更受关注,这似乎是网络发展的一个首要条件。

Jack等人最后总结,单独用每一种网络演化理论来解释创业网络的发展都有各自的优点和不足。例如,生命周期理论尽管较好地描述了网络演化的关键行为、互动和过程,但其固有的线性发展思维并不能很好地解释环境中发生的一些剧变,而这时引入目的过程理论就能更好地进行解释和让人理解。因此,建议未来的研究尝试提出一种创业网络演化的混合模型(a hybrid theory)。

Jack等人(2010)又研究了一个创业网络,尝试构建一个创业网络演化模型。他们所研究的创业网络是苏格兰当地政府发起的一个创业者论坛,主要由一些对创业有兴趣和准备创业的人组成,其目标是帮助这些准创业者和新创业者发展商业机会和助推新企业的创建。通过对该创业网络从创建到发展的跟踪研究,Jack等人较详细地勾画出了创业网络的形成与演化过程,主要有三个阶段:(1)形成阶段。一开始是会员们自发组织、自我管理,每月召开一次会议。会议的形式是讨论创业点子,通过自由组合、"头脑风暴"的方式评估这些创业点子。这一阶段的特点是"计算性、自我寻找目标、我能获得什么、理性商业过程"。研究者称之为"功能主义"(functionalist)。(2)发展与重构阶段。一年后,会员们开始觉得创业论坛应有所改善,需要对这种创业辛佳迪(syndicates)有所控制并吸纳更多的会员。改善措施包括:改进会议形式以利于社交,让大家开始分享观点,更有信心和更多地参与。这一阶段的特点是"建立自己网络中的身份,识别他人的身份,认识到网络的潜力,与团体互动互惠,开放自己的想法和分析价值观"。研究者称之为"工具性的"(instrumental)。(3)生存与重生阶段。这一阶段,创业网络经历了一次大的变迁,根据当地政府企业管理局的战略,着手将创业论坛发展成为一个新的、差异化的、更大的企业论坛,结果是会员剧减,从原有的60人降到只有39人。管理当局为此退出了对所有活动的支持,包括对每月一次的会议。但是,有趣的是,没有了管理当局的支持,剩下的大多数人决定单干后,创业论坛又开始重新焕发生机,参会人员不断增加,9个月后达到了110人。这一阶段的特点是"对团体的情感,形成强的感情纽带,基于尊重、互惠、信任、共享价值,认识到网络是一个学习环境,想成为其中的一员,愿意并准备为网络工作,自愿参与且想参与"。研究者称之为"利他主义的"(altruistic)。

如图2-2所示,在创业网络的三个阶段,网络成员、网络结构和网络状态等经历了明显的演化。阶段1,网络成员主要由一些想创业的人员组成;网络结构由正式的等级组织构成(包括委员会主席、正副主任、秘书、会计等职位);网络成员之间的状态主要是一种松散的形式。阶段2,网络成员主要由新创业者和准备创业的人员组成;网络结构更非正式,有会计,委员会主席是轮换担任;网络成员之间的关系更加紧密。阶段3,网络成员主要由成熟的创业者组成;网络结构变得非结构化和非正式化,只有一个秘书;网络成员非常紧密地联系在一起。总体来说,创业网络演变是一个社会化和情感化的过程,成员之间基于一些社会因素的互动而起到非常重要的作用。具体而言,这些社会因素包括亲和力、共享态度和信任等;这些互动满足的是一些人性化的需求,而非仅仅是物质需求。

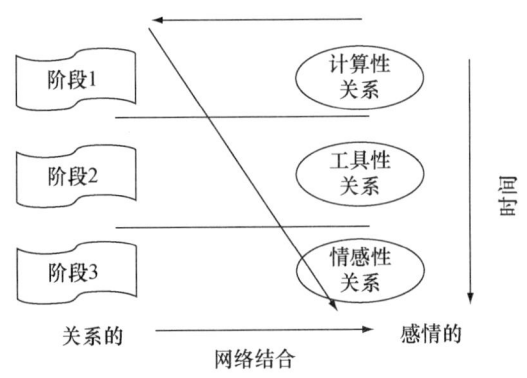

图 2-2 网络过程与演化属性

研究提出的创业网络演化模型在一定程度上融合了多个理论视角,能让我们更综合地理解创业网络演化的复杂过程,使模型更具有现实的解释力。

强关系和弱关系是创业网络研究文献最常见的一种分类,因此在以强关系和弱关系为分析单位的创业网络演化研究中,通常形成了两种典型的演化路径:一种是从以强关系为主导的创业网络,逐渐演化到有意识地管理创业网络中丰富的弱关系;另一种则相反,在企业创建阶段,弱关系可能占据主导,然后随着创业企业的成长,其中的一些弱关系逐渐发展成为强关系。Elfring 和 Hulsink(2007)基于已有的研究成果,选择了荷兰 32 家 IT 行业的新创企业进行研究。32 家新创企业大致可以分为三类:第一类是独立新企业(independent start-ups),第二类是衍生新企业(spin-offs),第三类是孵化新企业(incubatees)。如果加入创新模式(渐进型创新和激进型创新)的分类维度,则可以将 32 家企业分成六大类。研究者通过案例比较分析和跨案例分析等方法构建创业网络的演化模式,最后总结出了三种具有明显区别特征的网络演化过程,将它们命名如下:

第一种：网络演化(network evolution)。这种网络演化模式主要发生在从事渐进型创新的衍生新企业和孵化新企业身上。这种创业网络在发展初期主要由强关系主导,这些强关系包括家人关系和前职业关系等,能为创业者带来资源和可信任的反馈。等到新创企业开始成长,就有大量的弱关系加入进来。因为大多新创企业要雄心勃勃地扩展新市场,需要这些弱关系为它们寻找商业机会。产生这种网络演化模式的条件是,创业者是行业内从事渐进型创新的人,他们的强关系来自原来的相关领域,并且能为他们提供创业所需的资源。但是,创业者对新的信息和市场机会的需求比较有限,只有在创业企业成长之后,这些需求才促使他们增加新的弱关系。

第二种：网络更新(network renewal)。这种网络演化模式主要发生在追求激进型创新的衍生新企业和孵化新企业身上。在创业初期,强关系和弱关系都较为重要,各自都发挥着自己的作用,没有谁会占据主导地位。随着新企业成长,一些弱关系会因无法提供预期的互补资源而被抛弃。另一方面,一些弱关系被证明是有用的,从而发展成为强关系,尤其是在关键的合法性身份和其他网络利益方面,创造出多样化的关系。产生这种网络演化模式的条件是,创业者要从事激进型创新,通过多样化的交流提供新的信息和知识,通过多样化的视野提升创造力。弱关系有助于提升捕捉机会的能力,强关系有助于获取所需资源,两种关系的组合在企业创立初期和成长早期都非常重要。创业网络的演化就是两种关系持续地增加、减少或相互转化。

第三种：网络革命(network revolution)。这种网络演变主要与追求激进型创新的独立企业有关。该演化模式的特点是,在新创初期有大量的弱关系,从而带来对商机信息的疯狂搜集。在一些案例中,电话、会议和网络都是创业者接触陌生人的方式。网络演变的模式是,在行业内重要的人物与新创企业联系上后,原来无聚焦的搜寻会更加聚焦,且多样化的关系会围绕着重要人物发展,网络关系的寻找和选择过程,以及额外利益的提供都变得更有效率。相对于前面两种网络演化模式,网络革命模式是本案例研究的一个新发现,在以前文献中很少提及。这种模式对于我们深入管理网络和避免网络超载问题具有借鉴意义。

Bunt等人(2005)对组织内的信任网络演化机制进行了研究。基于情感动机和工具动机,研究区分了信任关系形成和演化的六种不同理论机制。

首先,基于情感动机的网络演化机制有三种:(1)趋同效应(the homophily effect):自我与他人在身份和价值等特征上越具有相似性,则自我与他人之间信任关系的形成趋势就越强。(2)平衡效应(the balancing effect):自我与他人和第三方的关系越平衡,则自我与他人之间信任关系的形成趋势就越强。(3)八卦效应(the gossip effect):自我与他人在八卦行为上越具有相似性,则自我与他人之间信任关系的形成趋势就越强;或者自我越是被表明为一个八卦者,则自我与他人之间信任关系的形成趋势就越强。

其次,基于工具动机的网络演化机制也有三种:(1)信号效应(the signalling effect):与下属对其直接上司的信任相比,上司对其直接下属有更强的信任趋势。(2)共享体效应(the sharing group effect):自我在完成其任务上越依赖于他人,则自我与他人信任关系的形成趋势越强。(3)结构洞效应(the structural hole effect):自我网络的效率越高,则自我与他人形成个人间信任关系的积极性越低;或者自我与他人关系受到的约束越少,则自我与他人形成信任关系的趋势越弱。

Bunt等人认为,以上六种机制基本上比较全面地覆盖了现有组织间信任网络的演化动力机制。他们通过一个德国公司的案例研究检验以上六种机制的合理性。研究结果最终基本支持了以上六种演化机制。但是,在对以上几种机制作检验时,发现结构洞机制具有更好的解释力,即如果考虑结构洞效应,其他效应就会变得不明显。由于研究结论仅是基于一个案例分析得出,因此还需要看看在其他不同类型的组织中,哪种机制会具有更好的解释力。

Vissa(2012)对创业者的个人网络行为影响创业企业交易网络形成的机制进行了实证研究,试图回答两个问题:在搜寻新的组织交易伙伴时,创业者的网络行为如何影响其对推荐人的依赖?对推荐人的依赖又会如何影响创业企业新交易伙伴的增加?Vissa首先通过对九位印度创业者网络行为的多案例研究,提出了两种典型风格的个人网络行为:网络扩展行为(network-broadening actions)和网络深化行为(network-deepening actions)。前者是指增加新的个人关系,后者是指管理已存在的个人关系。Visa 对自变量"网络行为、推荐人依赖"与因变量"新交易伙伴增加"三个变量之间的关系提出假设,然后收集了来自 73 家 B2B 创业企业的 75 个创业者的纵向数据。研究发现,创业者的网络行为方式会影响到其网络伙伴搜寻模式。具体来说:(1)在搜寻新组织交易伙伴时,网络扩展行为越强的创业者将越少依赖于推荐人;(2)在搜寻新组织交易伙伴时,网络深化行为越强的创业者将越多依赖于推荐人;(3)那些聚焦于网络深化且事实上排斥网络扩展的创业者最依赖于推荐人。研究最核心的一个发现是,决策者对推荐人的依赖程度会部分地调节网络行为对搜索结果的影响作用。

(四)创业网络的绩效机制

广义的创业绩效包括创业企业有效识别机会、成功获取创业资源和实现持续成长绩效。因此,创业网络的绩效机制研究的内容可以包括创业网络如何影响销售收入和企业规模等直接绩效指标,也可以包括为创业企业带来各类有形资源和无形资源,如资金、人力、知识和能力绩效指标。

创业网络首先是创业者获取外部资源的重要途径。其中,创业网络的融资机制是研究关注的重要内容之一。经济学和组织学都对风险企业融资过程中的信息不对称问题进行了研究,并给出了相应的解决方案。但是,Shane 和 Cable(2002)认为经济学的解释欠社会化,而组织学的解释则过度社会化。为此,两位学者对 50 家创业企业进行了案例研究,提出了相应的假设:

假设 1:在有直接关系和没有直接关系的创业者中,投资者更愿意投资先前有直接关系的创业企业。

假设 2:在有间接关系和没有间接关系的创业者中,投资者更愿意投资先前有间接关系的创业企业。

假设 3a:创业者的声誉调节直接关系的作用,有声誉影响存在时,直接关系对投资决策的影响作用将消失。

假设3b:创业者的声誉调节间接关系的作用,有声誉影响存在时,间接关系对投资决策的影响作用将消失。

通过logistic回归分析发现,所有假设均得到了实证数据的支持。研究结果对我们重新审视以前的研究观点具有重要意义。例如,组织学运用社会职责(social obligation)和信息传递(information transfer)机制解释投资者对创业者的投资决策。但是,研究结果显示此理论机制的解释观点过度社会化了。研究认为,社会关系就是为投资者提供了获取信息的机制,从而使创业者能有效地获得创业所需的资源。

Witt(2008)等人对创业网络的资源获取与企业成功的关系进行了研究,用"适应性""客户导向""市场成功"三个构念来衡量企业成功。其中,适应性用三个指标测量:利用新市场机会的能力、对变化的客户需求找到创新解决方案的能力、对新市场威胁快速反应的能力。客户导向用两个指标测量:创造客户满意度、保留已有客户的能力。市场成功用四个指标测量:达到满意的市场份额、实现满意的销售增长、近三年的利润、获得新客户的能力。资源的获取主要指个人关系、经验与知识、物质资源、金融资源四个自变量。研究主要检验上述四个自变量和三个因变量之间的关系,样本运用了德国的123个创业者样本进行检验。

数据分析显示,除了个人关系分别与客户导向和市场成功两个因变量显著相关外,其他自变量与因变量之间的相关假设关系都没有得到数据支持。此结果似乎与以前的很多研究结果存在差异。因此,研究认为,可能在德国创业网络对创业成功具有较低的关联性。这也为创业网络的跨文化研究提供了一个重要的方向。

基于社会网络理论和心理学理论,Zhao等人(2010)构建了一个综合社会能力、社会网络规模与企业成长绩效的关系模型(如图1-10所示)。模型中的社会网络特征主要运用了网络规模指标,具体包括商业网络规模和政府网络规模。前者主要指基于市场交易的商业关系,包括创业者与客户、供应商、竞争对手、商业伙伴、投资者等个人关系。后者主要指创业者与不同

第 2 章 关系网络与创业绩效机制

层次的政府官员和政府机构的个人关系,这些关系可以促进商业交易、降低官僚压力和帮助获得客户。

Lechner 等人(2006)研究了不同网络类型对创业企业发展的影响,这些网络类型包括社会网络、声誉网络、竞争合作网络、市场信息网络和合作技术网络。通过对 60 家创业企业的问卷调查进行分析,结果显示,与网络规模变量相比,网络组合(如在不同创业发展阶段使用不同类型的网络)对创业发展具有更强的解释力。首先,研究以创建时的创业网络数据作为因变量,用到达盈亏平衡的时间(用月计)进行回归分析,发现声誉网络对创业企业发展具有显著的正向影响($p=0.029$),同时合作技术网络也对企业发展具有较为显著的影响($p=0.093$)。其次,研究以企业创建后一年的销售业绩作为因变量,发现除了合作技术网络影响不显著外,其余四个网络类型对销售业绩都具有显著影响,分别是社会网络($p=0.043$)、声誉网络($p=0.020$)、竞争合作网络($p=0.000$)、市场网络($p=0.006$)。该研究在一定程度上说明,创业网络会伴随着企业成长不断演化,仅仅用网络规模这个变量来预测创业成长绩效值得质疑,而用创业网络组合,即对不同类型的创业网络进行考察可能会更接近创业网络发展的真实情况,也更能预测创业绩效。

Anderson(2010)等人通过纵向案例研究,分析创业者是如何通过网络识别成长机会的,他们又是如何通过社会互动利用这些机会的,以此探索创业成长的网络创造机制。通过案例数据与理论之间的反复推演互动,Anderson 等人提出了网络成长实践的五步阶段模型。该模型借鉴了法国社会学者 Bourdieu 提出的一个重要理论概念——惯习(habitus)。在本研究中,惯习可视为一种场所或环境,为富有成效的互动提供了一个连接。五个步骤的内容分别如下:

(1) 解放(liberating)。创业者开始意识到新创企业要进入一个新的成长阶段,他们首先需要从日常的运营管理中解放出来。在不损害现有企业运营的前提下,创业者会将日常的管理事务移交给自己信任的商业关系。在案例中,这些商业关系可以是雇员、外部顾问、非执行董事,他们喜欢创业相关事务,并且成为新创企业的内部人。最重要的是,创业者一旦作出从日常工作中解放出来以进入一个新的成长阶段的决定,他们并不是就脱离日常的社会互动去做一些正式和理性的计划。相反,他们还是回到日常的惯习,置身于商业关系网络,参与到多样化的非正式互动中,完成解放步骤。

(2)激发(inspiring)。解放出来之后,创业者就要设法获得更多的创业激发和灵感。这个步骤中,创业者也不是从理性的环境和内部分析入手,而是走出企业和各色人群去交谈,交流商业世界正在发生的事情。创业者倾向于参加一些日常的分享活动,非正式地询问一些社团对未来发展趋势的看法,鼓励他人说出他们对未来的推测。这个阶段,创业者非常强调交谈的重要性,交谈是创业者与他人互动、连接环境和惯习,让他们根植于社会网络关系中的重要技能或战略性工具。

(3)愿景(visioning)。创业者通过交谈,让自己沉浸在惯习中。交谈一旦激发出许多未来的可能性,创业者就会回到他们自己的新创公司,把这些灵感转换成更具体的愿景。与理性战略规划模型的观点不同,创业者并不会对这些外部获得的信息和灵感作一些规范性和计算性的验证,相反,他们会将这些信息和灵感与创业企业内部的人员进行深入交谈和交流,直到形成对未来的一致的图景。

(4)表达(articulating)。在愿景形成之后,就要进一步对产品和服务作清晰的表达。创业者会选择一些商业伙伴,典型的是行业内的一些高级主管,就他们的成长需求作非常精确的交谈,这些交谈会带来创新产品、服务和工艺的共同描述。创业者深深地嵌入行业环境中,与客户企业的高层主管进行互动,这种与高层决策者嵌入的深度对企业的创新和变革驱动至关重要。

(5)实施(implementing)。前面的四个阶段在很大程度上是通过交谈实现的,其后的愿景和产品就需要通过产品开发和实施完成。尽管专业技术在这个阶段是商业成功的重要因素,但是整个实施过程还需要社会结构和社会资本的运作和利用,实施也是一个关系性的过程。

案例研究对新创企业成长的过程、互动行为、互动场所和参与者的内在关系进行梳理、归纳和提炼,所提出的五步阶段模型较好地揭示了新创企业成长的机制。

创业网络对企业绩效的影响及其重要性得到了较多的关注和研究,但相对来说,对创业企业如何构建或形成外部网络关注较少。为此,Hallen 和 Eisenhardt(2012)对创业企业如何有效地形成组织间网络进行了案例研究。他们主要对创业企业外部投资网络关系的有效构建进行了研究,其外部网络形成有效性的评估指标主要聚焦在三个方面:投资完成、形成时间、投资渴望度。他们通过对九家创业企业深入的案例研究,勾勒出了创业企业有效构建外部投资网络关系的内在机制,并将其提炼为"催化战略"(catalyzing strategy),概括地说,可以称之为"四种行为策略和两条形成路径"。具体而言,主要如下:

(1) 转换网络关系:休闲约会(casual dating)。休闲约会是指创业者在形成正式的合作关系之前,会非正式却是有意和重复地与一些潜在的合作伙伴进行会面。休闲约会非常有效的原则在于:一是有助于投资者熟悉了解创业企业;二是通过征询建议迎合甚至讨好投资者,这会给投资者带来一种正面影响和心理负债;三是创业者采纳投资者的建议后,不但可以完善新创企业,还能通过吸引投资者关注企业发展的方式选定(co-opt)投资者。以社会心理学的研究观点来看,这会增强投资者的喜好程度。休闲约会总体上能帮助创业者把间接的弱关系转换成直接的强关系,尽管依旧是非正式地转换。案例研究进一步通过对投资方的访谈发现,投资方也认为休闲约会是一种结识潜在合作伙伴的轻松方式,且不会花费太多时间去评估创业企业和了解产业情况。因此,投资方虽然不会发起约会,但很乐意参与约会。

(2) 增强品质信号:把握"证明要点"时机(timing around "proof-points")。"证明要点"是案例中被访者经常提及的一词,它主要指创业企业具有里程碑意义的实质性创业成就,一般由外部重要的第三方提供,是一种反映创业企业品质的积极信号。创业者会通过几种方式把握"证明要点"的时机:第一,采取加速(acceleration)策略。即一旦有了证明要点,即使当前暂时不需要进行下一轮的融资,也可以考虑提前进行融资。第二,采取优先购买权的融资结构(preemptive structuring)。即将未来的证明要点与未来的投资关系进程同步进行。第三,延迟策略(delay)。即等到证明要点实现后再去寻找投资网络关系。把握证明要点的时机能够增强创业企业品质,从而提高网络关系形成的效率。

(3) 选择网络节点:考察兴趣(scrutinizing interest)。考察兴趣是指创业者采取行动去辨别那些有实际兴趣的潜在合作者。创业者一般会采取两种途径:一是通过网络确认,先问彼此相识的熟人,以证实投资人的实际兴趣;二是对潜在投资者进行直接的互动分析。考察兴趣后,创业者能更快锁定目标,而不会去浪费时间和精力。总体上,直接分析比网络确认更有效率。但是,两者所依赖的信息是不一样的,具有一定的互补性,一起使用能让创业者更好地考察。

(4) 创造稀缺信号:制定备选方案(crafting alternatives)。制定备选方案就是通过发展多条路径完成网络形成过程。该行为主要通过激励非常有兴趣的潜在投资者作出承诺,以提高效率。创业者一般会采取三种途径:第一,创业者可以建立筹集资源的多种不同路径,而不仅仅是依赖投资者。第二,除了那些渴望投资的投资人,创业者还可以接触那些不那么渴望投资的投资人,这些投资人往往把速度作为他们的优势。第三,创业者可以设定最后期限,在非常有兴趣的投资人间建立起竞争关系。制定备选方案作为一种催化战略能强化信号,引导投资者作出投资承诺。

通过以上四种行为策略,创业者能够建立一条实现有效的网络关系形成的路径,这条催化战略路径依赖于以上一系列的互补行为。这种战略一般是在没有直接的强关系的情况下运用的。相反,如果创业者具备直接的强关系,则上述四种行为策略就是多余的,可以直接排除掉。

如果说运用直接的强关系的战略不一定具有普遍性,因为不是每一个创业者都具备直接的强关系,那么催化战略则能适合更多的创业企业。因此,这种战略首先很具有实践意义。同时,在理论上,催化战略对已有的基于社会学和组织学对网络形成机制的研究也是一个很有价值的补充。前者强调社会嵌入机制(social embeddedness),后者强调信息信号机制(information signals),而催化战略强调两者的互动性,且具有时间上的顺序,两者结合起来才是有效的网络形成的充分条件。

三、本土关系研究

"关系"本身是一个较为宽泛的概念,其研究成果也是"百花齐放",社会学、经济学和管理学等不同学科的学者在这块具有中国本土特色的理论土壤上"开荒拓野",都企图做出自己的理论贡献。Chen 等人(2013)根据对近二十多年的重要关系研究文献的回顾,发现从研究视角上,关系的研究有三种类型:自我功效视角、社会道德视角和儒家关系视角。目前,关系研究的问题、依据的理论、运用的方法、分析的层次以及所获得的结论在不同领域的学者间大相径庭。此处并不是要对所有的关系研究作一个全面的综述,而是要基于本研究的需要,有选择性地进行回顾和总结。下文关于关系研究的综述主要采取以下策略:首先是对关系研究作一个概述,以便我们初步对关系的研究成果和思路有一个了解;然后,我们重点介绍与本研究相关的一些研究成果,主要包括关系的演化过程和关系的绩效机制;最后,我们作一个总结、评价和展望。

(一) 关系研究概述

1. 对关系的认知与态度

"关系"(guanxi)是中国人惯用的一个日常用语。但是,"关系"作为一个学术用语或理论概念开始得到广泛的关注和研究,还是源于国外学者在 20 世纪 70 年代开始对关系现象的关注(Jacobs,1979)。在一些国外学者看来,关系往往会与追求自我利益的不道德行为联系在一起,如"走后门""桌下交易"、贿赂和腐败行为(Millington, et al, 2005)。但是,在中国人的实践中,关系并不是就被视为一种不道德的行为,它更多地应该是反映了中国人社会中的一种客观生存状态。无论社会活动、政治活动还是商业经营,都不能脱离关系行为的渗透和影响,也不能简单地以道德和不道德的二元思维判断关系实践的价值。

那么,关系到底是有益还是有害的? 这实际上是个较难一言以蔽之的问题。Warren 等人(2004)曾在中国做了一个实验研究,他们设计了 6 个关系实践场景①,然后调查一个大城市的一所学校的 203 人,问受访者:在这些关系实践场景下,关系对个人、组织和社会所产生的影响作用是什么? 调查结果显示,受访者认为所有的 6 个场景对个人都是有帮助的,有 2 个场景(场景 2 和 6)被认为是对企业组织有帮助,只有 1 个场景(场景 6)被认为对社会有帮助。Warren 等人还作了进一步调查,访谈了 195 人,让受访者分别举出对个人、组织和社会有利和有害的关系例子。他们在编码分析后发现:(1)关系对个人有利的有 10 个方面,其中排前三位的是:营造政治上的和谐,建立信任和合作的环境;获得个人利益,包括期权、奖金、佣金和回扣等;赢得政府项目,获得投资和贷款以及海外基金投资。关系对个人有害的有 6 个方面,其中排前三位的是:降低道德标准,损害个人和社会的形象和声誉;被迫用金钱或女人行贿;承受不公平的竞争和经济上的无效率。(2)关系对企业组织有利的有 10 个方面,其中排前三位的是:赢得政府项目,获得投资和贷款以及海外基金投资;获得新的技术和创新;发展客户网络。关系对企业组织有害的有 11 个方面,其中排前三位的是:获得低质量的产品,雇用不合格的雇员;承受不公平的竞争和经济上的无效率;被迫用金钱或女人行贿。(3)关系对社会有利的有 9 个方面,其中排前三位的是:赢得政府项目,获得投资和贷款以及海外基金投资;营造政治上的和谐,建

---

① 6 个场景分别是:(1)王先生是一家中等规模国有企业的经理,他通过与当地政府官员的朋友关系,避免了因违反污染法规而被罚款。(2)张先生是一家机械工具工厂的销售经理,他给一个大客户的采购部门送礼。(3)刘先生是一家大清洁剂公司的采购主管,他同意从老板弟弟的公司采购大量原材料。(4)吴先生是某银行河南省分行的总经理,他只雇用自己的大学同学。(5)陈先生是济南一家大酒店的业务经理,一个来访官员说他违反了不成文的会计监督法,并把陈先生关进监狱一个星期。陈先生的一个雇员吴先生是官员的朋友,他请求官员让陈先生花些钱以避免坐牢,官员同意了。然后,陈先生付了钱。(6)吴先生是一个业务经理,他与自己的客户发展忠诚和长久的关系。

立信任和合作的环境;获得新闻、贸易秘密、机密信息和竞争者情报。关系对社会有害的有10个方面,其中排前三位的是:承受不公平的竞争和经济上的无效率;阻止社会公平和透明度;被迫用金钱或女人行贿。总体上,关系在中国转型经济的发展进程中,既有推动商业的一面,也有阻碍经济发展的一面,起到了"双刃剑"的作用。

在商业领域,Chan等人(2002)对中国广东省的私营、国有和合资企业的850位经理人进行了问卷调查,发现对于商业领域来说,关系就是一个很实用的考虑因素。大多数经理人为了公司的成功,借助于送礼和依赖自己的关系网络做生意的传统依旧得到了延续。同时,对关系的认知和态度也不能简单地用道德或不道德来界定。这些经理人对关系和道德的态度存在一定的差异,聚类分析,大致有三类:(1)无道德的利润追求者(unethical profit seeker)。这种经理人非常强调利润或利用法律的漏洞,他们为了利润而违法或歪曲政府的法规的可能性更高。(2)反政府的关系培养者(anti-governance guanxi-cultivator)。这种经理人抵制政府的法规,偏向于与他们的关系网络成员做生意;同时,他们也会强调利润,或者为了利润而钻法律漏洞。(3)缺乏兴趣者(apathetic executive)。相对来说,这类经理人较不愿意通过违法手段或钻法律漏洞创造财富,他们很少违反政府的法规,也不热衷于在关系网络中培养生意,而是把友情看得很重。由此可见,经理人对关系的认知和实践也是存在相当大的差异的。

因此,尽管关系实践的结果可能会具有其道德或不道德的一面,并且目前基于道德视角的相关研究在关系研究文献中也有一定的分量和地位,但本研究对关系实践更多地是持一种中性的立场。以下对关系研究成果的回顾将不求道德观点上的平衡或兼顾,更多地是考虑要尽量涵盖不同商业领域与关系实践情境的丰富性,以求从不同的商业实践角度理解关系行为。

2. 关系的内涵和特征

对于关系的内涵和特征,不同的学科领域和学者有不同的阐释。以下对社会学、管理学和经济学等一些主要学科对关系的理解和阐释进行介绍和总结。

(1) 关系概念的内涵

Chen 和 Chen(2004)认为,可以从三个角度对关系进行阐述:① 从关系的字面含义理解。从字面上看,关系既可以作为一个动词理解,也可作为一个名词理解。从静态的名词来看,关系可以是指两个个体(或团体)的一种连接,也可以直接指个体本身。从动态的动词来看,可以把关系理解为一种行为,如通常所说的"拉关系"和"走关系"。② 从儒家文化的角度理解。如果要理解关系的根本含义,就得从中国古代的儒家文化思想入手,这可以追溯到儒家文化中"伦"的思想。儒家文化中的"五伦"思想至少可以从三个方面理解:首先,要认识到人们关系的重要性。儒家文化认为人的存在是在与别人的关系中得以体现的,其中五伦关系最为重要(君臣、父子、夫妻、兄弟和朋友)。其次,"伦"代表了一种社会秩序。这就是费孝通所总结的,中国人的关系是一种差序格局,存在横向和纵向的严格秩序,从纵向来看,君与臣、父与子、夫与妻、兄与弟、年长朋友与年少朋友之间具有不对等的权利和义务,前者拥有更多的权利和威严。从横向来看,每个人都是以自我为中心,形成一个关系圈,由内向外依次为家人、族人、亲人和朋友。最后,"伦"代表了一种道德原则。伦是相关群体互动行为的一种原则。就像人的关系具有差别一样,没有一个适用于所有人的统一的道德标准,每一个关系总是在其自有的道德原则下运行。③ 现行的关系视角。首先是对关系的分类维度存在不同的理解。如果从关系类别来看,可以分为家人、熟人和陌生人;如果从关系互动的属性和目的来看,可以分为情感关系、工具关系和混合关系。其次是从网络视角或二元视角看,存在不同的理解。网络视角强调从层面来看关系维持社会秩序的功能或替代法律体系不能达到的地方;而关系的二元视角则强调人与人之间的二元关系是中国人关系的基本单位。最后是对关系价值的判断也存在差异。有人强调关系的纯工具性和特殊性的一面,有人则强调情感性的一面。

在此基础上,Chen 和 Chen(2004)提出了一个整合的关系概念,它主要包括关系基础和关系质量两个层面的含义。首先,关系基础是指两个个体之间的特定关系。在排除一些先天注定的关系(如家人与亲人)外,这里的关系基础主要有三种来源:一是共同的社会身份,如同乡、同学、同事等;二是共同的第三方,存在这种间接的关系一般是因为双方都认识或熟悉第三方;三是预期基础,即未来可能发生交易和合作等进一步互动的双方也会因共享相同的期望、想法和价值观而形成关系。其次,关系的质量是指在某一时点上对关系状态的评价,如关系的好与差、深与浅,是关系双方对关系的一种客观评价。这里,Chen和Chen主要用了两个核心的指标进行评价:信任(trust)和感情(feeling)。其中,信任主要由能力(ability)和诚信(sincerity)组成,而感情主要由交情(obligation)和感情(affection)组成。

(2)管理领域的关系概念

Lee等人(2005)通过访谈五位香港销售经理和12位大陆销售经理,发现中国人的关系存在三个重要特点:① 关系是一种礼节和程序,是陌生人彼此开始做生意必须要经历的;② 关系有一个门槛;③ 关系的建立需要时间。中国的经理人有五种可观察和识别的关系行为:留面子、互惠、感情、信任和互动。从逻辑上看,信任是关系的结果,而互动是信任的前提。为此,Lee等人认为关系应有三个维度:① 面子(face)。面子是指在一种关系情境中的个人正面形象,是通过行使一种或多种社会角色而获得的。它用三个指标来测量,分别是:A. 我们和销售人员双方都在乎面子;B. 我们越受尊重,就越有面子;C. 我们给销售人员面子,他们也给我们面子。② 互惠(reciprocity)。中国人也称互惠为"报""回报"或"人情"(renqing)。互惠是一种强社会规范,是中国人的道德纽带。它用两个指标来测量,分别是:A. 如果销售人员之前给了我们恩惠,我们也将会给他恩惠;B. 如果我们之前给了销售人员恩惠,他也将会给我们恩惠。③ 感情(affect)。感情是指人的情感,是持久的情感承诺,也是关系最重要的成分。它用四个指标来测量,分别是:A. 销售人员有时会送一些(不贵重的)纪念品给我们;B. 当有结婚、升职等事情时,销售人员会送一些贺卡给我们;C. 销售人员是我们的好朋友,我们彼此由衷地相互关心;D. 我们喜欢销售人员,他也喜欢我们。

由上述研究和观点可以看出,人们对关系的理解基于不同的实践场景而"智者见智,仁者见仁"。如果一定要对关系下一个一般意义上的定义,我们可以从静态实体与动态行为两个层面着手。首先,关系可以指一个人的社会关系网络,它由家人、亲人、朋友等组成,他们由于各种纽带(血缘、地缘和学缘等)而相互联结在一起。其次,关系可以指一个人的关系行为,主要是为自己或他人获得各种特定的资源或帮助,在自己的关系网络中实施的一些互动行为,包括施恩惠、提供帮助和送礼等各种各样的互动方式。

3. 关系概念的测量

关系概念的测量是关系实证研究的基石。虽然不同学科对关系概念还没有一个统一的看法,但不少学者已开始尝试对关系概念进行测量。实际上,早在20世纪80年代,就有文献探讨关系的测量。如表2-4所示,以下主要对近年来在管理领域的相关测量研究进行回顾。

表2-4 关系的测量

测量	作者
• 我们的高层管理与一些重要人物有个人关系。 • 我们的高层管理能获得有价值和重要的信息。 • 我们的高层管理能获得政府的审批。 • 我们的高层管理能获得一些重要的资源,如土地和电力。 • 我们的高层管理能获得融资或上市名额。	Flora F. Gu, Kineta Hung, & David K. Tse, 2008
感情维度: • 我们相互理解。 • 我们在工作中相互支持。 • 我们在工作中留意对方的利益。 • 我们在工作中尊重对方的观点。 • 我们在工作中能充分地沟通问题。 信任维度: • 我们有相同的个性。 • 我们有相同的兴趣和爱好。 • 我们信任对方。 • 我们总是考虑对方的利益。	Xiao-Ping Chen & Siqing Peng, 2008

(续表)

测量	作者
感情维度： • 我经常与这个供应商代表在工作之外进行社会互动。 • 这个供应商代表和我可以像朋友一样坦诚交谈。 • 如果我换掉这个供应商代表，我将失去一个好朋友。 • 我将这个供应商代表视为家人。 • 在我作出一个重要决策之前，我会考虑这个供应商代表的感情是否会受到伤害。 • 我对这个供应商代表有兄弟般的感情。 • 当这个供应商代表有需要的时候，我会全力去帮助，因为他/她是我的朋友。 **人情维度：** • 我感觉有义务为这个供应商代表提供帮助。 • 我觉得"回收"一些好处是和这个供应商代表做生意的一部分。 • "礼尚往来"是我和这个供应商代表之间关系的一个重要部分。 • 如果我不能为这个供应商代表提供一些他/她所需要的帮助，我会感到尴尬。 • 如果不能给这个供应商代表反馈一些好处，我觉得这是不好的生意。 • 当这个供应商代表需要帮助的时候，我很乐意提供。 **信任维度：** • 这个供应商代表与我们相处时很坦率。 • 这个供应商代表不会说谎话。 • 这个供应商代表与我们相处时完全开放。 • 这个供应商代表只关心他/她自己。（反向） • 这个供应商代表好像只关心我们的需求。 • 我公司里的人不信任这个供应商代表。（反向） • 这个供应商代表不值得信任。（反向）	D. A. Yen, B. R. Barnes, & C. L. Wang, 2011
• 休假或工作时间之后，两个公司的员工会一起娱乐。 • 两个公司的员工会相互邀请用午餐或晚餐。 • 在一些特殊的时候，如项目竣工，两个公司的成员会一起庆贺。 • 两个公司的员工了解彼此的家庭和工作条件。	Alfred Wong & Dean Tjosvold, 2010

(续表)

测量	作者
面子(face): • 我们和销售人员双方都在乎面子。 • 我们越受尊重,就越有面子。 • 我们给销售人员面子,他们也给我们面子。 互惠(reciprocity): • 如果销售人员之前给了我们恩惠,我们也将会给他恩惠; • 如果我们之前给了销售人员恩惠,销售人员也将会给我们恩惠。 感情(affect): • 销售人员有时会送一些(不贵重的)纪念品给我们; • 当有结婚、升职等事情时,他会送一些贺卡给我们; • 销售人员是我们的好朋友,我们彼此由衷地相互关心; • 我们喜欢销售人员,他也喜欢我们。	Don Y. Lee & Philip L. Dawes, 2005
家人关系: • 当我需要时,我通常请求家人想方法帮助我。 • 当我寻求帮助时,我能依靠家人的关系。 • 当我提出要求时,家人通常会请他们的同事帮助我。 • 当我需要时,我经常向家人寻求帮助。 • 当我提出请求时,家人经常联系他们认识的人帮助我。 朋友关系: • 当我的朋友有困难时,我会设法帮助他们。 • 我努力与我的朋友保持联系。 • 我会设法与我的朋友维持好的关系。 • 当我的朋友恳请我时,我总是帮助他们。 • 我经常帮助我的朋友解决问题。 同事关系: • 我经常帮助我的同事。 • 我的同事可以依靠我帮助他们。 • 我认为回报同事恩惠是重要的。 • 我因帮助同事而受到欣赏。 • 帮助同事让我建立起与他们的良好关系。	Robert J. Taormina & Jennifer H. Gao, 2010

(二)关系网络的演化过程

关系演化过程研究是关系研究的一个重点,也是一个非常有前途的研究热点。关系演化过程是一个较为复杂的问题,其复杂性体现在以下三个

第 2 章 关系网络与创业绩效机制

方面:第一,演化过程理论的复杂性。对于演化过程本身,不同的学者会有不同的理解。例如,基于 Van de Ven 等人(2005)的组织演变研究方法分类,Jack 等人(2008)结合创业网络的研究,提出了四种演化过程理论:生命周期理论(life-cycle process theories)、目的过程理论(teleogical process theories)、演化过程理论(evolutionary process theories)和辩证过程理论(dialectic process theories)。不同的演化过程理论在本体论和认识论上存在差异性,因此基于不同演化过程理论进行的研究结论可能大相径庭。第二,关系研究理论视角的多元性。不同学科领域的学者会基于不同理论视角研究关系,典型的有基于文化理论视角、制度理论视角和社会网络理论视角(Chang,2011)。基于这些不同理论视角,对关系研究的结论也可能是不同的;即使是有一些相似的结论,其潜在的演化机制也是不同的。第三,研究分析的层次或单位不同。一般来说,对关系的研究有微观、中观和宏观三个层次,分别对应个体(包括个人和组织)、网络和社会三个层面。三个层面既存在区别,又有密切关联,研究聚焦的层次不同,其结论也将不同。基于以上诸多原因,关系演化过程研究将是一个有待深入挖掘的领域,同时也是我们真正深刻理解关系的研究视角。以下将对目前一些较为典型的关系演化过程或机制研究进行回顾。

1. 关系发展的过程模型

Chen 和 Chen 等人(2004)从一般意义上提出了一个关系发展的过程模型,该模型主要把关系的发展分成三个阶段:关系发起、关系建立和关系利用。三个阶段的行为特征与运行原理是不一样的,主要有以下内容:(1)阶段一:关系发起(initiating guanxi)。此阶段主要是通过相互熟悉识别和建立关系基础的过程。这种关系基础可以是共同的社会身份(common social identity bases)、第三方(third party bases)或预期基础(anticipatory bases),当发现和识别了这些关系基础后,就会带来进一步的关系互动。这一阶段,关系的运行原理是双方自我暴露(mutual self-disclosure),即彼此分享个人的背景信息(如出生、成长、家庭、故乡、母校、工作单位等)。自我暴露的程度对发现和建立关系基础非常重要。(2)阶段二:关系建立(building guanxi)。当相互认识并建立了一些共同的基础之后,就需要通过个人的互动建立关系。一般来说,有两类互动:情感互动和工具互动。情感互动(expressive interactions)更多是社会导向的行为,如结婚、生子、过生日和升职的祝贺;而工具互动(instrumental interactions)指与工作或商业相关的一些实用的交换或交易,如找工作、信息交换、工作场所合作和商业交易等。情感互动对建立感情信任有更多的影响,而工具互动对建立认知信任有更大的影响。但是,两种行为和信任并不总是那么清晰可辨,而常常是相互掺杂在一起的。关系建立的原理是动态互惠(dynamic reciprocity),具有一些中国的特征,是中国社会和经济互动最有渗透力的原则。中国人的互惠强调长期导向,且必须真正符合恩惠接受者的价值和需求。这是一种不对等的交换,即回报者必须更慷慨。(3)阶段三:关系利用(using guanxi)。对多数人来说,关系的利用一般保留在最需要的时候,即在非日常的问题或困难出现,又很难自己或通过日常渠道解决时,如借钱、找到中意的工作、调节冲突、处理人生重大事件等。其操作的原则是长期公平性(long-term equity)。长期公平性的一个基本原则是:从长期来看,交易各方应根据其投入获得分享成果的权利。

此模型与其他一些研究的不同点在于,它跳出了中国人关系中较为关注的家人、亲人和熟人的关系,而是聚焦于对陌生人关系的发展过程进行总结和模型化。这对于转型中的中国具有一定实践意义,如对进入中国的外资企业及经理人,或者是一些以移民为主体的城市(如深圳)。但是,反过来,中国人关系的本土特色就在于中国儒家文化中的关系思想已深深渗透到中国人的行为中,因此它对陌生人之间关系的建立统一具有相应的影响力。至于这种影响是如何发生的,这是值得深入探讨的一个话题。

关于什么因素会影响到关系的发展,Chen 和 Peng(2008)对工作场所中同事的关系紧密性变化的影响因素进行了研究。其中,关系亲密性主要由信任(trust)和感情(feeling)两个维度组成。他们通过对北京高校 MBA 学生的开放式问卷调查,抽取了九个指标进行测量。其中,感情维度有五个指标:(1)我们相互理解;(2)我们在工作中相互支持;(3)我们在工作中留意对方的利益;(4)我们在工作中尊重对方的观点;(5)我们在工作中充分地沟通。信任维度有四个指标:(1)我们有相同的个性;(2)我们有相同的兴趣和爱好;(3)我们信任对方;(4)我们总是考虑对方的利益。调查显示,影响关系亲密性的因素主要有四个:(1)工作相关的正面行为事件;(2)工作不相关的正面行为事件;(3)工作相关的负面行为事件;(4)工作不相关的负面行为事件。

然后,Chen和Peng通过实验研究和方差分析发现:(1)工作相关或工作不相关的正面行为事件对关系亲密性都具有相似的影响作用,并且相对于亲近关系,这些正面行为事件对疏远关系具有更强的影响。这可能是因为"天花板效应",亲近关系发展成亲密关系的空间有限了。(2)工作相关或工作不相关的负面行为事件对关系亲密性都具有相似的负相关影响作用。(3)在先前关系比较疏远的情况下,正面行为事件对关系亲密性的提升作用更大;而在先前关系比较亲近的情况下,负面行为事件对关系亲密性的降低作用更大。

2. 三阶段关系网络演化模型

Guo和Miller(2010)对中国四个城市(北京、上海、杭州和重庆)的六家创业企业进行案例研究,建立了一个关系网络演化的阶段模型。模型分三个阶段:企业创建阶段、早期成长阶段和后期成长阶段。然后,他们对三个阶段的网络结构、网络内容和治理机制进行分析,发现:(1)在创建阶段,企业的关系网络是一个较小的紧密核心圈,主要由家人、亲戚和密友等基于感情的强关系组成。通过该核心圈,主要帮助创业者获得资金、建议和重要的创业反馈。网络治理机制主要是感情,不会负担太重的回报责任和义务。(2)在早期成长阶段,企业的关系网络逐渐发展成为一个中等规模的中介圈,开始发展到包括政府官员、银行投资者、重要客户和企业关系等关系的一个松散结构。这时的关系是兼具感情和工具的强关系,除了获得创业所需资源外,还会有合作伙伴和企业管理等方面的最新知识和信息。网络治理机制主要是人情,通过礼物交互、恩惠、宴请、知识与信息分享等方式,建立一种社会责任和义务。(3)在后期成长阶段,企业的关系网络无限地扩展成为一个规模较大的外围圈,包括一些不同背景的陌生人的松散结构。关系大多属于工具型和机会型的弱关系。网络内容主要是一些快速、多样化的信息和潜在的商业机会等。网络治理主要是交情,为了未来的商业合作而多结交熟人。

Guo 和 Miller 还通过案例比较分析,发现不同类型的行业在关系实践上存在一些差异:(1)关系建立和维护的方式存在差异。欠知识密集型行业的创业企业在关系实践上还保持传统的模式,即通过礼物交换、恩惠和宴请等传统方式建立和维持彼此的关系;而知识密集型行业的创业企业则更多地运用知识和信息的分析建立和保持彼此的关系。(2)对政府关系的依赖存在差异。欠知识密集型行业的创业企业依旧对政府关系存在较重的依赖性,尤其要通过政府获得创业的相关资源;而知识密集型行业的创业企业相对来说对政府的依赖程度大大降低。总体上,研究认为,虽然经过三十多年的改革,中国的经济制度和市场体系越来越成熟,但是关系对创业企业的成长依旧是非常重要的一个因素,并且还会在一个很长的时间里继续发挥重要影响作用。这是因为,关系是深深根植在中国传统文化中的一个东西。

3. 演化研究的一个整合框架

基于对关系演化研究的纷呈繁杂,Chang(2011)尝试提出一个整合的演化研究理论模型,力图将不同理论视角和不同研究分析层次整合在一起。他认为,目前研究关系演化的理论视角主要有三个学派:(1)文化学派。该学派将关系视为中国传统历史文化所独有的东西,尤其是中国的儒家文化对关系的社会范式有着深远的影响。这类学者不太认同中国社会的变迁对关系会有太大的影响,并坚持认为关系将继续在中国的社会经济生活中发挥重要作用。(2)制度学派。该学派将关系的产生根源归结为制度背景或环境,特别是中国改革开放前的中央计划经济制度对关系的形成与发展发挥了重要作用。随着中国改革的深入,当关系所依赖的制度环境发生变化后,关系也将相应发生根本性的变化。(3)社会网络学派。持社会网络理论的学者认为,不论是在何种制度或文化情境下,社会网络现象总是存在的。因此,无论中国的制度环境或社会文化如何变迁,关系依旧发挥其自有的重要性。这三个学派在对关系的演化过程的研究上各持己见。为了将这些研究成果进行整合,Chang提出了一个较为新颖的关系概念,将关系视为一种"目的性网络行为"(purposive network behavior)。该行为主要是为应对环境中存在的两种重要的不确定性:资源不确定性(resource uncertainty)和信息不确定性(information uncertainty)。在此基础上,他提出了一个新的关系研究理论框架,将关系行为分为三种主要战略:(1)获取战略(accessing strategy),指行动者利用自己的社会关系获得一些想要的东西;(2)桥接战略(bridging strategy),指行动者利用自己的社会网络将一些没有连接的群体连接起来,以从中获益;(3)嵌入战略(embedding),强调对信任的培养,理解双方的利益关系,带着工具性的目的促进合作和增加未来收益。

基于以上有关关系概念的新视角,Chang提出了一个整合微观、中观和宏观三个层面的关系演化理论框架,认为以企业组织为代表的行动者,其关系战略与环境具有以下依存关系:(1)如果由于环境中资源的受限控制和信息的有限分布,导致了更高的资源和信息的不确定性,行动者就越可能运用关系的获取战略降低不确定性。(2)如果焦点行为者与社会中拥有资源的行动者拥有的权利不平衡,焦点行动者将体验到更高的不确定性,就更有可能将关系作为一种获取战略。特别是当一个社会中越多的资源被一小部分上级社会阶层控制,关系获取战略就会表现为向上搜寻的方式,以适应环境。(3)焦点行动者的网络越得到扩展和变得多样化,其感受到的信息不确定性就越低,则以获取形式使用关系的可能性越低。(4)一个社会的网络结构越复杂,焦点行动者就越可能将关系作为桥接战略使用。(5)焦点行动者从社会关系获益的能力越多样化,网络战略组合越差异化,其在环境中就会越具有差异化优势。行动者具备的权利和资源越少,就越有可能以获取形式利用关系。

基于以上关系行为与环境的互动关系,Chang最后深入分析了关系的演化过程和机制:(1)具有共同特征、相似能力和面对相似的环境不确定性的行动者,将可能发展、选择和保持相似的关系形式。(2)行动者所造就的社会结构同样会限制他们未来的行为。因此,如果一种主导关系形式促进了一种社会结构,这种社会结构又有利于该特定的关系形式,则这种主导关系形式的流行能有一种持续的影响。(3)市场中新的不确定性会造成新的关系形式产生——嵌入战略。这种关系形式强调培养长期的伙伴关系,在降低与知识转移和协作有关的市场不确定性上显现出效果。当焦点行为者在中国感知到更高的市场不确定性时,就更有可能利用嵌入关系形式降低这些不确定性。(4)关系嵌入形式对解决不确定性越成功,焦点行动者将越有可能重复使用这种战略控制环境,并且同一群体或社区的其他行动者将越有可能模仿同一战略。(5)关系的嵌入形式运用得越多,这种形式就越可能被视为恰当的、理所当然的、合法的,并会在群体中越来越流行,然后通过跨群体和跨社区的学习和模仿,扩散到整个社会。(6)新的和成功的关系形式会增强已有关系形式的竞争,那些很少有成功产出的关系形式很难被认为是有效的,也很少被采用、复制和被视为合适的,同时有更高的机会被筛选出局。

Chang 以上提出的理论框架虽然依旧是建立在经济社会学的基础上,且其理论命题也没有得到实证,但他对关系的内涵和维度所作出的新阐释还是具有一定新意的,且其兼顾微观、中观和宏观三个分析层面的研究尝试,为关系的研究给出了一个新的视角,让人们相信关系演化研究还有很大的空间和潜力。

(三) 关系的绩效机制

1. 关系的组织合作机制

Lee 等人(2005)经过访谈研究发现,中国的经理人有五种可观察和识别的关系行为:留面子、互惠、感情、信任和互动。基于这五种关系行为,Lee等人(2005)提出了关系的绩效机制模型。该机制提出了以下一系列假设关系:(1)如果销售人员给客户企业边界人员更多的面子,双方彼此有互惠和正面感情,则客户企业对销售人员更加信任。(2)在商业情境和社会情境下,销售人员互动越强,则信任越多。(3)客户企业对销售人员越信任,则对供应商企业越信任。(4)客户企业对供应商企业越信任,则与供应商合作的长期导向越强。(5)客户企业对销售人员越信任,则与供应商合作的长期导向也越强。(6)销售人员的专业性越强,或者职位越高,则客户企业对销售人员的信任越强。(7)销售人员的专业性越强,或者职位越高,则客户企业对销售人员企业的信任越强。但是,Lee等人经实证数据检验以上假设后发现:首先,关系的三个维度中,只有感情维度对销售人员的信任有显著的正面影响,而面子和互惠不存在显著影响,甚至互惠的影响作用还是负面的。其次,在互动因素中,商业性接触对销售人员的信任有显著的正面影响,而社会性接触对销售人员的信任是不显著的负面影响。最后,上述模型中的其他假设都得到了验证。

本研究不仅提出了关系是一个潜在的变量,它有面子、互惠和感情三个维度,并且提出了这三个维度如何通过影响个人层面的信任,再影响企业组织层面的信任,最后影响到组织层面的合作。

2. 关系的市场绩效机制

Gu等人(2008)基于社会资本理论,提出了关系影响市场绩效的机制模型(如图2-3所示)。该模型认为关系作为一种治理机制,能对企业的市场

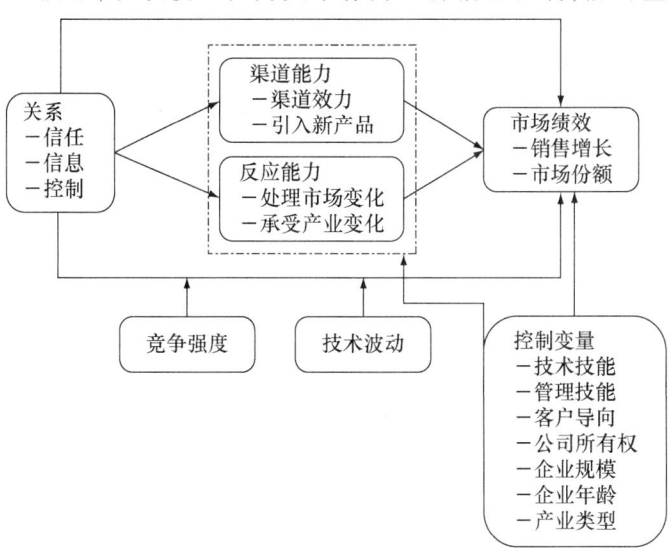

图2-3 关系影响品牌市场绩效的概念模型

绩效产生重要影响,其作用机制主要有三个要点:(1)在中国,关系对市场绩效(销售增长和市场份额)具有显著的直接影响;(2)关系还通过渠道能力和反应能力的中介作用对市场绩效产生间接影响;(3)竞争强度和技术动荡对关系和市场绩效的关系起到调节作用。然后,Gu等人提出相应的假设,通过282个品牌单元经理的问卷调查数据的检验,实证了关系具有显著的直接影响,以及基于渠道能力与反应能力两个中介变量的间接影响。竞争强度和技术动荡对关系和市场绩效的调节作用得到了部分支持,前者只对关系与销售增长的关系有显著的调节作用,后者只对关系与市场份额的关系有显著的调节作用。

研究认为,企业可以通过关系网络获得市场和成长,而经理人能够将个人的关系网络转换为公司层面的绩效。同时,在处于经济转型期的中国,如果过于依赖关系,就应注意到关系不利或危险的一面,如恩惠负债(reciprocal obligations)和集体盲点(collective blindness)。

3. 关系的联盟效果机制

对于关系如何影响联盟效果,Wong和Tjosvold(2010)提出了一个以冲突管理方式作为中介变量的机制模型。因为在联盟合作的过程中,冲突在所难免,冲突处理的方式不同将会影响到可感知的联盟效果。模型认为:(1)如果竞争企业的经理具有高层次的关系,他们就会以合作方式处理冲突;竞争企业以合作方式处理冲突的程度越高,相互的合作越有效。(2)如果竞争企业的经理具有高层次的关系,他们就会避免用竞争方式;竞争企业以竞争方式处理冲突的程度越高,相互的合作越无效。即冲突的处理方式在关系与联盟效果之间起到了部分中介作用(如图2-4所示)。研究采用了100对竞争企业的样本数据进行检验,结构方程拟合结果和变量回归的路径系数显示,模型整体拟合度较好,可以接受。变量间关系中,除了关系影响合作处理冲突的假设没有得到数据支持外,其他假设都很显著。模型不仅进一步验证了关系对联盟效果的影响作用,而且从冲突管理的视角揭示了关系与联盟效果之间的作用机制。与国外的一些研究结论不同,在中国,关系并非因冲突导致的合作处理行为,而是避免了冲突的竞争处理行为,从而带来了联盟有效性。

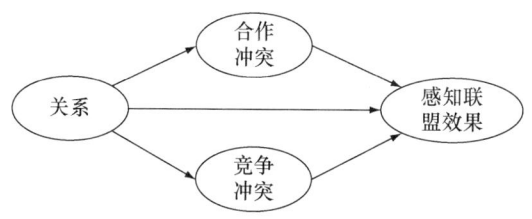

图 2-4　关系影响联盟效果机制

4. 关系对知识转移的影响

Ramasamy 等人(2006)认为,关系在企业间的知识转移过程中具有重要作用,是影响知识转移的一个强有力引擎。关系像催化剂一样,能让资源和知识的转移更灵活地安排。Ramasamy 等人将关系分成三个子构念:信任、关系承诺和沟通,并认为三者对企业间的知识转移都具有积极的影响作用,同时三者之间的交互作用也同样起到积极的影响作用。然后,他们对中国广州、汕头、珠海和深圳四个地区的 215 个样本数据进行实证分析,发现信任、沟通以及两者的交互作用对知识转移具有显著的影响,而交互信任和沟通的交互作用对知识转移的作用是消极的。

Buckley 等人(2006)认为,关系和面子是了解中国文化的核心所在,有效地发展和利用关系和面子,是成功创建新企业和有效进行日常管理的必要条件,任何在华的外国投资企业都需要了解中国的关系文化。他们对上海和北京的四家外资企业进行了案例研究,提出了一个基于关系和面子的知识转移模型。该研究认为,有效的知识转移是外国投资者在中国获得成功的重要因素,而有效的知识转移,特别是一些隐性知识,需要双方有良好的互动和信任。在中国文化背景下,要实现有效的知识转移,就必须深入理解中国文化的精髓:关系和面子。如图 2-5 所示,关系实践会在三个层面上发挥作用。在个人层面上,主要是建立个人间的信任;在合作组织层面上,主要是建立共享心智;在政府层面上,主要是获得政府支持。在这三个层面上(雇员、企业和政府),外国投资者都应与其建立良好的关系,并给对方相应的面子上的尊重。

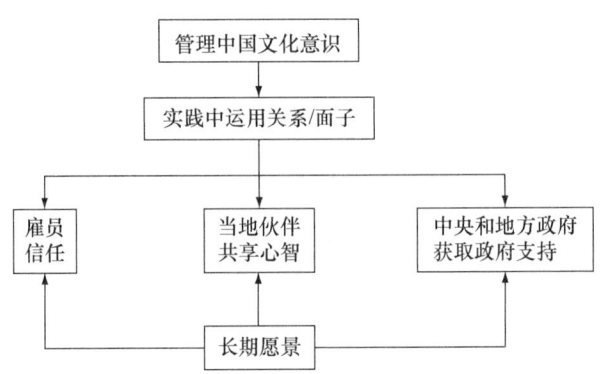

图 2-5　知识传递过程中管理中国文化意识的精练模型

5. 关系网络与个体团队绩效

Chou 等人(2006)对团队间关系网络影响个体团队效能的机制进行了深入的研究,提出了一个模型(如图 2-6 所示)。该模型区分了团队间关系网络的不同层次,主要可分为三个层面:(1)非工作关系网络(non-job guanxi network),主要指与工作没有关系的成员形成的网络,包括家人、朋友、邻居、校友等。非工作关系如果太多,会消耗人太多的时间和精力而阻碍工作进展。同时,依照角色理论,如果该网络的形成是基于过去的经验和背景,会导致角色超负或角色冲突,从而对个体团队效能产生负面影响。(2)部门关系网络(departmental guanxi network),主要指上下级或同事之间形成的网络。部门关系网络强调正式结构,个人拥有清晰的职位描述与明确的目标和责任,部门成员的专业具有同质性,工作更具独立性,有限的资源会带来竞争和排斥,因此对个体团队效能也会产生负面影响。(3)团队关系网络(team guanxi network),指团队成员之间的关系网络。团队强调共同的目标和责任分担,团队成员的专业和任务独立和互补,鼓励信息和资源的分享与合作。因此,与前面两个网络相比,团队关系网络对个体团队效能会产生正面影响。

模型还引入了一个中介变量:信任网络。信任网络是指彼此愿意分享秘密,并且在危机时会相互提供支持的网络。信任网络可以分为基于认知的信任网络(cognitive trust network)和基于情感的信任网络(affective trust network)。个体越是居于信任网络的中心位置,对个体团队效能越具有积极影响。信任网络会对关系网络(非工作关系网络、部门关系网络、团队关系网络)与个人团队绩效的关系起到中介作用。模型中的个体团队绩效(individual team effectiveness)分为三个维度:合作满意度(satisfaction with cooperation)、团队承诺(team commitment)、工作绩效(job performance)。

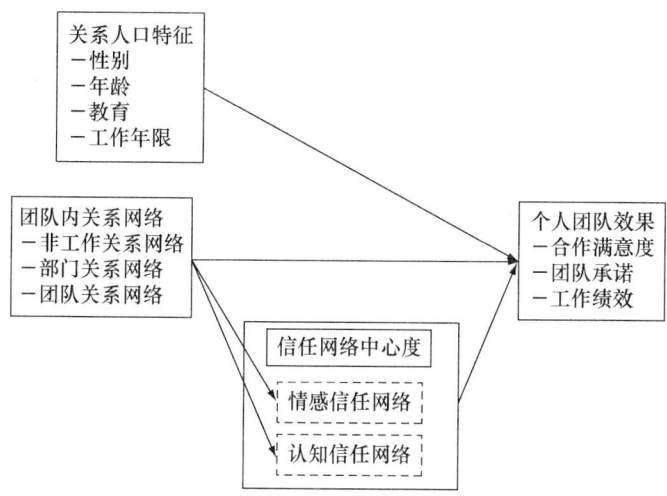

图 2-6 关系网络与个体团队绩效研究模型

实证数据分析结果显示:(1)相对于关系的人口统计学指标,团队内关系网络对个人团队绩效有更强的影响力。(2)非工作关系网络只对工作满意度有显著影响,对团队承诺和工作绩效没有显著影响;部门关系网络对工作满意度和团队承诺具有显著影响,对工作绩效没有显著影响;只有团队关系网络对以上三个效能维度都具有显著影响。(3)三种关系网络对认知信任网络都具有显著影响,其中非工作关系网络和部门关系网络是负影响,团队关系网络是正影响;对于情感信任网络,处理非工作网络具有显著的负影响,其他两种网络没有显著影响。(4)认知信任网络和情感信任网络对个体团队效能的三个维度都具有显著影响。此数据结果反映出两个重要的结论:(1)关系的绩效作用具有国别的文化差异。例如,在西方有显著作用的关系人口统计学指标在中国并没有显著影响。同时,关系的影响作用也要依关系的情境而定。不是所有类型的关系网络都会对个体绩效产生作用,有些关系对绩效甚至会产生负面的影响。(2)信任关系网络对个人绩效具有显著影响,并且在关系网络与个体绩效之间起到中介作用。尤其是基于认知的信任网络,其影响显著强于基于情感的信任网络。

6. 关系的组织绩效机制

Luo等人(2012)对53篇关系与组织绩效关系的实证研究文献进行元分析,以检验关系是否对组织绩效具有显著影响,关系与组织绩效的关系是否随着时间的推移发生了演变,以及两者的关系受到哪些制度因素和方法因素的调节作用。其中,关系主要考察企业关系(business ties)和政府关系(government ties),组织绩效主要考察运行绩效(operational performance)和经济绩效(economic performance)。研究结果显示:(1)关系在中国作为组织的一种独特社会网络战略形式,对组织绩效具有显著影响。一方面,企业与政府的关系不可低估,因为政府官员掌握了关键资源、市场进入和政策制定等;另一方面,随着中国市场经济不断发展成熟,与非政府的利益相关者的关系(包括客户、供应商、分销商、物流代理和专业服务提供商等),对企业的成长和扩张也起到关键作用。(2)关系对绩效的作用随着时间推移正在不断降低。关系对绩效的影响正从重要的角色转变为一个补充性的角色,尤其是政府关系。但是,即使市场在转型,与客户、供应商、竞争者和其他商业伙伴的企业关系,其作用很难减弱。(3)所有者结构会调节关系对组织绩效的影响作用。国有企业和非国有企业都会利用企业关系提高运行效率。但是,国有企业还会依靠政府关系提高企业绩效。(4)组织的区域属性会调节关系对组织绩效的影响作用。与海外的中国企业相比,大陆的中国企业更多地依靠企业关系和政府关系,以获得资源和保护,降低成本。这也说明关系的价值与制度环境有关。(5)企业关系和政府关系的作用有所差异。这表现为,企业关系对运行绩效具有更大的影响,而政府关系对经济绩效具有更大的影响。总体上,研究认为,基于中国传统文化的影响,企业关系对组织绩效将继续发挥重要作用;同时,随着中国改革制度环境的变化,政府关系对组织绩效的作用将逐渐减弱。研究提出,应基于共同演化的视角,研究组织关系战略与制度环境的变化;同时,在方法上,运用案例研究和调查研究的方法收集纵向数据,也许能对这种共同演化的过程有更好的解释。

(四)研究小结

关系研究虽然可以追溯到20世纪80年代,但从研究成果来看,主要在21世纪后才开始蓬勃兴起(Chen,et al,2013)。目前,关系研究在理论和方法上都呈现出百花齐放的态势。

1. 关系研究的理论视角

社会学、心理学、经济学、管理学和人类学等不同学科领域都对关系研究给予了关注,涉及的理论视角也非常庞杂,包括社会资本理论、社会网络理论、制度理论、资源依赖理论、交易成本理论、博弈论、资源基础理论、社会交换理论等。首先,在组织与管理领域,基于社会资本与社会网络理论视角的关系研究占据一定主流。该理论视角将关系视为在中国文化背景下个体或组织所构建的一种社会网络,它会对绩效带来重要影响。其中,基于社会网络理论的关系研究一般偏重关系的结构性研究,而基于社会资本理论的关系研究则一般偏重关系的运行(翟学伟,2009)。此类视角的研究一般又有微观和宏观两个层面,微观研究主要聚焦于个人关系,宏观研究则聚焦于组织、产业和社会层面(Chen, et al, 2013)。例如,一项基于53个关系研究文献的元分析发现,企业组织与商业伙伴和政府的关系对其绩效具有显著的正相关关系,其中与商业伙伴的关系对企业运行绩效有更大的影响,与政府的关系对企业经济绩效有更大的影响(Luo, et al, 2012)。

如果把上述研究归类为西方的理论视角,那么相对应的就是本土化的理论视角。本土化理论视角的学者倾向于从中国的传统文化,特别是儒家文化入手,分析关系的本土内涵与特征。他们认为中国的儒家思想首先是一种制约人类关系的伦理。在儒家看来,人际关系至关重要,在人类性格的形成中是如此,在个体生命意义的追寻中也是如此(何友晖,2007;翟学伟,

2009;Yang,1994)。基于儒家思想,费孝通(1985)提出了中国社会情境下人与人关系的差序格局模式。相比于西方的人际关系,这种差序格局结构中,"每个人都是他社会影响所推出去的圈子的中心"。乔健(1988)也有类似的观点,他认为中国人的关系结构首先是自我中心的(ego-centric),其次主要是动态的(dynamic),它不断地与别的同一自我的关系交叉作用而构成了关系网。与社会网络和社会资本理论相比,本土化理论视角努力挖掘关系概念的独特本土内涵。因为本土化学者认为关系和西方社会资本形成的社会结构基础存在差异,前者为家庭本位的社会,后者为公民社会,两者具有本质区别(翟学伟,2009;费孝通,1985)。为此,该理论视角取向往往采取跨文化比较的研究思路。例如,在商业关系行为上,关系的跨文化实证研究显示,中国人的关系和美国人的网络(networking)具有显著的差异,主要会表现出先赋性与后天性(ascribed & achieved)的差异、直接与间接(direct & indirect)的差异、礼仪(etiquette)的差异和时间取向(time orientation)的差异(Lo,2007)。

2. 关系的内容

第一,对关系类型的研究。首先,可以从关系形成的起源角度分类。例如,Tsang(1998)将关系分为两类:血缘关系和社会关系。前者包括家庭成员、远房亲属甚至同族(即那些具有相同姓氏的人群),后者产生于学校、工厂或其他工作地点。Peng和Luo(2000)从横向和纵向角度把管理者的关系(ties)分为两个维度:商业关系和政治关系。其次,可以从关系的功效分类。Wank(2002)根据所承担的义务程度,将关系分成三类:最强的义务关系是家庭成员;然后是基于共同的经验所形成的关系,如朋友和同学,并称之为"关系储蓄";最弱的关系是"关系投资",这些关系是主要为了商业目的,如同事和商业伙伴。最后,可以结合关系的形成与功效分类。例如,黄光国(1987)将中国社会中个人间关系依据长久性、亲密性以及稳定性程度分为三大类。其中,情感性关系通常指家庭中的人际关系;工具性关系指个人为获取某种资源而与陌生人建立的关系;混合性通常指个人和家庭之外的熟人的关系。杨中芳、彭泗清(1999)也提出,人际关系包含三种成分:既定成分(先赋性、后天性)、情感成分以及工具成分。除了上面的分类思路,一些学者还结合了与西方人际关系的比较。例如,杨宜音(1995)在此基础上提出了"关系矩阵"模型,并认为中国人的社会行为不存在西方的"工具性关系",西方人对人际关系的划分是公与私、群体与个体,而东方人是亲缘、熟人以及陌生人的差序划分,划分差异产生的原因在于东西方对"人际关系"判断的逻辑起点不同。翟学伟(2012)从时间和空间两个维度将关系分成了松散关系、约定关系、友谊关系、固定关系四种类型,并将固定关系看作中国社会特有的一种关系。

第二,对关系特征的分析。这种分析一般与学者个人对关系的理解和定义密切相关。其中,效用的、互惠的、可转移的、长期的和无形的被一些研究认为是中国人关系的一些典型特征(Luo,1997;Dunning & Kim,2007)。Chen 和 Chen(2004)认为,关系包含两个特征成分:信任和情感。信任是基于认知的,而情感则体现感情成分,高水平的信任与积极的情感预示着紧密关系。基于不同水平的信任、情感和义务,关系又可以进一步区分为强关系和弱关系的特征(Bian,1997)。有研究还认为中国人的关系有三个要素特征:关系状态、关系行为和关系规范。在关系网络中,高层管理者要遵守一定的关系规范,并通过适当的关系行为保持一种满意的关系状态。这样,管理者就能被视为关系网络中的内部成员并享有关系网络带来的利益(Zhuang & Xia,2007;Tsang,1998)。翟学伟(2012)认为,中国人特有的固有关系具有两个特征:在时间上的长久性和在空间上的无选择性,这两个特征潜在而深刻地影响了中国人的思维模式和行动轨迹。

3. 关系与创业绩效

总体上,关系影响创业绩效的相关研究成果目前还存在诸多争议。一方面,许多研究证实了关系对绩效的积极影响。关系对企业家获取资源、提升市场绩效和促进企业成长都有积极影响。调查表明,在与私营企业主来往最密切的亲戚和朋友中,干部是最大的群体;同时,私营企业主的亲戚和朋友的职业地位(机关、企事业单位的干部)越好,其获得的贷款就越多(戴建中,2001)。一般来说,与私营企业主群体来往最密切的亲戚、朋友及其配偶的社会地位,对企业成功具有重要作用(李路路,1997)。Peng(2004)对中国14个省乡镇企业的实证研究发现,血缘关系对私有企业的数量和规模都有较强的正相关影响。同时,关系对企业的市场绩效具有直接和间接的作用(Gu,Hung,& Tse,2008)。在转型制度环境下,家族关系为创业企业以低成本获取家族外部资源提供了重要保障。当市场化还不尽成熟时,家族关系在中国特殊的制度变迁中发挥着不可忽视的替代功能(朱沆等,2011)。Chung(2005)对150家中国台湾企业的创始人进行研究,也同样发现关系是创业行为的必要因素之一。另一方面,也有研究得出了一些不同的结论。Jacobs等人(2004)对中国山西、浙江和江苏三省乡镇和城市的近200位企业家,进行访谈研究后却得出了不同的结论,发现个人投资占了新创企业投资的43.5%,而家人投资只占到18%;同时,这些企业家在碰到困难时更倾向于求助银行和朋友,而不是家人,他们认为家人关系网络太小且不足以提供企业所需的资本和人力需求。有学者基于53个关系研究文献的元分析发现,随着中国制度的不断完善,企业与政府的关系对绩效的影响在逐渐减弱(Luo,et al,2012)。

综上所述,创业关系网络研究虽然在国内受到了本土关系研究的影响,但基本上遵循了西方主流理论的研究范式,在理论概念和理论逻辑上尤其受到西方社会网络和社会资本理论的影响。但是,关系研究的争议较多。国外学者倾向于将关系研究纳入社会资本和社会网络理论的主流研究范式,而本土学者则希望关系研究能更加扎根于中国本土文化以构建其理论概念与理论逻辑。我们要清楚地意识到,虽然近三十年的关系研究取得了许多成果,但同时也存在诸多有待解决的问题(Chen,et al,2013)。这些问题包括:(1)关系概念研究的深化和统一。目前,对关系类型、关系特征以及关系实践方面的研究成果较集中。但是,总体上,这些研究在关系的内容和分析层次上没有很好地进行区分和细化。这不仅不利于不同研究间的对话和理解,更重要的是无助于关系研究知识的积累和提升。(2)不同理论视角和研究层次的整合。目前,基于组织和网络的宏观关系研究远远逊色于个体层面的微观关系研究,尤其是在组织内团体层面的研究非常缺乏。

第2章 关系网络与创业绩效机制

尽管在个体层面有了不少研究成果,但大多数并没有进一步结合宏观层面的网络结构特征(如网络规模、中心度和同质性等)等因素考察关系的影响效应。实际上,目前关系研究还很少会去区分微观的非正式关系与宏观的正式组织关系之间的作用界面(Bu & Roy,2008;Nolan,2010),以及两者会如何相互作用和影响。(3)加强动态视角的研究。目前的研究一般多基于静态视角,缺乏从动态演化视角对关系和关系网络的发展和利用过程进行研究(Chen,2008);而动态性和互动性又是理解关系和创业网络的重要特征之一(Chen & Chen,2004;Jack,et al,2010)。

总体上,现有研究对我们理解创业网络结构及其绩效机制具有重要意义。相对来说,在创业网络的形成及其影响创业产出的动态演化机制上,目前还缺乏深入研究。由于创业网络演化是一个复杂的社会化互动过程,要更好地理解和解释这个社会化互动过程,还需要我们首先将其放到具体的、本土化的社会实践情境中分析研究。

基于以上分析,未来研究可以在理论和方法两个方面进行一些新的尝试:

首先,本土化理论与西方主流理论的整合。本土社会心理学者的关系研究成果越来越让我们坚信,关系研究可以为本土化研究开辟一条道路。尽管如此,我们还是不得不承认,目前关系研究还是深深地受到西方理论体系与方法论的影响,并占据了主流地位。这并不完全是件坏事,因为这样不仅使得关系研究更具有合法地位而更易被西方主流研究接受;同时,由此所带来的理论视角和实证方法,也能让本土化研究得到借鉴和受益。同样,基于西方社会网络理论的关系研究也开始意识到,对关系的认识需要扎根于中国人的关系实践,作更深入的本土化探索;否则,再多的实证研究也仅是在验证和修补西方主流理论而已,而很难探索到关系真正的本土意义及其作用机制。因此,未来如何实现本土化研究与西方主流研究的融合,是关系研究取得创新成果的一个重要突破口。

其次,研究方法的多样化。本土化的关系研究扎根于中国的实践情境,其理论观点更具本土贴切性和说服力。但是,它过于倚重传统的儒家文化思想,对现实的契合性也受到一定质疑。尤其是一些本土化关系理论概念在实证分析上的进展缓慢,一定程度上影响了本土化关系知识成果的积累和进一步发展。西方的关系研究在实证方法和研究成果上都占据了优势,但是这种基于西方主流理论和演绎思维形成的概念及理论在现实关系的解释力上存在一定局限性。实际上,研究方法作为一个工具,关键在于使用的恰当性。除了运用假设—演绎方法外,中国情境的关系研究应更多地运用观察、访谈、案例研究、民族志等归纳推理方法,以建立本土理论(Colquitt & Zapata-Phelan,2007)。因为要发现新情境或新现象中的规律,有必要开展扎根性的研究,并运用归纳性的方法(徐淑英,张志学,2011)。

主要参考文献

[1] Anderson A R, Dodd, et al. Network practices and entrepreneurial growth[J]. Scandinavian Journal of Management, 2010, 26(2):121—133.

[2] Anderson A R, Miller C J. "Class matters": Human and social capital in the entrepreneurial process[J]. The Journal of Socio-Economics, 2003, 32:17—36.

[3] Anderson A R, Lee E Y. From tradition to modern: Attitudes and applications of guanxi in Chinese entrepreneurship[J]. Journal of Small Business and Enterprise Development, 2008, 15:775—787.

[4] Barnir A, Smith K. Interfirm Alliances in the small business: The role of social networks [J]. Journal of Small Business Management, 2002, 40(3):219—232.

[5] Batjargal B. Internet entrepreneurship: Social capital, human capital, and performance of internet ventures in China[J]. Research Policy, 2007, 36(5):605—618.

[6] Batjargal B, Liu M. Entrepreneurs' access to private equity in China: The role of social capital[J]. Organization Science, 2004, 15(2):159—172.

[7] Bian Y. Bringing strong ties back in: Indirect ties, network bridges, and job searches in China[J]. American Sociological Review, 1997, 62(3):366—385.

[8] Birley S. The role of networks in the entrepreneurial process[J]. Social Science Electronic Publishing, 1985, 1:107—117.

[9] Bourdieu P. The forms of capital. in Richardson J G(eds). Handbook of theory and re-

search in the sociology of education[M]. New York: Greenwood Press, 1986.

[10] Brass D J, Galaskiewicz J, Greve H R, Tsai W. Taking stock of networks and organizations: A multilevel perspective[J]. Academy of Management Journal, 2004, 47(6): 795—817.

[11] Brüderl J, Preisendörfer P. Network support and the success of newly founded business[J]. Small Business Economics, 1998, 10(3): 213—225.

[12] Bu N, Roy J P. Chinese managers' career success networks: The impact of key tie characteristics on structure and interaction practices[J]. The International Journal of Human Resource Management, 2008, 19(6):1088—1107.

[13] Buckley P J, Clegg J, Tan H. Cultural awareness in knowledge transfer to China: The role of guanxi and mianzi[J]. General Information, 2006, 41(3):275—288.

[14] Bunt G G V D, Wittek R P M, Klepper M C D. The evolution of intra-organizational trust networks: The case of a German paper factory: An empirical test of six trust mechanisms[J]. International Sociology, 2005, 20(3):339—369.

[15] Burt R. Bridge decay[J]. Social Networks, 2001, 24(2):333—363.

[16] Burt R. Structural holes: The social structure of competition[M]. Cambridge:Harvard University Press, 1992.

[17] Burt R S. The social structure of competition[J]. Networks and organizations: Structure, form, and action, 1992, 57:91.

[18] Carlisle E & Flynn D. Small business survival in China: Guanxi, legitimacy, and social capital[J]. Journal of Developmental Entrepreneurship, 2005, 10(1):79—96.

[19] Chan R Y K, Cheng L T W, Szeto R W F. The dynamics of guanxi and ethics for Chinese executives[J]. Journal of Business Ethics, 2002, 41(4):327—336.

[20] Chang K. A path to understanding guanxi in China's transitional economy: Variations on network behavior[J]. Sociological Theory, 2011, 29(4):315—339.

[21] Chen C C, Chen X P, Huang S. Chinese guanxi: An integrative review and new directions for future research[J]. Management and Organization Review, 2013, 9(1): 167—207.

[22] Chen X, Peng S. Guanxi dynamics: Shifts in the closeness of ties between Chinese co-workers[J]. Management and Organization Review, 2008, 4(1):63—80.

[23] Chen X, Chen C C. On the intricacies of the Chinese guanxi: A process model of guanxi development[J]. Asia Pacific Journal of Management, 2004, 21(3):305—324.

[24] Chou L, Cheng B, Huang M, et al. Guanxi networks and members effectiveness in Chinese work teams: Mediating effects of trust networks[J]. Asian Journal of Social Psychology, 2006, 9(2):79—95.

[25] Coleman J. Social capital in the creation of human capital[J]. American Journal of Sociology, 1988, 94:95—121.

[26] Coleman J. A rational choice perspective on economic sociology. in Smelser N and Swedberg R (eds). The handbook of economic sociology[M]. Princeton: Princeton University Press, 1994.

[27] Colquitt J A & Zapata-Phelan C P. Trends in theory building and theory testing: A five-decade study of the academy of management journal[J]. Academy of Management Journal, 2007, 50(6):1281—1303.

[28] Dunning J H and Kim C. The cultural roots of guanxi: An exploratory study[J]. World Economy, 2007, 30(2):329—41.

[29] Lee D Y, Dawes P L. Guanxi, trust, and long-term orientation in Chinese business markets[J]. Journal of International Marketing, 2005, (2):28—56.

[30] Elfring T, Hulsink W. Networks in entrepreneurship: The case of high-technology firms [J]. Small Business Economics, 2003, 21(4):409—422(14).

[31] Elfring T. Networking by entrepreneurs: Patterns of tie-formation in emerging organizations[J]. Organization Studies, 2007, 28(12):1849—1872.

[32] Foley D. Does culture and social capital impact on the networking attributes of indigenous entrepreneurs? [J]. Journal of Enterprising Communities: People and Places in the Global Economy, 2008, 2(3):204—224.

[33] Freeman L C. Centrality in social networks: Conceptual clarification[J]. Social Networks, 1979, (1):215—239.

[34] Granovetter M. Problems of explanation in economic sociology[J]. Networks and Organizations: Structure, Form, and Action, 1992, 25:56.

[35] Gu, Flora F, Kineta Hung, & David K Tse. When does guanxi matter? Issues of capitalization and its dark sides[J]. Journal of Marketing, July, 2008, 72:12—28.

[36] Gulati R. Alliances and networks[J]. Strategic Management Journal, 1998, 19:293—317.

[37] Gulati R. Network location and learning: The influence of network resources and firm capabilities on alliance fomation[J]. Strategic Management Journal, 1999, (18):189—198.

[38] Gulati R, et al. Strategic networks[J]. Strategic Management Journal, 2000, (3):203—215.

[39] Guo C, Miller J K. Guanxi dynamics and entrepreneurial firm creation and development in China[J]. Social Science Electronic Publishing, 2010, 6(2):267—291.

[40] Hallen B L, Elsenhardt K M. Catalyzing strategies and efficient tie formation: How entrepreneurial firms obtain investment ties[J]. Academy of Management Journal, 2011, 55(1):35—70.

[41] Hansen E L, Witkowski T H. Entrepreneur involvement in international marketing: The effects of overseas social networks and self-imposed barriers to action[J]. Research at the Marketing/Entrepreneurship Interface, 1995:363—367.

[42] Hite J M, Hesterly W S. The evolution of firm networks: From emergence to early growth of the firm[J]. Strategic Management Journal, 2001, 22(3):275—286.

[43] Hite J M. Evolutionary processes and paths of relationally embedded network ties in emerging entrepreneurial firms[J]. Entrepreneurship Theory and Practice, 2005, 29(1):113—144.

[44] Ho, David Yau-Fai. Interpersonal relationships and relationship dominance: An analysis based on methodological relationalism[J]. Asian Journal of Social Psycology, 1998, (1):1—16.

[45] Hoang H and Antoncic B. Network-based research in entrepreneurship: A critical review[J]. Journal of Business Venturing, 2003, 18(2):165—187.

[46] Hwang K. Face and favor: The Chinese power game[J]. American Journal of Sociology, 1987, 92:944—974.

[47] Larson A L, Starr J A. A network model of organization formation[J]. Entrepreneurship: Theory and Practice, 1993, 17(2):5—15.

[48] Lee D Y, Dawes P L. Guanxi, trust, and long-term orientation in Chinese business mar-

kets[J]. Journal of International Marketing, 2005, (2):28—56.

[49] Lechner C, Dowling M, Welpe I. Firm networks and firm development: The role of the relational mix[J]. Journal of Business Venturing, 2006, 21(4):514—540.

[50] López-Morell M A, O'Kean J M. A stable network as a source of entrepreneurial opportunities: The Rothschilds in Spain, 1835—1931[J]. Business History, 2008, 50:163—184.

[51] Jack S L, Dodd S D, Anderson A R. Change and the development of entrepreneurial networks over time: A processual perspective[J]. Entrepreneurship & Regional Development, 2008, 20(2):125—159.

[52] Jack S. An entrepreneurial network evolving: Patterns of change[J]. International Small Business Journal, 2010, 28(4):315—337.

[53] Jacobs J B. A preliminary model of particularistic ties in Chinese political alliances: Kan-ch'ing and kuan-hsi in a rural Taiwanese township[J]. The China Quarterly, 1979, 78:237—273

[54] Jacobs G, Belschak F, Krug B. Social capital in China: The meaning of guanxi in Chinese business[J]. in China's Rational Entrepreneurs: The development of the new private business sector[M]. Routledge: London, 2004.

[55] Jarillo J C. On strategic networks [J]. Strategic Management Journal, 1988, (9):31—41.

[56] Jarillo J C. Strategic networks: Creating the borderless organization[M]. Butterworth Heinemann: Oxford, 1993.

[57] Johanson J and Mattson L G. Interorganizational relations in industrial systems: A network approach compared with the transaction cost approach[J]. International Journal of Management and Organization, 1987, (1):34—48.

[58] Johannisson B, Monsted M M. Contextualizing entrepreneurial networking: The case of scandinavia[J]. International Studies of Management and Organization, 1997, (3):109—136.

[59] Johannisson B, Alexanderson O, Nowicki K, et al. Beyond anarchy and organization: Entrepreneurs in contextual networks[J]. Entrepreneurship & Regional Development: An International Journal, 2006, 6(4):329—356.

[60] Jia L, You S, Du Y. Chinese context and theoretical contributions to management and organization research: A three-decade review[J]. Management and Organization Review, 2012, 8(1):173—209.

[61] Lo K D. An empirical investigation of emic differences between American networking and Chinese guanxi and a process model of building relationships for cross-cultural business interactions[D]. Doctor Paper, University of Hawai'i, 2007.

[62] López-Morell M A, O'Kean J M. A stable network as a source of entrepreneurial opportunities: The Rothschilds in Spain, 1835—1931[J]. Business History, 2008, 50(2):163—184.

[63] Luo Y, Huang Y, Wang S L. Guanxi and organizational performance: A Meta-Analysis [J]. Management and Organization Review, 2012, 8(1):139—172.

[64] Luo Y. Guanxi and performance of foreign-invested enterprises in China: An empirical inquiry[J]. Management International Review, 1997, 37(1):51—70.

[65] Mao Y, Peng K Z, Wong C S. Indigenous research on Asia: In search of the emic components of guanxi[J]. Asia Pacific Journal of Management, 2012, 29(4):1143—1168.

[66] Manolova T S, Manev I M, Carter N M, Gyoshev B S. Breaking the family and friends' circle: Predictors of external financing usage among men and women entrepreneurs in a transitional economy[J]. General Information, 2006, 8(2):109—132.

[67] Miles R E and Snow C C. Network organizations: New concepts for new forms [J]. California Management Review, 1986, 28(3):62—73.

[68] Millington A, Eberhardt M, Wilkinson B. Gift giving, guanxi and illicit payments in buyer-supplier relations in China: Analysing the Experience of UK Companies[J]. Journal of Business Ethics, 2005, 57(3):255—268.

[69] Nohria N. Information search in the creation of new business ventures. in Nohria N, Eccles R(eds). Networks an organizations[M]. Harvard University Press, Cambridge, Ma, 1992, 241—261.

[70] Peng M W, Luo Y. Managerial ties and firm performance in a transition economy: The nature of a micro-macro link[J]. Academy of Management Journal, 2000, 43(3):486—501.

[71] Peng Y. Kinship networks and entrepreneurs in China's transitional economy[J]. American Journal of Sociology, 2004, 109(5):1045—1074.

[72] Poole M, Andrew H Van de Ven, Kevin Dooley, and Holmes M E. 2000 organizational change and innovation processes: Theory and methods for research[M]. New York: Oxford University Press.

[73] Portes A. Social capital: Its origins and applications in modern sociology[J]. Annual Review of Sociology, 1998.

[74] Podolny J M, Page K L. Network forms of organization[J]. Social Science Electronic Publishing, 1998, 24(1):57—76.

[75] Provan K G, Fish A, Sydow J. Interorganizational networks at the network level: A review of the empirical literature on whole networks[J]. Journal of Management, 2007, 479—516.

[76] Putnam R. Making democracy work: Civil tradition in modern Italy[M]. Princeton: Princeton University Press, 1993.

[77] Ramasamy B, Goh K W, Yeung M C H. Is guanxi (relationship) a bridge to knowledge transfer? [J]. Journal of Business Research, 2006, 59:130—139.

[78] Shane S, Cable D. Network ties, reputation, and the financing of new ventures[J]. Management Science, 2002, 48(3):364—381.

[79] Slotte-Kock S, Coviello N. Entrepreneurship research on network processes: A review and ways forward[J]. Entrepreneurship Theory and Practice, 2010, 34(1):31—57.

[80] Smith D A, Lohrke F T. Entrepreneurial network development: Trusting in the process [J]. Journal of Business Research, 2008, 61(4):315—322.

[81] Su C, Yang Z, Zhuang G, Zhou N, & Dou W Y. Interpersonal influence as an alternative channel communication behavior in emerging markets: The case of China. Journal of International Business Studies, 2009, 40(4):668—689.

[82] Su C T, Littlefield J E. Entering guanxi, A Business ethical dilemma in mainland China? [J]. Journal of Business Ethics, 2001, 33:199—210.

[83] Taormina R J, Gao J H. A research model for guanxi behavior: Antecedents, measures, and outcomes of Chinese social networking[J]. Social Science Research, 2010, 39(6):1195—1212.

[84] Thorelli H B. Networks: Markets and hierarchies[J]. Strategic Management Journal, 1986, (7):37—51.

[85] Tsang E W K. Can guanxi be a source of sustained competitive advantage for doing business in China? [J]. Academy of Management Executive, 1998, 12(2):64—73.

[86] Van de Ven H & Scott M. Alternative approaches for studying organizational change[J]. Organization Studies, 2005, 26(9):1337—1404.

[87] Vissa B. Agency in action: Entrepreneurs' networking style and initiation of economic exchange[J]. INSEAD Working Papers Collection, 2010, (2):492—510.

[88] Warren D E, Dunfee T W, Li N. Social exchange in China: The double-edged sword of guanxi[J]. Journal of Business Ethics, 2004, 55(4):353—370.

[89] Wiklund J and Shepherd D. Knowledge-based resourees, entrepreneurial orientation and the perfermance of small and medium sized business, Strategic Management to Journal, 2003, 24:1307—1314.

[90] Witt P, Andreas S, and Christin M. Entrepreneurial resource acquisition via personal networks: An empirical study of German start-ups[J]. The Service Industries Journal, 2007, 28(7):953—971.

[91] Wong A, Tjosvold D. Guanxi and conflict management for effective partnering with competitors in China[J]. Social Science Electronic Publishing, 2010, 21(3):772—788.

[92] Wu W & Leung A. Does a micro-macro link exist between managerial value of reciprocity, social capital and firm performance? The case of SMEs in China[J]. Asia Pacific Journal of Management, 2005, 22(4):445—463.

[93] Yang M. Gifts, favors and banquets: The art of social relationships in China[M]. Ithaca: Cornell University Press, 1994.

[94] Yen D A, Barnes B R, Wang C L. The measurement of guanxi: Introducing the GRX scale[J]. Industrial Marketing Management, 2011, 40(1):97—108.

[95] Yiyin Y. Guanxi lization or categorization: Psychological mechanisms contributing to the formation of the Chinese concept of "us"[J]. Social Sciences in China, 2009, 30(2):49—67.

[96] Zhao X, Giardini M F A. Business owners' network size and business growth in China: The role of comprehensive social competency[J]. Entrepreneurship & Regional Devel-

opment: An International Journal, 2010, 22(7):675—705.

[97] Zhuang G, Xia Y. Power, conflict and cooperation: The impact of personal guanxi in a Chinese marketing channel[J]. Journal of Management Sciences, 2007, 20(3):38—47.

[98] Zimmer C & Aldrich H. 1986. Entrepreneurship through social networks[J]. in Sexton D & Smiler R(eds). The Art and Science of Entrepreneurship: 3—23. New York:Ballinger.

[99] Zaheer, Akbar, Remzi Gözübüyük, and Hana Milanov. It's the connections: The network perspective in Interorganizational Research[J]. Academy of Management Perspectives, February, 2010, 62—77.

[100] 蔡莉,单标安. 创业网络对新企业绩效的影响——基于企业创建期、存活期及成长期的实证分析[J]. 中山大学学报:社会科学版,2010,50(4):189—197.

[101] 龚鹤强,林健. 关系认知、关系运作和企业绩效:来自广东省私营中小企业的实证研究[J]. 南开管理评论,2007,10(2):45—53.

[102] 姜翰,金占明,焦捷,马力. 不稳定环境下的创业企业社会资本与企业"原罪"[J]. 管理世界,2009,6:102—114.

[103] 罗纳德·伯特. 结构洞:竞争的结构[M]. 任敏,李璐,林虹,译. 上海:格致出版社,上海人民出版社,2008.

[104] 白小瑜. 从社会网络的"洞"中获利——伯特的"结构洞"理论评析[J]. 重庆邮电大学学报:社会科学版,2009,21(4):98—102.

[105] 边燕杰. 社会网络与求职过程[J]. 国外社会学,1999,(4).

[106] 边燕杰,丘海雄. 企业的社会资本及其功效[J]. 中国社会科学,2000,(2):87—99.

[107] 边燕杰. 关系社会学及其学科地位[J]. 西安交通大学学报:社会科学版,2010,30(3):1—6.

[108] 费孝通. 乡土中国[M]. 北京:生活·读书·新知三联书店,1985.

[109] 何友晖,彭泗清,赵志裕. 世道人心:对中国人心理的探索[M]. 北京:北京大学出版社,2007.

[110] 何友晖,陈淑娟,赵志裕. 关系取向:为中国社会心理方法论求答案[A]//杨国枢,黄光国. 中国人的心理与行为[C]. 台北:桂冠图书公司,1991:67—92.

[111] 黄光国.儒家关系主义:文化反思与典范重建[M].北京:北京大学出版社,2006.

[112] 李焕荣,林健.战略网络研究的新进展[J].经济管理,2004,(4):4—10.

[113] 林南.社会资本:关于社会结构与行动的理论[M].张磊,译.上海:上海人民出版社,2005.

[114] 林聚任.论社会网络分析的结构观[J].山东大学学报:哲学社会科学版,2008,(5):147—153.

[115] 刘军.社会网络模型研究论析[J].社会学研究,2004,(1).

[116] 刘少杰.以行动与结构互动为基础的社会资本研究——评林南社会资本理论的方法原则和理论视野[J].国外社会科学,2004,(2):21—28.

[117] 林剑.社会网络作用于创业融资的机制研究[J].南开管理评论,2006,9(4):70—75.

[118] 梁小威,廖建桥,曾庆海.基于工作嵌入核心员工组织绩效——自愿离职研究模型的拓展与检验[J].管理世界,2005,(7):106—115.

[119] 缪荣,茅宁.公司声誉的形成机制[J].经济管理,2006,(15):43—46.

[120] 乔建.关系刍议[A]//杨国枢.中国人的心理[C].台北:桂冠图书公司,1988.

[121] 孙国强.网络组织前沿领域研究脉络梳理[J].外国经济与管理,2007,29(1):19—24.

[122] 威廉姆森.治理机制[M].王健,方世健,译.北京:中国社会科学出版社,2001.

[123] 徐淑英,张志学.管理问题与理论建立:开展中国本土管理研究的策略[J].重庆大学学报:社会科学版,2011,17(4):1—7.

[124] 杨国枢,陆洛.中国人的自我:心理学的分析[M].重庆:重庆大学出版社,2009.

[125] 杨宜音.试析人际关系及其分类——兼与黄光国先生商榷[J].社会学研究,1995,(5):18—23.

[126] 杨中芳,彭泗清.中国人的人际信任的概念化:一个人际关系的观点[J].社会学研究,1999,(2):1—21.

[127] 曾国权."关系"动态过程理论框架的建构[J].社会,2011,31(4):96—115.

[128] 张玉利.创业与企业家精神:管理者的思维模式和行为准则[J].南开学报:哲学社会科学版,2004,(1):12—15.

[129] 张文宏.社会网络分析的范式特征——兼论网络结构观与地位结构观的联系和区别[J].江海学刊,2007,(5):100—106.

[130] 张闯.管理学研究中的社会网络范式:基于研究方法视角的12个管理学顶级期刊(2001—2010)文献研究[J].管理世界,2011,(7):154—163.

[131] 翟学伟.是"关系",还是社会资本[J].社会,2009,29(1):109—121.

[132] 翟学伟.关系与中国社会[M].北京:中国社会科学出版社,2012.

[133] 詹姆斯·弗·穆尔.竞争的衰亡:商业生态系统时代的领导与战略[M].梁骏,等,译.北京:北京出版社,1999.

[134] 詹姆斯·科尔曼.社会理论的基础[M].邓方,译.北京:社会科学文献出版社,1990.

[135] 朱秀梅,李明芳.创业网络特征对资源获取的动态影响——基于中国转型经济的证据[J].管理世界,2011(6):105—115.

[136] 朱沆,张威,何轩,林蔚然.家族、市场化与创业企业关系网络的交易成本——基于609家创业企业的实证研究[A]//第六届(2011)中国管理学年会——创业与中小企业管理分会场论文集[C],2011.

[137] 佐斌.中国人的关系取向:概念及其测量[J].华中师范大学学报:人文社会科学版,2002,41(1):74—80.

第3章

创业叙事研究:内涵、特征与方法[①]

叙事研究方法在社会学、心理学、人类学、教育学和组织学等学科领域得到了广泛的运用。在国外创业研究领域,叙事方法也开始得到越来越多的关注,并被视为一种非常有前景的新方法。叙事方法被认为对探索创业者讲述的所作所为提供了一个强有力的工具,对提升创业概念及其认识论和方法论的反思将做出建设性的贡献。Gartner 预测叙事方法将会给创业研究带来一种"想象力的科学"(science of the imagination)。国际顶级创业期刊 Journal of Business Venturing 2007 年用一期专刊刊登了八篇创业叙事研究文章,以展示叙事理论与方法在创业研究中的运用,并期望在叙事研究与创业研究之间建立起理论与经验的联结。同时,致力于创业叙事理论与方法研究的学术刊物在国外也开始出现,如 2010 年创办的 Entrepreneurial Narrative Theory Ethnomethodology and Reflexivity。目前,国内对国外创业研究领域出现的这一"叙事转向"似乎还缺乏关注。我们对中国知网(CNKI)和维普期刊资源两个权威中文数据库进行检索发现,真正属于创业叙事研究范畴的相关文献非常鲜见,对创业叙事研究方法进行探讨的文章几乎没有。为此,我们尝试对国外创业叙事研究的本质内涵、重要特征及其步骤方法等内容进行分析,以期引起国内学者对创业叙事研究的兴趣和关注。

[①] 本章内容原载于《上海对外经贸大学学报》2015 年第 1 期,文章名为《创业叙事研究:内涵、特征与方法——与实证研究的比较》,有部分修改。

一、创业叙事研究的本质内涵

作为一门学科的研究方法,在社会学、心理学、人类学、教育学和组织学等不同学科领域,叙事研究都发展了其不同的定义和内涵。例如,教育研究学者 Clandinin 和 Connally 把叙事研究定义为理解经验的一种方法,是研究者和参与者在一定时间内,在一个或一系列的地点,以及在与周围环境的社会互动中的合作。Clandinin 是把叙事研究看成研究者和参与者一起体验和理解经验的过程。兼为临床医生和学术研究者的心理学家 Polkinghorne 则希望通过叙事建构一个与实践相一致的理论大厦。对于组织研究者 Czarniawska 来说,叙事只是一种启发式的手段,是理解组织的有用比喻。

兴起于 20 世纪末的创业叙事研究的定义及内涵在创业学术界还没有形成一个统一的认识。Gartner 将创业叙事研究定义为"对创业者讲述故事的分析"。类似于此种精炼定义的好处是让研究者有更大的想象和发挥空间,却不容易让我们对其丰富内涵有深入的理解和把握。为此,我们首先在本质上把创业叙事研究看作创业研究对叙事研究方法的一种整体性借用。这种理解不仅可以让我们从创业叙事研究文献和其他学科的叙事研究文献中总结和提炼其本质内涵,还可以通过与主流创业研究方法——量化实证研究的比较,对创业叙事研究有一个更好的理解。我们认为,从以下几点入手,有助于理解创业叙事研究的本质内涵。

(一) 对比理解叙事研究的认知模式

真正把叙事作为一种认识论和方法论给予了合法地位的是心理学家 Jerome s. Bruner。他提出了两种认知模式,分别是倚重逻辑—科学的"范式性认知"(paradigmatic cognition)和通过故事认识的"叙事性认知"(narrative cognition)。范式性认知旨在实现描述和解释的形式符合数学体系的理想,叙事性认知主要关注的则是人类意图和行动及其后果。叙事性认知强调对人类行为和经验的理解。人类行为和经验不像自然现象,往往难以复制和具有独特性。为此,叙事研究的目标就是聚焦于人类行为和经验的多样性,试图在特定的时间和环境脉络中,把握个体行为的微妙差别和丰富内涵。

(二)正确对待叙事研究素材的类型和作用

创业故事是创业叙事研究的基础素材,这在已有研究文献中形成了一种共识。但是,创业故事的叙事形式却是多样的,诸如创业者的自传、传记、个人叙事、叙事访谈、生活故事、现场笔记、研究访谈等。那么,应如何看待和处理这些类型纷杂的叙事素材呢?这里可以借用 Clandinin 和 Connally 提出的一个概念,把上述多种叙事素材的有机结合视为一个"现场文本"。叙事研究过程就是研究者和参与者保持协商,围绕建立现场文本,解构和重构现场文本,形成最终研究文本的过程。正是借助于这些现场文本,叙事研究者可以尝试把握个体创业现象的本质及其经验的意识构成,更重要的是,超出现场文本直接给予和显示的东西,去揭示和解释现场文本所隐藏的深层意义。

(三)分类把握叙事研究的分析方法

与量化实证研究不同,叙事研究作为一种质性研究,其分析方法还没有一个普遍认可的规范。叙事研究可以把创业故事直接呈现出来,也可以采用扎根于理论的内容分析方法;也有文献把研究者之间对创业故事的理论探讨与对话作为研究文本;甚至可以基于量化实证研究的思路,用丰富细腻的叙事资料来验证和剖析通过演绎逻辑形成的理论假设。因此,我们有必要分类把握叙事研究目前多种多样的分析方法。借鉴 Polkinghorne 的观点,叙事研究分析方法可以大致分为两类:一是把依照范式性思维进行分析的叙事研究,称为"叙事的分析"(analysis of narrative);二是把运用叙事性思维进行分析的叙事研究,称为"叙事性分析"(narrative analysis)。在创业叙事研究中,不同类型的分析方法可以单独使用,也可以融合使用,这在一定程度上也给叙事研究方法带来了广阔的发展空间。

(四) 辩证看待叙事研究的理论价值

对叙事研究理论价值的理解最具有争议性。Pentland 认为,叙事不是在简单地讲故事,而是在演绎故事,而这非常有助于组织过程理论的构建。因为叙事可以存在多个结构层次,最深层的结构就是组织过程的生成机制(generating mechanisms)。Kelemen 和 Hassard 就断言,对于组织现象中日益复杂和隐蔽的(Elusive)结构和过程,在主流实证主义者无法提供强有力的解释时,叙事研究的价值就会突显出来。Gartner 认为,叙事研究不仅把创业故事放到一个更大的语境(larger voices)下去思考,还可以让不同的研究者从不同的视角对同一个创业故事进行分析。这样,叙事研究就不仅具有分析价值,也具有创造价值。在叙事研究者看来,人文社会现象在本质上不同于自然现象,其行为与现象往往被人们主观地赋予了"价值和意义"且难以复制,因而不能完全依靠自然科学的方法进行研究。因此,在不同的研究方法之间,不一定要在理论价值和贡献上作出非此即彼的判断和抉择。叙事研究能够帮助理解人们的行为和经验,并有助于创造更美好的生活,其隐含的价值不言自喻。

二、创业叙事研究的重要特征:与实证研究的比较

在主流的组织与管理研究领域,量化的实证研究一直占据主导地位,多是从实验或问卷调查中获得经验数据,然后经过精确严谨的统计分析,得出研究结论。在实证研究的方法逻辑里,科学的研究就是要尽量把研究者的个人主观意识和价值观排除在外,让取自现实世界的客观经验数据证实独立存在的普遍规律。这样就不难理解,以讲故事为主的叙事研究方法是很难被主流组织与管理研究学者接受的。因为以言语为基础的叙述往往被视为"主观的""不精确的"和"不科学的",容易被归于文学和艺术研究的范畴。不仅如此,即使在同属质性研究范畴的案例研究学者的眼里,叙事研究也不被视为一种可以产生好理论的方法。因为讲故事的叙事方法虽然能够

第 3 章 创业叙事研究：内涵、特征与方法

吸引人,却无法像严格的案例研究方法一样,构建出好的理论构念。

自 20 世纪 70 年代以来,在实证主义范式流行的学术领域,质疑和批评声一直伴随着叙事研究的发展。但是,不可否认的是,叙事研究的发展已不仅在社会学、历史学、心理学和教育学等众多领域"开花结果",在组织管理、创业管理领域也得到了广泛的渗透,并获得越来越多的关注。Rhodes 和 Brown 在对相关研究文献进行考察后发现,叙事研究在一些组织研究主题上表现出了其重要的成果和贡献,例如在以下方面:(1) 意义建构(sense making);(2) 沟通;(3) 组织变革/学习;(4) 政策与权力;(5) 身份与身份认同。在这些研究中,叙事方法更加体现了组织管理和组织理论的暂时性、多元性、反射性和主观性,而这在实证研究范式下是无法实现的。因此,Rhodes 和 Brown 认为,实证研究方法和叙事研究方法在组织研究中同样重要,两者不必相互排斥。同样,在创业研究领域,Johansson 在对叙事研究相关成果进行分析后认为,作为一种新兴的研究方法,叙事研究对创业研究领域做出了许多有益的贡献。他主要对三个研究领域进行了总结并给予肯定,包括:(1) 创业者身份的构建;(2) 创业学习;(3) 创业精神的(重新)概念化。

应该说,叙事研究在众多社会科学研究领域获得发展已是不争的事实,甚至已被视为一种有前途的研究方法——叙事转向(narrative turn)。与量化的实证研究方法相比,叙事研究表现出其独特的方法论哲学。我们总结出,创业叙事研究有以下几个重要特征:

(一) 聚焦个体经验的探究

"叙事"被认为是接近人类经验的一种研究方法,其理论来源与杜威的"实用主义"思想密切相关。实用主义哲学继承的是经验主义传统,突出经验对于认识世界及人生的意义。杜威的经验概念具有连续性(continuity)和互动性(interaction)的特征。经验的连续性表明,当下的经验来自以前其他的经验,而且会导致将来的经验;而经验的互动性表明,经验不仅是个体的,同时也是社会的,个体总是处在与各种关系和社会情境的互动之中。叙事

研究就是要努力探究经验的这些方面,从而达到对经验的理解和解释。

创业叙事研究的研究对象常常是单一的个体,研究者主要关注个体在具体创业情境中的经历体验,研究目的和问题都指向对个体创业经验意义的理解。因此,与量化实证研究不同,创业叙事研究所关注的创业故事不是个体在创业情境中分散的、独立的单纯活动或行为,它们并不能构成经验,而是关注活动或行为本身的结果,以及研究对象行动之前是否有意识地实现这种结果,或者探究这种活动与结果之间的互动联系。同时,个体创业经验是一个不断生长与累积的过程,是对创业情境中诸多关系的不断认识、理解和感悟。创业叙事研究往往聚焦于理解个体过去的经验,以及这些经验是怎样对现在以及将来的经验发挥作用的。

(二) 强调事件、情境与过程的深描

实证主义研究者的理论目标是发现现实世界中存在的普遍规律与法则。实证研究者奉行理论模型的"去情境化"(decontextualized)和"简约化"原则。叙事研究则与之形成了一个鲜明的对比。根据 Maeyens 的观点,叙事必须至少具备三个基本要素:一是为了聚焦和评价而从过去的生活中选出事件;二是通过使用情节、背景和刻画,赋予所选事件结构、意义和脉络,从而将之转化为故事的要素;三是创造事件的时间顺序,以确立事件如何和何以发生的问题。这三个要素体现出了叙事研究与实证主义研究不同的方法取向,即通过对事件、情境与过程的深描构建理论。

创业活动与事件总是与其所处的特定环境背景和情境因素相联系,创业经验是在特定的创业环境背景下,在一系列的创业经历过程中所累积起来的。叙事研究主张深入详细地描述个体创业经验得以形成和发展的情境或环境背景,有时甚至需要运用人类学研究中的深描手法和细致态度,处理这些情境资料和信息。因为这有助于研究者从被研究者的观点出发,理解和解释被研究者的行为,以及行为与经验之间的关系。基于年代学方法的叙事研究往往还抽取研究对象过去、现在和未来的相关信息,力图从时间顺序上发现个体经验发展的连续过程和演化模式。在叙事研究看来,理解个

体经验的最好方法是置身于该行为发生的具体情境之中,将该行为发生之前的行为(前因)和之后的行为(后果)联系起来,并以此提供一种解释方式或模式。因此,与实证研究通过"去情境化"和"简约化"原则构建具有普遍意义的抽象理论相比,创业叙事研究倾向于通过对事件、情境与过程的深描理解和解释创业者的经验世界,两者形成了鲜明的对比。

(三) 追求分析性的理论构建

量化的实证研究建立在统计学基础上,其精密的计算、从样本到总体的严谨推论,使得以讲故事为主的叙事研究受到质疑:一个由主观故事所构建出来的理论,何以能解释和预测现实世界的运行规律?在实证研究中,回归理论模型好坏的判断可以看模型的拟合度和回归系数的显著性,它们对变量的解释能力可以精确到百分之一。那么,判断故事好坏的标准又是什么呢?

Polkinghorne认为,叙事研究可分成两种类型:描述的(descriptive)和解释的(explanatory)。前者是"对个人或者小组在他们生活中或者有意义的组织中,形成事件顺序的解释性叙事作出准确的描写";后者则是说明事件之间的因果联系,提供形成这种联系的可能的叙事解释。在叙事研究者看来,实证研究是以基于变量和回归模型的"稀薄的解释"(thin explanations),讲述外行人很难明白的故事;而叙事性分析更加注重对生动微妙、变化莫测的事件的"深描"(thick description),并试图将过去和当前的很多行动和事件组合为一个前后连贯的、有关系的整体理解。这种以深描方式形成的理论陈述或模式就是一种有说服力的阐释,并且这种阐释的理论构架能够进一步帮助人们去理解和阐释未来的新现象。

由此可见,可以把叙事研究的理论旨趣归纳为一种"分析性的理论构建",即从每个创业故事的讲述和分析中构建相关理论。虽然基于故事所构建的理论会受到实证研究效度标准的质疑,但创业叙事研究者在理论构建时真正关注的是讲述故事所蕴含的理论是否能让读者对创业本质有所洞察和领悟。因此,如果说量化实证研究是基于普遍性和预测性法则的因果关系思维模式,去寻求现实世界中存在的普遍性真理,那么叙事性的理论构建是通过强调人类行为的多样性,将之放在特定的时间脉络之中,抓住的是人类行为意义的丰富性和微妙差别。

三、创业叙事研究的步骤与方法

与主流实证研究方法不同,处于发展初期的创业叙事研究还没有形成一样清晰的规范步骤和方法。我们大致可以将其归纳为五个主要步骤,这五个步骤看起来具有逻辑上严谨的先后顺序,在实际运用中却可以来回往复和反馈调整。

(一) 确定研究问题与选择研究对象

首先,确定研究问题。研究问题往往是理论与实践相互碰撞后所提炼出来的问题。研究者结合已有创业领域所关注的重要理论问题,同时通过对实际创业现象的观察和思考,要善于捕捉住和聚焦于那些值得探究的创业现象及其所隐含的重要理论问题。这些问题具有以下一些特点:(1)在创业领域重要且在理论上没有得到很好解决。如一些令人感兴趣的创业作用机制问题,虽然已经有了一些研究成果(如基于实证方法的研究),但由于其过于复杂,还没有得到很好的解答。(2)所要研究的创业现象以及隐含的研究问题有新意。新意既包括对这类创业现象及问题可能还很少有文献进行探究,也包括对创业现象及问题提出了一个研究的新视角;或者新的研究框架下,创业现象或问题突显出了新的意义。(3)对创业实践具有重要意义。创业叙事研究并不是非要在理论上有突破,其实困扰创业相关利益者的问题都可以通过叙事研究让人有新的深入理解,如对创业政策的效果与反馈、对创业实际管理问题的理解。(4)创业叙事研究甚至可以聚焦于研究者自己感兴趣的问题与现象。确定选题有时并不是因为对理论构建重要,也并非对创业实践一定有指导意义,仅仅是研究者个人的经历使之产生兴趣。

第3章 创业叙事研究：内涵、特征与方法

其次，选择研究对象或个案。与实证研究者的统计抽样方法不同，叙事研究抽样不依据统计分析抽样中所要求具有的代表性和典型性。叙事研究抽样可以借鉴案例研究中的理论抽样要求。在单个叙事案例分析中，可以选择对已有理论具有挑战意义的极端案例，也可以是基于新视角构建新理论所选择的一般性案例，还可以是创业实践问题所关注的案例。在多个叙事案例研究中，可以采取逐项复制和差别复制的方法，依旧依据理论抽样的原则，即通过多个案例的比较与互补以更完善或深入地构建理论。

通常来说，叙事研究会在确定了问题之后再去选择研究对象或个案。但是，在某些情况下，我们也可以在与研究对象有了初步接触和了解之后，根据研究对象所呈现出来的创业实践特点，结合已有理论对创业现象可能蕴含的研究问题进行思考，再确定和聚焦具体的创业研究问题。当然，对于某些针对创业实践问题解决的叙事研究，研究对象往往在研究问题聚焦与形成之前就得到确定。因此，与实证研究方法不同，研究问题确定和研究对象选择在叙事研究中可以是一个来回往复的过程。

（二）进入研究现场

研究者进入现场有两层含义：第一层是研究者在物理空间上进入研究对象生活或工作的现场；第二层是研究者在合作关系上进入现场，即真正与研究参与者建立一种良好的研究合作关系。后一层含义的进入现场有时要经历一个不断转换和变化、持续协商和评估的过程。Clandinin 和 Connally 认为，这个过程中包括"关系协商、目的协商、转换协商、有效性协商和寻找感觉"等重要内容，并且这个过程可能会持续到整个研究过程结束。只有与研究参与者建立一种"亲密"的关系，才可能融入他们的圈子，与他们肩并肩生活和工作。这样，不仅可以体验观察到的、可以直接交谈的东西，而且可以体验没有说出的或者没有完成的事情。

进入研究现场后，研究者一直要处理好"完全融入"与"保持距离"的矛盾关系状态。一方面，研究者应完全融入到创业者的经历与体验中去，站在创业者的立场上思考和行动，否则就无法真正地理解、描述和解释创业者最

深层次的经验;另一方面,如果研究者过于投入其中,又可能会因产生感情倾向性而失去叙事研究应有的客观性,因而又需要与现场保持适当的距离,冷静观察,以便看清楚研究者自己与参与者的故事,以及研究者自己与参与者共同生活的场景。研究者进入现场之后,要不断往返于"完全融入"和"保持距离"两种状态,以为自己的叙事研究获得相应的素材。

(三) 获取创业叙事素材

创业叙事素材的类型较多,包括研究对象的创业故事、生活故事、自传、札记、音像材料、谈话、访谈文本、现场笔记、日志、档案文件、照片、记事簿、生活记录、信件以及人工制品等方面。如前所述,这些叙事素材的有机结合可以统称为"现场文本"。

建构现场文本是一项艰苦而又非常重要的基础性工作。首先,它有助于研究者在"完全融入"和"保持距离"之间往复移动,帮助研究者往返于这两种境界,既和参与者一起全然涉入,又和参与者保持一定距离。其次,它能够帮助研究者进行记忆和反思,填补遗忘的创业经历及其丰富的细节。如果现场文本积累太少,缺乏时间的连续性和内容的延续性,下一步的研究文本创作将可能难以开展。

如何构建现场文本本身是一个严肃的方法问题。不同研究者在叙事研究中会不断积累个人的经验并形成自身的模式,这些经验与模式是可以互相借鉴的。Clandinin 和 Connally 提出的基于"时间的、空间的及个人和社会的"三维叙事探究方法,可以帮助研究者"了解地点的详细情况,时间上的微小差错,个人和社会的观察及其关系之间复杂的转换",并建议在现场文本的构建过程中时刻牢记从这三个维度进行观察和思考。值得注意的是,收集和记录故事是建构现场文本的重要工作,但是更经常的还要记录动作、行为和发生的事件,所有这些都是叙事的表达,是研究者应密切关注的叙事研究素材。

（四）构建研究文本

把现场文本转换成研究文本是叙事研究中最具挑战性的一步。研究者不仅要初步整理和编码处理大量纷杂无序的现场文本，而且要对如何构建和创作研究文本在理论和方法上作出一系列的重要决策。这一过程会实质性地影响到研究者最终呈现的成果。例如，在创业期刊 *Journal of Business Venturing* 2007 年的创业叙事研究专刊中，基于同一篇创业叙述文本，六位作者分别创作出了六篇完全不同的叙事研究文本。从同一资料数据得到不同的研究结论也许是实证研究者无法接受的，却是叙事研究的魅力所在，因为它可以让我们从不同的视角体验个体经验和认识世界。

现场文本转换成研究文本是一个从"拆分"到"整合"的分析过程。

首先，要根据研究目的和研究问题的要求建立一套编码体系。例如，Ollerenshaw 提出的组织故事元素成为问题解决的叙事结构，将故事所包含的基本要素分解为背景、人物、活动、问题和解答五个方面。另外一种是 Clandinin 和 Connally 提出的三维空间的叙事结构：时间的、空间的及个人和社会的。研究者可以基于上述结构分析现场文本故事的基本结构，并可以使用字母或数字在现场文本上进行编码。这些编码后的故事单元将成为创作研究文本的基本元素。

其次，要对总体叙事策略模式作出决策。Lieblich, Tubsl-Msdhiach 和 Zilber 基于两个独立维度——整体方法（holistic）和类别方法（categorical），提出了叙事分析的四种策略模式：整体—内容、整体—形式、类别—内容和类别—形式。以"整体—内容"为例，它主要是以整体性视角关注叙事的内容。该策略需要研究者反复阅读文本资料，直到有一个模式（pattern）浮现出来，这个模式通常以整个故事焦点的形式出现。该叙事策略的关键也在于找到展现故事的焦点主题，这些焦点主题就是研究者理解、领悟和诠释研究对象的不同视角。基于这些焦点主题，我们才能真正进入研究对象的经验世界。

(五) 研究文本撰写与评估

叙事研究最终呈现出来的研究文本可以灵活多样。它可以根据研究问题和研究目的要求,采取归纳式的论文结构:导言→文献综述→方法→叙述→论据→结束语;或者采取演绎式的论文结构:问题→文献综述→假设→方法→结果→讨论→结论。其中,文献综述不是必不可少的,有时也可以不进行文献综述。总体上,研究文本一般会包括研究问题和背景、研究对象选择、研究实施过程、研究结果与分析等核心部分。在叙事研究中,重新讲述的故事和叙事的分析才是整个研究文本的核心内容。

质量评估贯穿研究文本撰写的整个过程。不像实证研究中的信度、效度、可重复性等评价指标,在叙事研究中目前还没有一个统一的质量评价标准。Hammersley 提出了"有效性"(validity)和"相关性"(relevance)的评价概念,前者指某种解释是否真实、合理和令人信服;后者指某种解释是否重要,是否对该领域已有成果、方法、理论和社会政策做出了贡献。Lieblich, Tubsl-Msdhiach 和 Zilber 提出了评价叙事研究的四个标准:(1) 广延性(width),指证据的全面性;(2) 一致性(coherence),指对不同部分的诠释创造出一幅完整和有意义的画面;(3) 洞察力(insightfulness),指在展现故事和对它进行分析时有创新和创意;(4) 精炼(parsimony),指能以少量概念为基础提供一个精到分析的能力,并且优雅或有审美吸引力。一定程度上,叙事研究质量无须追求绝对的标准,一个朴素的标准就是"合理性",即是否符合人们普遍接受的一些经验法则。

四、结　　语

叙事方法在国外社会科学研究领域的兴起,一定程度上是由于以实证方法为主流的社会科学研究进展缓慢,并且其成果未能很好地为人类社会问题的解决提供良方。为此,人们希望尝试一些更多样和更有效的方法以寻求突破。作为一种质性方法,叙事研究在本体论、认识论和方法论上,都表现出与实证研究不同的内涵、特征和优势。至于叙事方法能否弥补实证方法的不足,未来能否给社会科学研究带来新的突破,我们翘首以待。

对于国内创业研究来说,叙事方法还具有另外深层的意义。随着国外学术理论与方法的引入,实证研究方法开始成为国内创业研究的一种主流方法,并取得了可喜的进展。这不仅表现在国内实证研究成果数量和质量的提升上,同时国内学者在国际学术刊物上发表论文数量逐年增加的趋势,也很好地显示了实证研究方法带来的积极影响。但是,也要意识到,实证研究方法在促进国内学术研究与国际接轨的同时,也有可能让我们局限于验证和修补西方理论框架和体系的被动状态,而难以构建出真正具有本土化价值的理论成果。

某种程度上,叙事研究方法可以为国内创业研究带来可能的突破。创业研究作为一个新兴的领域,其理论研究框架和体系还处于形塑之中,目前更多地是国内学术界在学习和吸收国外创业研究的理论成果。因此,如果我们能够有效地运用叙事研究方法,扎根于国内的创业实践,对中国情境下的创业理论作一些深入的探索和积累,不仅可以对西方的理论知识体系作更有价值的吸收借鉴,也有助于我们尝试提炼和构建具有本土特色的理论概念和理论体系。

主要参考文献

[1] Clarke J, Holt R. The mature entrepreneur: A narrative approach to entrepreneurial goals[J]. Journal of Management Inquiry, 2010, 19(1):69—83.

[2] Eisenhardt K M. Better stories and better constructs: The case for rigor and comparative logic[J]. Academy of Management Review, 1991, 16(3):620—627.

[3] Gartner W B. An entrepreneurial jeremiad[J]. An Issue about the Republic of Tea, 2010:1.

[4] Gartner W B. Entrepreneurial narrative and a science of the imagination[J]. Journal of Business Venturing, 2007, 22(5):613—627.

[5] Gartner W B. A new path to the waterfall: A narrative on a use of entrepreneurial narrative[J]. International Small Business Journal, 2010, 28(1):6—19.

[6] Hammersley M. What's wrong with ethnography? Methodological explorations[M]. Psychology Press, 1992:115—118.

[7] Johansson A W. Narrating the entrepreneur[J]. International Small Business Journal, 2004, 22(3):273—293.

[8] Kelemen M, Hassard J. Paradigm plurality: Exploring past, present, and future trends. Debating organization: Point-Counterpoint in organization studies[G]. Oxford: Blackwell, 2003:73—82.

[9] Maines D R. Narrative's moment and sociology's phenomena: Toward a narrative sociology[J]. The Sociological Quarterly, 1993, 34(1):17—38.

[10] Mantere S, Aula P, Schildt H, et al. Narrative attributions of entrepreneurial failure[J]. Journal of Business Venturing, 2013, 28(4):459—473.

[11] Pentland B T. Building process theory with narrative: From description to explanation[J]. Academy of management Review, 1999, 24(4):711—724.

[12] Polkinghorne D E. Narrative configuration in qualitative analysis[J]. International Journal of Qualitative Studies in Education, 1995, 8(1):5—23.

[13] Polkinghorne D E. Narrative knowing and the human sciences[M]. Suny Press, 1988:68—71.

[14] Rhodes C, Brown A D. Narrative, organizations and research[J]. International Journal of Management Reviews, 2005, 7(3):167—188.

[15] Steyaert C, Bouwen R. Telling stories of entrepreneurship: Towards a narrative-contextual epistemology for entrepreneurial studies[G]. Entrepreneurship and Small Business Research Institute (ESBRI), 1997:187—188.

[16] 成伯清. 走出现代性:当代西方社会学理论的重新定向[M]. 北京:社会科学文献出版社,2006.

[17] D.简·克兰迪宁,F.迈克尔·康纳利. 叙事探究:质的研究中的经验和故事[M]. 张园,译. 北京:北京大学出版社,2008.

[18] 艾米娅·利布里奇,里弗卡·图沃-玛沙奇,塔玛·奇尔波. 叙事研究:阅读、分析和诠释[M]. 王红艳,译. 重庆:重庆大学出版社,2008.

[19] 罗伯特·K.殷. 案例研究:设计与方法[M]. 周海涛,李虔,李永贤,译. 重庆:重庆大学出版社,2010.

案例研究篇

  本篇主要运用质性研究方法,尝试对一些基本理论概念和绩效机制等创业问题进行研究。首先,第4章运用叙事研究方法,通过对一个创业者的成长叙事,展现其创业能力的形成与发展过程。本章也部分展现了叙事研究方法的一个整体性特征,在一定程度上可以帮助我们初步理解该方法的具体运用。第5章主要以新创企业为案例研究样本,对创业网络能力的维度构成及其内涵进行了分析。第6章和第7章则结合案例研究与叙事研究两种方法的特征,对创业者的关系能力进行了研究。总体上,前四章的内容主要是运用质性方法对基本理论概念进行探讨分析。最后,第8章运用多案例研究方法,对网络规模与成长绩效的作用机制进行了一个探索性的研究。

第4章
一个创业者的成长之路

一、引　　言

李斌(化名)2008年毕业于上海某高校公共管理专业,毕业后在一家韩国服装公司担任销售经理,工作一年之后辞职,开始创业。创业公司主要是在上海松江大学城附近开设以热狗为主要产品的直营店和加盟店。一年多的时间,创业公司就签约24家加盟店以及5个合作项目。李斌的创业看上去顺风顺水,实际上在他的成长之路上却有颇多故事,最早甚至可以追溯到其大学期间的一些经历……

二、初次体验创业

(一) 进入学生会权益中心

李斌2004年考入南京一所大学的公共管理专业,进校后不久便迎来了校学生会的选举。当时校学生会选拔干事的竞争非常激烈,参与的新生很多。李斌在第一次选拔中没有当选,而平日跟他一同自修的同学却进了一个社团。看着同学去出海报,拿个马克笔写活动通知,让李斌非常崇拜。能够出个海报让全校同学都看到,并且能够在大学生活动中心的办公室进出自如,在他看来是一件很了不起的事情。后来去志愿者协会面试,李斌还是不敢进去，拉了个宿舍同学一起去。面试的题目是为一个关爱老人的活动写一份策划书。他心想自己不会写，还没有正式面试便赶紧离开了。后来，李斌意识到这种害羞的性格长期下去肯定不行，于是开始想办法锻炼自己，如主动找机会去参演一些话剧，逼着自己上台。他不断地逼自己参加学校的各种活动，正视自己害羞的弱点，不断给自己挑战。怕在院级的活动中被同学认出，他就去参加校级的活动。这种锻炼逐渐有了效果，不久之后，他便抓住机会进入了校学生会的权益中心，做起了小干事，直到成为权益中心的主任。

在校学生会最主要的部门里，有40个干事，也会出现各种矛盾，有些干事因为各种原因退出了。李斌起初表现并不突出，依然非常害羞，不敢在很多人面前说话。但是，不管什么事情，他都去做。虽然中间有很多人离开，但他依然坚持做着手中的工作。事情无论大小脏累，他都很开心地去做，包括撕海报、挂横幅、打扫卫生等。鼓励他的是俞敏洪的一番话："你一进新东方，就想做副总裁，这是不可能的。我可能安排你去扫厕所，厕所扫好了，人家觉得你的厕所扫得非常好，比所有人好，然后我提拔你当后勤主任。你后勤行政工作都做得非常令人满意的时候，我可以提拔你做行政副总裁。等我翘辫子了，你可以做总裁。"这和李斌在学生会的情形非常像，不管大事小事、累活脏活、有面子没面子，都必须坚持去做。

在校学生会里，李斌渐渐意识到了团队协作的重要性，如何进行工作安排分工。比如，权益中心有40个干事，要把他们调动起来运作全校的活动，而作为主任的李斌不仅要办好此类活动，更想让老师看到这是他们所看过的活动中最好的，这种鼓励在他看来影响是很深远的。经历这些事情后，他的整个资源调动能力得到了快速提高，整个人的脾气和性格都有很大的转变。大一刚进校的时候，他属于非常老实用功的学生，只喜欢泡在图书馆看书。在他进了学生会以后，这些都开始有了变化。

在李斌看来，不仅自己发生了变化，身边的朋友也不一样了。原来的自己很闭塞，而进了校学生会以后，认识的朋友非常多，遍布各个院系。包括现在的创业搭档，也是他在校学生会的时候认识的。李斌自己也真切地感受到在校学生会的这段经历对他的成长起了很大的帮助作用,使他的性格和能力都有了较大的变化。与之形成鲜明对比的是,在李斌的班上,直到毕业的时候依然有些同学很害羞,不敢上台说话,连找工作时面试都有困难。

(二)积极参加社会实践

大学期间,李斌参加过很多社会实践活动。他一开始做家教时,曾被一些打工信息骗过,比如交40元提供八次打工的信息,而这些被骗的经历对他来说也是积累经验的过程。再后来,做了一段时间家教后,他感觉自己教一个学生的能力还有余,于是便和学生会的朋友去开培训班。在大一暑假的时候,学校里有个作文培训班,教员主要以师范生为主,而李斌是非师范生,就被派到扬州、镇江、苏州、舟山等离学校较远的地方去授课。这段经历也让李斌积累了一些经验和能力,比如如何给学生上课,如何和学生沟通等。在有了一些经验之后,第二年,他自己办了这样的培训班。

当时在昆山、舟山等一些苏南地方,来上课的孩子的父母都开着奔驰、宝马,而李斌则是抱着在扬州买的大竹席还舍不得扔,后来还把大竹席带到了昆山,又抱着破旧的大箱子跑到了舟山去。如此大的反差给李斌留下了很深的印象,看着别人这么成功,当时的他开始暗自下定决心:大学毕业后,我也要创一番事业!

在舟山开培训班期间,李斌住在舟山群岛,白天在学校给学生上课,晚上常常去学生的家里做家访。其中,金塘岛的一个女企业家给他留下了非常深刻的印象。这个女企业家一个人管理五家规模非常大的出口公司和两个孩子,虽然很辛苦,但是她管理得很好,让李斌佩服不已。她跟李斌和他的朋友讲述了自己的创业经历,17岁的时候就跟政府贷款300万元拿地办厂。像这样的创业例子在当地很多,很多家庭都有自己的创业故事,而且都做得非常成功。在那里,几乎家家户户都在办厂,办公室就在厂房的楼上。学生的父母几乎都是老板,会订许多杂志,比如《浙商》《环球经济》。李斌通常会提前两个小时到,去看那些杂志,这让他非常激动。空闲时,他便和学生的父母聊天,听他们讲自己的创业故事,以及是如何创业赚钱的。他向他们取经,同时也在心里默默思考和寻找是否有可以合作的机会。

白天在学校给学生上课,晚上去学生家里做家访,这使得李斌晚上睡觉的时间非常少,但是过得非常充实。学生家长成功的创业故事深深地吸引他去挖掘和学习。李斌认为自己应该也属于创业型的人,觉得别人能做到的,自己也能做到,而不一定是安安稳稳上个班。这些学生家长差不多都是小学、初中毕业,为什么就能够管那么大的公司,雇那么多人呢?有些大学生毕业后还在帮他们打工!这让李斌暗自下定决心:我以后也要跟他们一样。在学生家里时,每个周二和周四晚上都会放创业真人秀《赢在中国》,每期节目都会有创业明星涌现,他们的创业故事给李斌留下了非常深刻的印象,也深深地打动了李斌。

(三)大学创业经历

受《赢在中国》的启示,从舟山回到学校后,李斌便和同学办了全校"十佳创业之星"的活动,到各个院系去选拔创业最为成功的学生。李斌要做的工作便是和参选者去聊,聊他们的创业项目以及当前的创业情况。这次活动安排了网上票选和现场票选,选完后还会有颁奖晚会,让他们发表获奖感言。

在与创业同学聊天的过程中,李斌感触很深。首先,他觉得创业的人都挺奇怪,有些甚至称得上是怪才。从晚上六点钟开始,便有些参赛选手来和李斌聊,有时一直聊到十点钟都不愿意走,这让李斌感觉到他们对创业的一种热情和执着。其中,有些选手是非常能侃的,也有很清高的,各种性格的人都有。但是,他们都有一个共同特点,那就是对自己的事业很自信,而且很执着,坚持要把自己的事业做成功。当时,他遇到一个同学,想做投币式咖啡机,在学校、超市、宿舍门口摆一台。李斌觉得这种东西不可能做成。可是,一个月后,这边有一台咖啡机,那边也有一台,都是那个同学的。李斌一下子怔住了,认识到他就是有这个能力,把你觉得很奇怪的事情做成功。这件事对李斌一直有影响,直到后来在做热狗生意的时候,依旧鼓舞着他要坚持对自己有信心,让他相信坚持是创业成功非常重要的因素之一。除此

第 4 章 一个创业者的成长之路

之外,他们访谈的对象里还有做网站和开酸菜鱼馆等不同项目的,与这些创业者较长时间的接触,加上自己原来对创业就比较感兴趣,因此又激发了李斌要尝试创业的想法,这个想法一直到毕业和参加工作都没有消失。

在学校,李斌和学生会的伙伴们还一起办过很多活动,他们在这些活动中作为总的策划或者组织者,每一个细节都要想得非常清楚,需要独立思考。这些活动经历对李斌品格的养成也很重要,尤其是在大学阶段。如果说高中之前都是以学习为主,而踏入大学,就等于半只脚踏入社会,不能一味读书了,如果想做一番事业,就要开始接触社会,在社会中接受锻炼。

除了学校的活动外,李斌还和同学们开过服装店、汉堡店,甚至曾试过把大学学费用到创业开店,这不是大学里每个同学都愿意和能够做到的。直到现在,李斌回想起来,依然觉得这是一个享受的过程。如果不适合创业的人去创业就会很痛苦,而适合的人去创业就会很享受,哪怕很困难。

在做这些创业活动的时候,李斌的身边自然少不了三五个伙伴一起做。每到晚上学生会的工作结束后,李斌和伙伴们便会搬张凳子去楼顶上聊。比如,有些人提议做一些文化衫,帮别的公司做广告,找一二十个同学穿着文化衫在大街上走一圈,应该能够赚钱。他们还一起去联络,在户外、高速公路上的大灯箱上做广告。就这样,他们每天晚上搬张凳子围坐在楼顶上,聊各自的想法和观点,当成一种习惯,坚持了很久。在李斌的回忆中,每天晚上和意气相投的几个伙伴坐在一起畅聊是大学期间最开心的时光。他说,在大学里,和什么样的朋友在一起很重要,朋友之间常会产生潜移默化的影响,他们可能就是一辈子的伙伴。如果李斌在大学期间和一个学习非常好、天天想着考研的人在一起,说不定现在他就是一个硕士生,或者考博士了。

李斌所在的学校比较开放,很多商业性活动都可以进行。对学生的一些创业活动,学校会特批一块场地。比如,学生代理一批 MP3、MP4 等电子产品,学校会辟出一块场地供销售之用。那时候,李斌便会和学生会的同学们利用这些机会做些事情,包括联络校外的老师举办各种活动。比如,新东方 CEO 俞敏洪当初来学校做讲座,就是他们联系的。学校给了他们更多的与社会接触的机会,这使李斌感激不已。

当时学校的一些老师对李斌的影响也非常大。他遇到过一个老师,教材上的东西不会讲得特别多,但是会讲很多社会上的事情,比如自己所经历的事情和人生经验。李斌在学校期间也有不能按时上课的时候,但是他能确保自己的成绩优秀,每个学期都拿奖学金。他深知,创业不能影响学习。大学里的课程肯定要去学,这与自己知识结构的形成有重要的关系。但是,他觉得有些课程也没有太多帮助,在对学业没有影响的情况下,更多的时候应该去接触社会。此时,他不再是个只会泡在图书馆认真看书的老实学生了,开始思考自己需要的是什么了。

三、开始迈上创业之路

大学里的这段经历确实让李斌有了较为强烈的创业欲望,参加工作之后的生活较为安稳有序,但是创业的想法依然没有消失。至于具体如何着手去做,他一时也没找到头绪。就这样,边工作边想,一晃就过了一年。

2009年下半年,李斌和他的一个同事正式辞职,而这个同事就是他大学期间在学生会结识的好友,毕业后与他进了同一家公司的同一个部门,也是他之后开始创业之旅的伙伴。

两人辞职时并没有想到要做什么,只是想着要做一番事业。比如,开服装公司,但是库存很大,没有这么多钱。正是由于一直都没有头绪,于是两人索性辞职,把后路断了,逼自己去想。没有工资了,辞职以后哪怕摆地摊,也必须有想法出来。两人开始在江浙沪各地,包括南京、无锡、苏州等城市,跑了一个月,选项目,找地方,身上的钱花得差不多了,非常焦虑。

一次做市场调研时,李斌和他的伙伴在上海漕溪路看到一家宜家店,便走进去逛逛,休息一下。当时宜家楼下有家热狗店,他们尝了一下,感觉非常好。他们发现这种店的经营方式非常便捷,买的人非常多,脑子里一下子闪出了一个直观的想法:是不是可以回学校去卖热狗?当时,学校附近有个大市场,里面有专门卖小吃的,如果在那儿开个热狗店,会怎么样?

第4章 一个创业者的成长之路

有了这个想法,他们开始调查分析热狗市场。调查发现,热狗这个产品的品种非常单一,除了宜家热狗店,当时几乎没有什么公司经营热狗。在北京有家卡拉热狗店,是由他们的校友,从美国留学回来的一个老太太开的。这个店属于公益性质,老太太把赚的钱都捐给西部的小朋友,她自己是亏本的。但是,她的热狗是很美式的,并不符合中国人的口味。

在李斌和他的伙伴看来,这肯定是个创业机会。因为肯德基和麦当劳进来以后,我们才有汉堡吃,而热狗这个产品在国外比汉堡更流行,当时上海却没有一家大公司做这个生意。他们想,这是个市场机会。后来,他们和很多人谈过这个想法,包括原料厂家。他们确信,三到五年以后,热狗这个产品在全国会很火。

但是,当时他们觉得在母校门口开一家小热狗店很没面子。于是,李斌思索:能否将上海所有的外卖店联合起来?像喜士多的关东煮每个店都有,全家里卖的包子全国都有。但是,当时做热狗的原材料不是很成熟。他们在把原材料搞定之后,就开始找合作代售热狗的店铺。由于好德和喜士多都是连锁便利店,总公司一般规定不能自己采购东西,因此与每家便利店谈合作是不行的。

他们又想到杂货店。多数杂货店都是个体经营,那么能不能把整个上海的杂货店联合起来销售热狗?这样的想法看上去很好,但是实践起来却不容易,一家一家地去跑这些杂货店,花了他们非常多的时间。他们每天跑到晚上十二点,直到大多数杂货店关门。这期间,他们谈成了几家,但失败的更多。很多杂货店的老板对他们的想法不屑一顾,因为他们当时没有谈判能力,两个人只抱着笔记本电脑,用PPT演示产品和设备的样品,描述设备的大小和占据的位置,以及未来可能的消费前景等。

他们曾非常看好人民广场附近的一个店铺,在上海书城对面,客流量非常大,而且白领非常多。因为是人民广场的中心地带,如果把那家店拿下来,那么在整个人民广场就有可能辐射开来。于是,两人跑了这个店不下五次,每天去和老板谈。终于,老板被他们的诚意打动了,就让他们试着做一下。后来,这个项目真的给这个店增加了很多盈利。这店好了以后,他们接下来和其他店的合作变得顺利了一些。他们把这个店作为一个案例,将目标合作对象带到这个店里参观实体。这样,南京路、凤阳路等很多便利店也愿意和他们合作。

回想起来,创业是一条艰辛的路,当初他们跑便利店找合作商家的时候,几乎每天晚上回到家时脚上都起了泡,连洗澡都非常疼。李斌当时还学会了作换位思考,他想:如果我是店铺老板,凭什么接纳这个毛头小伙的项目?这样思考之后,他就会找到和便利店老板谈判的方式。比如,他会说:我这个东西不占你什么地方,而且你这里只卖水,只有喝的,没有吃的,如果白领经过,可以有吃有喝,可能会更吸引他们购买。他们不停地讲这些道理,并且现场演示,告诉店铺老板这不是很复杂,又能帮助店铺提高销售收入。李斌甚至提议自己站在店里试上一小时,看效果如何,就这样千方百计地去说服店铺老板。

多家店铺老板被说服之后,并不意味着就可以顺利进行营业了。设备已经买好了,原材料已经买好了,接下来要考虑的就是铺货模式。但是,一段时间合作下来,李斌发现事情并不像自己想象得那样顺利。有些杂货店的卫生状况、整体形象不是很好,在这里买个热狗吃,似乎难以让人接受。

于是,他们又开始计划开个实体店。但是,开实体店需要一笔较大的资金,并且当时因为面子问题,他们不想让以前的同事知道自己在开一家小店。于是,他们选择了离上海市区较远的松江大学城。在郊区开一个3平米的小店,没有人来打扰,可以专心致志,卧薪尝胆,把产品做成熟。为了开这个店,他们要筹集资金。当时还是大学期间认识的同学和朋友主动借钱给他们,有些同学甚至连借条都不用写就把钱汇了过来,令他们既感动又有压力。回忆起自己艰难的创业起步,李斌认为资金问题一直是困扰创业过程的一个难题。公司常常面临资金链断裂的状况,比如制作公司网站,两千多块的费用也要分三批支付。因此,李斌认为,如果没有经济基础,又找不到投资,资金对大学生创业来说确实是很大的问题。除了资金问题,李斌在创业这一条路上还遇到过许多的坎,但还是一个一个地走了过去,始终坚持着。他一直承受着压力,没有资金支持,缺失各方面的资源支持,没有任何指导，创业可谓是"摸着石头过河"。

松江大学城的小店正式营业以后，生意比李斌想象的好很多。当时他和同伴两个人一起经营这家小店，生意好的时候忙是必然的，有时还要骑着电瓶车去送外卖。住得远的客户要送到九峰路、火车站，甚至老城区都会送。有时碰到电瓶车没电了，他们便要把电瓶车推回来。这对许多人来说是很苦的事情，但他们却不这么觉得。回忆起当时大雨淋透全身，只为了赚几块钱，不知道消费者的门牌号码，得绕好几圈才能送到消费者手中，他们乐呵呵的，一点都不觉得辛苦，反而有点享受这个过程。这让李斌想起了大学时认识的那些创业者，开始理解是什么在支撑着他们不断地努力。有时生意也不好，他们的收入比较少，支出又很大。但是，他们想，只要坚持下去，就会好的。

除了资金，货源也是他们面临的一大难题。特别是食品类的东西，品质很重要。虽然大公司供货可以保证品质，但大公司怎么会和一家不知名的小店合作呢？像宜家热狗店的供货商就是特供的，全国的销售商都拿不到他们的货。当时李斌也想要，因为这家供应商的质量非常好。于是，他们几乎天天联系对方，包括打电话、发电子邮件、QQ聊天，不停地和对方商讨。经过长时间的沟通和努力，这家厦门厂商的销售主管终于答应专门到他们的小店里来看一看。这让李斌很兴奋，但也很忐忑，因为当时他们的店只有3平米，不像肯德基、麦当劳，而且全国只有一家。当时李斌骑着电瓶车，把供货商从大学城地铁站接到店里。也许是机缘巧合，那天小店排队的人特别多，一直排到路边，排半小时也不一定能吃到。这一情景让这个供货商惊讶不已，他拍了照，说这么小的店铺会有这么好的效益，回去之后一定要向公司老总汇报一下。不久之后，这家供货商就和李斌开始合作了。现在李斌的公司和这家供应商已有了很好的合作关系，虽然全国各地不断有创业者希望与这家供应商谈合作，但是该供应商往往还是会把一些生意转到李斌这里。

后来，李斌的公司开始慢慢地和松江大学城的很多学校合作。如华东政法大学，它离商业街比较远，李斌便和该校的学生会开始合作。由于李斌大学时有学生会的工作经历,对学生会的想法非常熟悉,明白双方怎样才能找到合作需求点,而这一优势是其他很多商家很难想到的。9月份,新生报道,学生会的同学在给新生发的资料中附带热狗店的广告。对这些资料,有些学生可能会保存四年。由于华东政法大学附近没有太多的商业街,这让该校的学生产生一种印象,即李斌的热狗店是唯一能将食物送到宿舍的外卖店,于是他们把热狗店作为一个主要选择。就这样,李斌和他的伙伴在创业初期找到了一个又一个突破口。

四、探索创业发展模式

热狗的生意好起来以后,有很多人前来找他们谈合作,他们接到的谈合作的电话越来越多。到2010年下半年,他们已开始实施直营店和加盟分店两种经营模式。

那么,他们又是如何从一家小店发展到做连锁经营的呢?小店生意好的时候,经常会出现断货现象。当销售规模逐渐上来以后,李斌就开始想是不是可以开连锁店。因为店铺多了,可以相互调货,整个品牌供应量可以增长,而采购价格也会降低,使整个单位成本降低,而且店铺之间还能相互学习和共享经验。这对于单家店来说是无法实现的。

开始实施这个规划的时候,他们没有做其他任何广告或是招商,主要是在门店的招牌旁边写上了联系电话。慢慢地,很多人主动打电话来谈合作。由于没有合作经验,他们开始考虑如何和别人合作,怎样才能够为合作方提供更好的服务。就是抱着这样的想法,他们开始了外部合作。

他们的第一个合作店设在江苏徐州。为了这家店的正常运营,他们在上海和徐州之间往返跑了近十次。只要一有问题,他们便从上海赶到徐州,所投入的时间、精力和费用都是非常大的。最后核算下来,他们发现自己其实是亏本的,盈利连付车费都不够。但是,李斌非常重视这次合作。因为这个店先开起来,可以积累许多共享的经验,以后有助于合作双方一起把规模做大,从而降低成本,也有助于将来和总供应商谈判时有更多的话语权。

第 4 章 一个创业者的成长之路

　　虽然许多新想法在创业的过程中不断涌现,但有一点李斌非常明确:不做生产型公司。当时有人建议他们开个面包厂或者香肠厂。但是,李斌非常确定,自己不会涉足这些经营环节。李斌的发展构想主要集中于品牌的运作,而这一想法很大程度上来自创业前曾就职的公司对他的影响。大学毕业后,他和伙伴一同进了一家韩国公司,刚开始便在松江佘山接受了两个月的封闭式培训,加上一年的工作经验,深深地加强了他们的品牌意识。李斌是从农村走出来的孩子,直到大学毕业都还没有品牌的意识。在韩国公司,他意识到很多公司的运营操作都差不多,但是品牌影响力的不同会对整个销售量和顾客的接受度、忠诚度产生不同影响。例如,韩国品牌的一件衣服从同一个代工厂出来,却可能比国内的其他牌子贵很多,这就是品牌带来的议价能力。品牌接受度和忠诚度也非常重要。例如,你要吃汉堡,会想到肯德基;你要吃比萨饼,会想到必胜客。那么,你要吃热狗,能不能想到我们的品牌——好歌?李斌通过实践,非常透彻地理解了这一点。当时,李斌在韩国公司担任品牌销售,负责在上海的五个品牌。韩国公司在国内没有任何工厂,从不生产,只有一支营销团队,把国内生产的东西经品牌操作销售出去。

　　提起品牌,李斌希望把自己高质量产品的品牌推广出去。一开始可能是产品带动品牌,消费者想吃热狗,就能想到"好歌";以后会是品牌带动产品,消费者看到"好歌"品牌,就想吃热狗。在韩国公司的一年,让李斌的能力得到了较大的提高。他一直记得培训的时候,韩国公司有句名言:"You can do!"(你无所不能!)比如,公司这个月的目标是多少万元,你必须想方设法达到。这样,能力自然能得到提高。他开始注意一些细节,比如出样、库存调整、员工培训,这些事情慢慢用心去做,销售量真的就提高了。包括细化到每个顾客,从顾客进店到买好衣服离开,会分成十个步骤,每个步骤都要细化,要求非常严格。创业以后,李斌按照在韩国公司学到的这十个步骤,也开始对自己店里的服务员进行培训。在他看来,许多服务方式和经营理念都是相通的,在韩国公司学到的很多东西现在都有用武之地。当然,也可以适当地差别化处理。比如,可以说"欢迎光临",也可以说"上午好"或

"下午好"。在很多讲究细节的地方,当年系统化的培训让李斌感受到作用还是很大的。他在韩国公司的时候也参与过商场谈判,这使他后来在和供应商、合作方谈判的时候底气足了许多,包括之前说服杂货店老板的经历。回想起来,当年在韩国公司的工作经验在创业过程中对他还是起到了很大的帮助作用。因此,李斌不忘记建议:大学生最好不要急于创业,先工作一年,看看人家怎么赚钱,了解利润的来源,也许比什么都不知道就去创业更稳妥些。

现在,他们的公司规模逐渐大起来了,和其他各方合作就比较有底气了。比如,他们各地的店铺都在和当地的团购网合作,这个想法来自于广东佛山的一家加盟店。那时,负责这家加盟店的是一个当地的媒体策划总监,他和当地的团购网合作,销量非常不错。这种方法可以让三方得利,顾客可以享受打折价,网站可以收取一定的佣金,而"好歌"热狗可以快速卖出库存、推广新品。李斌看到其中的好处后,便开始在全国各加盟店推广。包括当时在南京师范大学和上海理工大学附近各开了一家直营店,开始推广和当地团购网合作。

这件事也让李斌认识到,每多一个店,可能都会带来新鲜的经验,这些经验汇集到总部后,再统一向其他店进行推广。这样,后来加盟的店就会有很多好的经验予以借鉴和运用。比如,水电和员工管理等各方面的问题,后来开店就会容易很多,成本和效率都会在短时间内得到提升和改善。

五、未来愿景:做创业超市

从最初的市场调研和筛选创业项目,到小店开张,直到加盟合作创业模式的形成,李斌经历了种种创业前没有预料到的问题。他开始创业时,选项目就非常迷茫,需要分辨哪些是商机、哪些是陷阱;接着是资金问题,辞职前的月薪约四千多元,工作一年下来也没有太多积蓄用于创业,只能从外部筹集资金;后来发展加盟商,又面临各种长期发展和短期利益的问题。面对这些创业过程中的问题,李斌也曾试图寻求外部帮助,但很多时候无功而返。

例如,他曾通过YBC①的论坛发帖,寻求导师和帮助,但一年下来没有得到任何回复和结果。

在创业过程中,李斌也有许多意外收获,给他的创业带来了重要影响。例如,在YBC论坛发帖之后,虽然没有获得直接的有益帮助,但有很多想要创业的大学生联系他们,与他们交流创业的问题。在交流过程中,李斌发现很多大学生的创业意向很强,但是一部分人很难走出这一步,将之付诸实践,因为缺乏足够的资源支撑他们创业。这让李斌突然产生了一个大胆的想法:能否打造一个创业超市呢?像超市一样,设很多创业项目,让有创业意向的大学生选择。同时,创业的经验让他看到,创业公司的规模上去后,会带来成本、品牌和效率等各种优势。

于是,一个新的创业愿景开始在李斌的脑海中浮现并逐渐清晰:打造一个大学生创业超市。"好歌"热狗就是第一个实验品牌,通过该品牌的打造,锻炼团队运作能力,等该品牌运营成熟之后,便可陆续推出其他创业产品品牌。这样,就可以通过不同的品牌的运营,帮助更多想创业的大学生。李斌觉得这一想法是可行的,因为他发现现在有些大学生毕业以后想创业,但是由于经验和各种资源的限制而无法实现自己的创业梦想。作为一个创业过来人,李斌深知创业的不易,因此强烈地想帮助这些有创业潜质的大学生。例如,可以向毕业三年内的大学生推出扶持政策,不仅给予其经济上的优惠,同时在创业运营上进行专业的培训和一条龙的支撑服务,帮助他们走上创业之路。如今,已有近十位大学毕业生通过他们的帮助,走上了创业之路。

---

① 中国青年创业国际计划,英文名称是"Youth Business China",简称"YBC"。

第5章

创业网络能力:访谈研究

一、理论基础与研究问题

国内外学者对网络能力的研究存在不同的观点,其中有两种观点较为典型:

第一种是以 Moller 和 Halinen(1999)为代表的四维度理论框架为基础进行发展。如表 5-1 所示,他们主要将网络能力分为网络愿景能力、网络管理能力、组合管理能力和关系管理能力四个维度。此种维度划分思路在国内的研究中得到了较高的认可,国内许多研究文献提出的网络能力维度都

表 5-1 企业网络能力的四维结构

网络能力	定义	任务
网络愿景能力	对网络整体发展演化的识别、判断与预测能力	塑造网络愿景和目标,辨别网络价值和机会,以及预测网络演化趋势
网络管理能力	对整体网络进行控制与协调,通过执行各种网络任务以获取网络优势的能力	引导网络变革,获取网络中的优势地位,以及提高网络管理效率
组合管理能力	对网络成员如供应商、竞争者、顾客、合作伙伴、科研机构等关系组合的管理能力	对联结数量、联结内容、联结强度等关系组合进行优化,对关系组合内部资源进行配置,对关系资源和能力进行整合
关系管理能力	处理与单个组织之间二元关系的能力	寻找最优对象,建立有效联结,进行资源和信息的交换与获取

资料来源:Moller & Halinen, 1999.

予以借鉴和参考(如徐金发等,2001;刑小强,仝允桓,2006;马鸿佳等,2010;任胜钢等,2011)。此类维度模式覆盖的能力内涵较宽,基本上从认知到行为、从组织到个体、从整体网络到二元关系,都对网络能力能够覆盖到的内涵予以涵盖。但是,考虑到新创企业正处于企业的起步阶段,且对其所处网络环境可能还没有像成熟企业那样具有一个比较清晰的认识,其网络行为相对于成熟企业更具探索性和开拓型特征。从网络能力形成发展阶段的规律来看,新创企业也较难在初期具备这么全的能力维度。

第二种是以 Ritter 等人为代表的二维度网络能力理论框架为基础进行发展。Ritter(2002,2003)将网络能力分为"任务执行"和"资格条件"两个维度。其中,资格条件从个人角度来说是指某个人做某项工作的特征,而在网络管理中则是指使得个体能够发展、维持和利用关系的特征。任务执行是指为达到目标而实施的一系列活动。通过任务执行,个体可以展示他们的资格。同时,任务执行提升了网络管理的资格。资格条件又是执行各种网络管理任务的根本。此种思路也得到了较多研究文献的认可,许多研究文献或多或少都会予以借鉴。同样,该模型较为适合成熟的大企业。这一点可以从 Ritter(2002)进一步开发的网络能力测量量表看出,该量表的完整版总共包括上百个测量条目。至于这些成熟网络能力的子维度和内涵是否适合创业企业,还有待于进一步深入分析和归纳。

为此,本研究的目的是在已有网络能力维度框架的基础上,通过对创业企业的研究,分析哪些能力维度是创业网络能力的重要构成维度。本研究将采取质性访谈研究设计,通过访谈归纳、提炼各维度和内涵,以作为进一步实证分析的基础。

二、访谈研究方法与设计

我们主要运用行为事件访谈法进行创业企业网络能力研究,以面对面深度访谈的方式进行。行为事件访谈法是一种开放式的、行为回顾性的探索方法,是数据收集的有效技术。特别是在对胜任力等的研究中,这是一种重要的研究工具。考虑到事件访谈法已在不同类型的胜任力模型研究中被证明是一种成熟的研究方法,因此本研究亦采取此方法。

(一) 访谈前的准备工作

访谈是在对本研究所涉及的创业企业网络能力已有文献进行充分研究的基础上进行的。这样,一方面,保证了在访谈过程中不会忽略重要的网络能力维度;另一方面,当受访者偏离主题时,能及时有效地将其引导回本研究的方向。

在访谈前,我们设计并不断调整访谈提纲(见章后附录)。对每次访谈的内容,我们都按照统一的模块记录在访谈记录表中。每次访谈都是在访谈提纲的指导思路下,根据受访者的具体情况和访谈的实际要求进行适当调整。在实际的访谈中,我们会在访谈结束后,征询受访者对访谈提纲的意见和建议。经过这样的操作,访谈提纲的问题得到了不断调整和完善。

每次访谈的时间基本都在120—180分钟。在访谈时,我方会有两人,一人专门负责提问,而另一人则主要负责做笔录。但是,长时间的访谈如果只有笔录,难免会有信息的遗漏。因此,本研究所有的访谈都在经过访谈对象的同意后进行了录音,事后结合录音内容,对访谈记录进行完善,然后及时对当天的访谈进行访谈小结。

(二) 访谈样本的选择

访谈样本的选择需要满足三个条件:(1) 该公司是创业型企业;(2) 该公司已经营实际产品或业务;(3) 受访者是创业企业的创业者等关键人物。

已有文献在探讨网络能力时很多并没有限制企业的类型,样本的选择涵盖了很多类型的企业,而主要又以成熟企业为主。但是,专门聚焦于创业企业,考察网络能力的研究还比较少。本研究的创新点就在于,研究对象不是成熟企业的网络能力,也不是某个行业企业如高科技企业的网络能力,而是以创业企业为出发点,研究其网络能力。因此,我们将访谈的企业首先限定为创业企业,即企业创建期在八年以内。

第 5 章　创业网络能力:访谈研究

接受访谈的人员必须是创业企业的创业者、总经理或副总经理等。部门经理不是我们访谈的对象,因为他们只对公司某一块业务比较熟悉。网络能力首先属于公司战略层面,需要对公司整体具有很好的把握,因此我们的访谈对象是对其公司所有部门、业务及发展均熟悉的人物。

(三) 访谈方法

在访谈的过程中,受访者需要对他们在创业企业发展过程中涉及网络能力的 3—6 件关键事件进行详细的描述,这是访谈的核心主线。同时,本研究采取 STAR 访谈技术,即主要从情境(situation)、任务(task)、行动(action)、结果(result)四个方面对受访者所提到的关键事件进行引导和追问,以较全面地收集第一手的网络能力资料。

(四) 访谈提纲设计

从问卷的结构来看,访谈可分为无结构访谈、半结构访谈和结构访谈。本研究采取的是半结构访谈,主要是指要求受访者根据自己的实际情况自由地回答预定的问题,或者是用讨论的方式回答。这样,既能让访谈者"有章可循",使访谈得以顺利进行,又能在受访者有新想法出现时,及时捕捉和吸收。因此,在访谈前,以所有受访者为对象,我们设计了一套统一的创业企业网络能力访谈提纲,总共包括以下五个方面的内容:

(1) "热身"。这一步骤的目的是,介绍访谈者,说明本次访谈是与其企业网络能力相关的内容。首先,访谈者以轻松的口吻作自我介绍,并向被访者说明访谈的目的与访谈程序,努力创造出一种融洽和谐的谈话氛围。有时我们需要对访谈的目的和保密等方面作一些补充和解释,从而消除被访者的疑虑,避免使其产生紧张情绪。

(2) 让受访者先简要介绍其公司的整体创业经历。这一过程能让我们了解该创业企业所从事的主营业务、企业发展至今的成长经历以及创业者认为其网络能力发挥作用的地方。这一步骤的作用是,让我们了解该企业的基本信息,从被访者提供的初步材料中捕捉到需要在下一步开展行为事件调查的突破口。

（3）让受访者详细描述 3—6 件涉及其创业企业网络能力的关键事件。访谈中,我们会尽量让受访者所描述的过去的情境越详细越好,这也是此项访谈最主要的内容。我们采用 STAR 方法,让受访者主要回答以下问题:当时具有怎样的关系?什么样的因素导致了这样的关系?你面临一个怎样的关系网络?你是怎样通过网络能力建立起这项关系的?你是怎么处理这项关系的?这种网络能力让你的企业得到了什么?

（4）创业企业网络能力描述及其影响因素访谈。在描述完具体事件后,或者在特殊情况下,我们也会让受访者结合自己的经验总结一下创业企业所需要的网络能力,然后谈谈应该如何培养这些网络能力。

（5）让受访者对其创业企业现在所具备的网络能力作自我评价,包括:对创业者自身的网络能力是否满意,主要在哪些方面满意,在哪些方面还不足,以及在未来有没有具体的网络能力发展计划等。

（五）访谈样本情况

本研究对 12 家创业企业共 12 位创业者或企业的最高领导者进行了访谈。访谈从 2012 年 3 月 1 日开始进行,多数受访者是与之前的受访者有着关系网络,应邀加入到我们的访谈之中的。访谈企业的样本情况如下表所示:

表 5-2　访谈企业的样本情况

企业名称	所属行业	企业规模	发展阶段	访谈对象
上海某软件有限公司	计算机	1—10 人	初创期	创办者
上海某文化传播有限公司	服务	11—50 人	初创期	创办者
上海某广告有限公司	多媒体	51—100 人	成长期	CEO
某电梯(上海)有限公司	制造	101—500 人	成长期	副总经理
上海某燃气科技有限公司	制造	11—50 人	成长期	创办者
某机械设备有限公司	服务	11—50 人	成长期	创办者

（续表）

企业名称	所属行业	企业规模	发展阶段	访谈对象
江西某木业公司	制造	50—100 人	成长期	创办者
某广告设计有限公司	服务	11—50 人	初创期	创办者
某信息技术有限公司	信息网络	11—50 人	初创期	创办者
某人才顾问有限公司	服务	11—50 人	初创期	创办者
某管理咨询有限公司	服务	1—10 人	初创期	总经理
某婚庆策划有限公司	服务	1—10 人	初创期	创办者

（六）访谈资料分析

本研究采取定量内容分析法，对访谈得到的文本资料进行分析。定量内容分析法是指对提及频率最高的词语和词组等进行统计，用数字或表格的形式对内容分析的结果进行量化描述的方法。

首先，进行分类标准的确定：根据以往研究和访谈材料，确定分类标准，对各类别进行定义。然后，由两位研究人员分别独立对所有文本进行编码，对得出的编码的整体一致性进行计算。对不一致的编码，两位研究者进行讨论，并作统一调整，从而获得行为编码。最后，根据分类标准，将行为编码进行归类，得出各类别的网络能力出现的频数，从而建立创业企业网络能力模型。

三、创业企业网络能力构建

通过对访谈资料的分析，本研究发现，创业企业在网络规划、关系管理、结构洞管理和胜任资质四个方面有所表现（如图 5-1 所示），且每个维度都有相应的行为资料予以支持。以下对这些维度的特定内涵进行阐述。

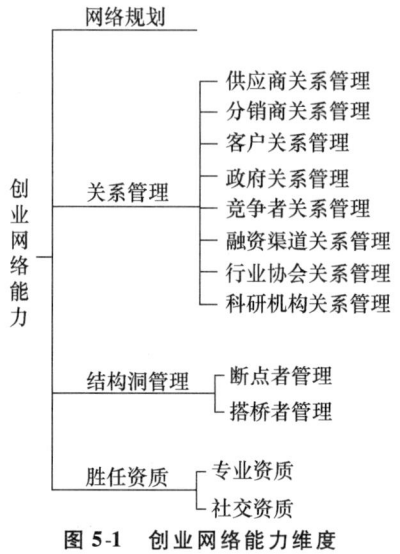

图 5-1 创业网络能力维度

（一）网络规划能力

首先，网络规划能力是指创业企业对其外部关系具备网络意识，能从整体上把握、协调各项关系网络，发现潜在网络信息及资源，以此促进新创企业成长的能力。在访谈中，我们发现，虽然不是全部受访者都表现出网络规划能力，但其中一些受访者还是或多或少具备一定的网络规划能力。例如，所有的受访者均认可关系网络在其企业发展中具有重要作用。然而，我们也发现，相比高科技创业企业，传统制造型创业企业的网络规划能力更强，而服务型创业企业的网络规划能力最强。例如，某家 CRM 软件制作企业发展至今，已处于一个瓶颈阶段。但是，由于这类企业的创业者一般是技术出身，因此关注更多的仍是技术问题，认为突破瓶颈的方法还是寻求技术的创新。对于网络能力的开拓，他们在接受我们的访谈之前并没有给予太多的关注。在访谈的讨论过程中，他们也同意网络能力对企业的发展很重要，但是对未来如何规划还没有什么头绪，认为解决问题的落脚点还是加强技术的升级。传统制造型创业企业在网络规划能力方面给人的感觉则是相当稳重，这类企业由于所提供的产品相对来说已经比较成熟，市场认可度也较高,因此其关系网络更多地是在原有关系的基础上稳扎稳打,不断扩大。这类企业的创业者给人的感觉也是比较成熟,有的甚至给人保守的感觉,但绝对都是可靠的形象。他们会先确定当期收益,再去规划未来。例如,有一家电梯制造企业意识到其主推市场需要逐渐改变,其关系网络前几年基本上是在一线城市,现在已经逐步拓展到二线、三线甚至四线城市,未来的热点可能会从沿海地区转到中西部地区,比如新疆、宁夏、陕西。但是,这种转变不会削弱原来的关系网络,因为这是新关系建立的基础。服务型创业企业的网络规划能力最为积极和强势。由于没有核心产品,其销售的内容就是其所提供的服务,市场也需要一个过程去认可这样一个创业企业,因此该类企业的网络规划能力更为强势。它们会有清晰的目标,包括与哪个行动主体、在什么时候、通过什么途径建立网络联结,以及挖掘什么网络信息和资源。例如,一家接受我们访谈的婚庆公司会定期举办一些主题活动,把有同一个想法和主题的人聚在一个圈子里,相互沟通交流。这些人为这家婚庆公司的发展提供了很多点子,甚至介绍客户。

其次,网络规划能力体现了企业对网络发展阶段的认识。例如,一家受访的制造型创业企业者认为,企业处于不同的阶段,要维护和拓展的关系可能也是不一样的。例如,在产品开发阶段,企业会去和供应商、生产商打交道;在产品相对稳定后,企业可能更多地是去和客户、市场打交道。在不同的阶段,企业运营的侧重点会有所变化。

(二) 关系管理能力

如果说网络规划能力考察的是宏观的、对整体网络把握的能力,那么关系管理能力则是对规划能力的进一步具体和落地。分主体管理能力是指创业企业针对不同的关系网络主体类型,进行的网络联结的建立、维护及利用能力。根据前文综述中对主体的研究,可知此能力相应地分为供应商、分销商、客户、政府、融资渠道、行业协会、科研机构、竞争者八个主体管理能力。

1. 客户关系管理能力

创业企业由于"新"和"小"的特点,在发展过程中遇到的最大问题往往是得不到市场的认可,愿意购买其产品和服务的客户很少。创业企业不像成熟企业那样,有比较固定的老客户,老客户又会不断地带来新客户。创业企业需要通过市场开拓吸引、开发、留住客户。激烈的竞争和新生的劣势使得市场开拓步履维艰,每一次的成功都是革命性的,每一个新客户的获取都是非常有意义的,只有用心呵护取得的客户成果,才能尽快地向成熟企业转变,客户资源也才能从简单的算术级增长发展成几何级增长。在访谈中,我们发现,受访者均认为外部关系网络能促使企业更好地了解市场,了解客户需求方面的信息,从而以客户为导向,调整自己的生产和服务。

虽然企业在创业期没有什么老客户,但是根据嵌入式理论,企业中的人,尤其是创业者,有着其个人的社会关系网络。在访谈中,我们发现,绝大多数创业企业刚开始的客户都是运用创业者自身的网络能力发展起来的,有的是亲戚成为其第一个客户,有的是朋友、同学成为其第一个客户。运用创业者自身的关系网络建立客户关系,这是创业企业客户关系管理能力的一个显著特征。例如,在访谈一家燃气公司时,其创业者说道:"做燃气对人脉关系的依赖度更高,因为销售直接面对终端客户——燃气公司,怎么让燃气公司认可你,买你的东西,对于一个初创的企业或者是没有知名度、没有成功案例的企业来讲,其实是非常难的。但是,如果有关系,他会给你提供平台,让你去试。我们之所以能够拥有东北的一些燃气公司客户,正是由于我们的一个股东有这些人脉关系。这种关系属于从小认识的非常好的哥们儿关系,是原始积累的关系,因此有非常深的信任感。正是通过这种关系,我们打开了销路。"

客户关系管理能力的另一个重要体现是对建立起的客户联结的维护能力。成功的企业都明白,市场开拓固然重要,但是维护好老客户更重要。很多企业在作年度总结时,会对销售人员提出要求:明年要开拓新市场,但更关键的是要做大做好老客户。维护客户的方式有很多,如电话问候、上门拜访、一起出去旅游、一起吃个饭等。受访者普遍认为,即使你没什么事情,也应该积极地和客户保持联结,这样取得的效果更好。我们认为,这可能是因为当你不以一个卖方的形象去和客户维系联结时,客户会放下警戒,而你也更容易建立起你们之间的信任感。当形成友谊后,彼此之间做生意也就变得水到渠成了。

2. 供应商关系管理能力

该网络能力取决于企业所需的原材料的市场属性,即企业所在的原材料市场属于卖方垄断还是买方垄断。如果原材料有多家供应商可供选择,那么供应商关系管理就呈开放式的。当这家供应商不符合要求时,可以转换成其他供应商,转换成本比较低。企业受到供应商制约的程度不高。创业企业对这类供应商关系的管理一般是比较松散的。但是,如果所在的是卖方垄断市场,比如创业企业拿到了 Intel 在中国的总代理权,那么这个供应商关系就非常重要。与这类供应商的关系维护可能就不仅仅要依靠商务上的往来,创业企业还要进行其他关系网络的嵌入。这种关系的优势是你获得了独家使用权,劣势是你同时也受到供应商的严重制约。比如,一家受访的 IT 创业企业的创业者在谈到这个现象时,认为这就像黄瓜一根藤需要攀着竹子才能不断往上爬,不断壮大,当竹子被抽掉时,黄瓜也就倒了。但是,谁又能保证那根竹子永远在那里呢?谁又能保证当你足够大时,有第二根、第三根竹子在等着你呢?所以,如果你只是干等,那么到那个时候,你已经失去自我成长能力了。因此,针对这种情况,优秀的企业一方面会用心去维护这种联结,使联结的基础,如信任感、友情等不断牢固;另一方面又会时刻问自己:如果他不跟我合作了,怎么办?这对我是不是致命的?如果这个关系靠不上,两个月、三个月、六个月,对我来说是不是致命的?这一点必须要想清楚。与供应商的关系是建立在相互信任的基础上的,这个过程是长期的。

3. 分销商关系管理能力

分销的本质是促进销售。对分销商关系的管理其实是在放权和制约间找到一种平衡。比如,一家创业企业的分销商关系管理模式是:公司这边会给出一个出厂价格,分销商的销售价格则由分销商自己去定。如果出厂价是 10 万元,而分销商有能力卖到 15 万元,那么公司会在扣税后将多出来的 5 万元全部转给代理商。这样,代理商也有代理的积极性。但是,有的代理商在后续阶段需要公司做的比较多。这时,公司会根据实际情况把对代理商的出厂价稍微调高一些,以达到一定的约束作用。分销商关系利用能力主要体现在两方面:第一,本土化。当创业企业把产品销到外地时,会面临一定的区域壁垒。至少在发展客户时,语言首先是一个障碍。如果使用当地的分销商,可以利用其在当地积累的关系网络去发展商业活动。有的分销商本身就是客户。第二,品牌提升。创业企业的品牌效应还没建立,如果能寻找到一些已经在市场上驰骋多年、经验丰富、口碑卓越的企业作为分销商,则会带动自己品牌价值的显著提升。在访谈过程中,我们就遇到这么一家生产CRM软件的创业企业,之前与其有业务往来的一直是一些小客户,后来在网上联系到一家做呼叫中心系统的企业。该企业口碑很好,销售网络也很强大,其系统里没有CRM。因此,两家企业决定合作,将CRM系统嵌入呼叫系统。这样,呼叫系统企业成为CRM企业的代理商,代理商通过其运作,做成了贝因美奶粉、三菱空调等大单。当这家CRM创业企业再出去销售时,底气也足了,在介绍客户时,就能介绍这些大客户,从而使企业品牌价值得到了提升。

4. 政府关系管理能力

我们通过访谈发现,相对于其他几个主体能力,创业企业的政府关系管理能力还比较弱,或者说给人一种力不从心的感觉。对于这一现象,我们进行了深入研究,发现其实根本原因还是在于创业企业的"新"和"小"的特点,其业务还没有在市场上产生足够的影响。这个阶段,如果企业想获得拥有政府背景的客户,其实力还显得比较单薄。由于政府客户在市场上被认为是一块"肥肉",而很多政府项目如今采取的是公开招标方式,因此在与成熟企业的竞争中,由于资源、人脉、知名度等都处于劣势地位,创业企业通常只是走一个过场,最终仍以失败告终。

通过政府关系,可以及时了解到国家关于企业所在行业最新的方针政策。因此,与政府处理好关系,至少信息会获取得比较及时。前文综述中也提到,网络能力的一大作用就是及时获取潜在的网络信息,从而抓住机会,促使企业成长。同时,我们也看到,有一些创业企业会积极和国家扶持创业的政府部门打交道,从而获得税收减免以及扶持资金。另一些企业则对政府扶持不太感兴趣,认为如果每次写一叠东西就能从政府拿100万元,这样公司上下从老板到员工都要时时跟踪关注发改委和科委等政府机构的网站,看政府扶持什么就去做什么。但是,政府不等于客户,政府不一定知道消费者要的是什么。所以,以政府为导向做不大,最后只能变成政府的"附庸",每年能做的也就是从政府那儿拿个几百万上千万元的资助。最后,企业反倒没有了市场竞争力,无法真正满足消费者。结合这两种观点,我们认为,好的政府关系管理能力应该是与政府处理好关系的建立和维护,同时也要保持一定的距离。政府部门体系庞杂,有时你不一定知道跟谁维系良好关系,所以还是要保持企业自身的独立性。企业要想做大、做强、做长远,必须以最终客户为导向,而不是以政府为导向。

5. 行业协会关系管理能力

行业协会关系管理能力也是一项重要的网络能力,该能力可以给企业带来行业信息,使企业获得客户资源,寻得合作伙伴,从而促进创业企业的成长。具有良好网络能力的创业企业通常与行业协会具有密切联系,积极地参加一些好的行业协会,从它们举办的活动中获取网络信息,也可以积极地在活动中发表演讲,从而获得行业内的知名度。

在访谈中,有一家创业企业丰富的行业协会关系管理能力令我们印象深刻。该企业的创业者最初是通过朋友介绍,加入了一个民建的企业家协会组织。这个协会有一定的入会要求,比如企业的年税收、企业家的社会地位等。由于在入会时就对会员进行了严格的审查和筛选,这个圈子的关系网络也比较稳定,内部的生意往来有比较强的信任基础,因此进行得比较顺畅。协会会定期开展一些活动,通过参加这些活动,加上朋友帮忙引荐,该企业在协会内获得了一定的知名度,也认识了很多新的企业朋友,后来还与有的企业朋友进行了生意合作。

6. 融资渠道关系管理能力

研究表明,绝大多数失败的创业企业不是因为技术,也不是因为产品出现问题,而是因为现金流的中断导致企业倒闭。资金在创业企业的成长过程中占据着极其重要的地位。然而,创业企业内部资金紧缺,于是只能进行外部融资。常见的融资渠道有亲戚朋友、银行、私募基金等。创业企业首先可能从亲戚朋友那儿寻得融资,如果将此看作内源性融资的衍生,那么根据融资次序理论,企业会先"内源性融资"后"外源性融资"。原因有两个:一是内源性融资成本相对最低。因为相互间存在信任感,资金的借入流程会走得比较顺畅,甚至有的亲戚朋友出于资助目的,不求利息回报。二是当产生利润时,可以首先给自己人消化。然而,内源性资金是个存量,随着创业企业新项目的不断上马,总有用尽的一天。这时,企业只能寻求银行甚至基金的帮助。银行是常用的企业融资渠道,但是对于创业企业来说,似乎门槛还比较高。由于政策原因,银行在放贷时一般要求企业做资产抵押,而创业企业正处于创立初期,没有太多资产可以抵押,达不到要求,通不过资信评估,所以在实际操作中较难获得银行的贷款。好在银行的政策松紧又是常变的,因此如果企业与银行中的人员建立了关系网络,当有利好消息时,就能及时获悉和利用。通过访谈,我们也发现,从 VC、PE 等投资机构获得融资是当下流行的一种模式。然而,对这层关系网络的管理显示出企业更高的能力需求。首先,投资机构之所以对某家创业企业感兴趣,通常是因为该企业或其创业者曾经在某种意义上成功过。由于投资人对商业模式、技术等不一定非常了解,因此其在投资时主要是看创业者的能力。这时,创业企业的网络能力几乎就是创业者的网络能力。创业者可以通过远景的描绘、个人魅力感染、打动投资方。有一家受访企业曾经获得过美国光速创投的 A 轮和 B 轮投资,其给出的建议是:关键要让投资方对你产生信任,让他感受到你从内心是相信这件事情的,并且也是全身心去做这件事情的。有时候,投资人会问你这么一个问题:如果得不到这笔投资,你会怎么办? 有的人会说:我什么时候拿到投资,什么时候就开始干。投资人会认为你自己都没有信心。你的信心是建立在别人给你钱的基础上的,不是建立在你对这件事情的信念上的,这样自然得不到投资人的青睐。因此,投资机构的融资能力更多地是建立在创业者的胜任资质上的。

7. 竞争者关系管理能力

从经济理论上讲,如果企业处于寡头垄断市场,则竞争者之间会倾向于建立卡特尔联合,以获取更多的利润。如果企业处于完全竞争市场,则单个企业产量不影响价格变化,竞争者之间视为相互独立。然而,在实际访谈中,我们发现,这并不像教科书中讲述的那么简单,即使是几乎完全竞争的市场,竞争企业间也会有网络接触。例如,受访的 CRM 创业企业的创业者就谈到也会和上海市其他区做 CRM 的同行接触,大家会约出来聊聊,或者 MSN 上看到后也会聊一下,问一下最近怎么样、怎么看最近的行业趋势、业绩会不会受到经济或是技术的影响等。对于竞争者网络,主要是试图挖掘出对方当前的实力,有没有什么新的动向,从而做到知己知彼。但是,正是由于竞争者之间的网络联结基本上都是抱着这个目的形成的,因此通过网络得到的信息很容易失真。一般来说,竞争对手不会说得太真,但是你可以通过自己的观察和推断考量。所以,只要问了,多少能获取一些信息。

8. 科研机构关系管理

企业只有具备了核心竞争力,才能在激烈的商业竞争环境中生存下来并不断成长。创业企业很多都是技术型创业,单凭企业内部的技术创新和积累远远不够,必须借助外界资源,以促进企业创新。大学和科研机构就是一个非常重要的渠道。因此,对大学和科研机构的管理能力是创业企业网络能力的一个重要方面。在访谈中,我们发现,因为是科研项目,创业企业容易与负责研究的政府部门发生关系,而业绩差的企业要将精力从科研项目本身转向与政府关系的维护上。这样,每年项目是拿到了,但是眼睛里也只有项目,没有产品了。每年几百万元的项目使公司能够存活,但是也因此做不大。我们通过对创业企业的访谈发现,业绩好的创业企业在处理与高校和科研机构的关系时会独立而辩证地对待。有些创业企业会与高校的相关学院成立一个联合实验室,虽然高校的研究往往偏向基础性研究,离产品开发比较远,但是可以借此作一些前瞻性的基础性研究。比较关键的是,在给课题的时候,创业企业会非常重视这个课题是否定义清楚,是否是高校和科研机构擅长做的事情。对高校和科研机构的关系管理能力还体现在人才引进上,把优秀的人才吸纳到企业内部,成为竞争的核心优势,是网络能力的一个重要作用。有家绩效不错、利用高校资源出色的IT创业企业会在高校研一、研二的学生中锁定人才,让他们进入公司的项目。他们一开始对业务会比较陌生,需要公司安排人员对他们进行培训。但是,通过这种实习机会,他们能很快掌握工作能力,认可公司的文化。这样,他们一毕业就可以进入公司,立马开展相关业务。

(三) 结构洞关系管理

根据Burt(1992)的观点,结构洞是指存在于两个或两方行动者之间的、可由第三行动者实施跨越的空隙。结构洞首先是一种空隙,是两个行动主体A和B之间不存在任何关系联结、不存在任何交集的一种真空状态。现在,第三者C进入,打破了这种存在模式。C既与A有联结,又与B有联结,可以把A介绍给B,从而成为A和B之间的桥梁。我们把这种跨越原有结构洞的行动主体称为"搭桥者",而把本来不存在任何联系的两个断开的、因为"搭桥者"而建立起联结关系的行动主体称为"断点者"。断点者之间的搭桥对于断点者,更对于搭桥者,是一种可以实现帕累托改进的方式。行动主体可以是创业企业,这就使得对其进行研究变得特别有意义。在案例访谈的过程中,我们发现,不是访谈人员而是受访的创业企业首先提出"结构洞"这个理念,用的可能不是专业术语,表达的观点却是基本相同的,即普遍认为在结构洞中搭桥可以提升业绩。

既然结构洞作为关系网络的一种形式,其主体分搭桥者和断点者,那么创业企业在进行网络管理的时候,根据其在具体网络联结中所扮演的角色不同,就会分为断点者管理和搭桥者管理。

1. 断点者管理能力

创业企业由于刚成立不久,各种关系资源都比较匮乏,甚至对有些事情需要获得什么关系都还没摸清楚。在这种情况下,即使企业的产品很优秀,技术也过关,业绩就是上不去。遇到这种情况,企业通常会以三种态度解决问题,我们对其按照网络能力由弱到强的顺序进行分类。

首先,网络能力最弱的企业不会过多地考虑外界的因素,认为"酒香不怕巷子深",只要产品好,销路自然来。因此,现在企业业绩上不去,原因还是产品技术不到位,于是把下一步的攻关重点继续放在自身技术的研发提高上。但是,这类企业渐渐发现力不从心,技术比不上其他与科研机构建立合作研发关系的企业,生产比不上有着优秀供应商关系和生产外包关系的企业,产品比不上分销商关系网络强大、在地方上有着广泛认可度的企业。如此,企业业绩仍不见长。

第二种是意识到企业不是孤岛,业绩的提升有赖于与客户、供应商等各行动主体建立良好关系。这类企业会积极地与供应商、客户等网络主体建立关系,虽然一开始彼此之间存在着结构洞,但通过自身努力,比如电话、登门拜访、展会自荐等方式,可以打破本来的网络真空状态,从而建立起联结,业绩也会有所见长。采取这种方式的创业企业比第一种企业拥有更全局的网络视角,并且意识到自己是网络中的一员,自身的业绩有赖于其他"齿轮"的联动。其缺点是难度比较大,这种关系开拓靠的是自身的力量,往往一开始就会吃闭门羹,而且即使建立了联结,关系也较难深入,效果的好坏与创业企业自身的社交能力关系很大。

第三种是不但能从网络角度出发,而且能借助外部中间力量的创业企业,其业绩往往成长最快。深入研究这类企业可以发现,它们虽然一开始与目标主体之间没有任何联结,但是会寻找到拥有一定声望的中间人,通过中间人引荐,从而建立起与目标主体的联系。例如,一家受访的电梯制造企业,其创业者与上海某区民建党主任是关系颇好的朋友,在这位朋友的引荐下,进入了民建党的圈子,圈内成员基本上都是国内有实力的企业家,或是国有企业里的二把手、三把手等。在朋友的介绍下,他认识了很多原先毫无关系的企业老总,现在有的成为他的客户,有的成为他的供应商。因为有这些优质的网络资源,其创业公司的业绩连续数年都得到了飞速的增长。

2. 搭桥者管理能力

成功的企业不只关注自身的业绩、自身的成长,还会主动帮助合作伙伴,甚至与竞争对手共同进步。这样,一方面,商业环境越来越好;另一方面,这类企业作为结构洞的搭桥者,能获得更多的收益。一个受访企业主认为:"你在社会上扮演的角色除了处理好本身的业务外,如果能把你的朋友A和朋友B的相关业务实现对接,对于你从他们那边得到项目也是有好处的。"搭桥者从桥梁地位中能得到具有控制权的信息和资源,因此具有企业家精神的精明人会寻找在两个原本不相互联结的小集团之间担当联络员的机会。例如,有家受访企业的创业者在上学时认识了一个英国留学生。几年后,这个英国人已经是一家医药手机应用软件企业的CEO。另外,这个创业者在所属的商会中又有了另外一个朋友,从事的是老年经济业务。他认为把这两个人联系起来是有可能的,于是进行了具体事宜的对接,效果非常好。由于商会朋友的英语不是很好,而外国朋友对中国市场不了解,因此双方都将他作为合作伙伴,共同盈利。再后来,商会朋友又给他介绍了两个新客户。该企业的业绩因为网络搭桥活动而实现了增长。但是,也有研究表明,那些起到桥梁作用的联结,消失的速度相当快。尤其对那些缺乏维系结构洞优势经验的行动者来说,更是如此。有一项研究显示,在第一年起到桥梁作用的联结中,只有10%被认为在第二年还继续起桥梁作用(Burt,2002)。因此,搭桥者管理能力需要创业企业不断寻找新的结构洞,以获得架桥收益。

(四)胜任资质

创业网络能力的第三个维度是创业企业在网络活动中所具备的胜任资质。资质的基本定义是人的天质、气质,包括能力和智力。企业资质是指企业在从事某项经营活动时应具有的资格以及与此资格相适应的质量等级标准。因此,胜任资质与其他网络能力的最大区别在于:资质是一种内在的能力,属于企业的一种禀性。资质的最终表现是网络规划和关系管理能力的强弱。

1. 专业资质

专业资质包括专业技能、技术、经济、法律、知识和经验等,尤其是对外部行为主体的了解和相互合作交流的经验。例如,一家受访企业的创业者自己并不过多地涉及供应商关系,而把这块业务交给其父亲去处理,原因是其父亲在行业内已经摸爬滚打了数十年,有着丰富的技术经验,也积累了良好的供应商关系,对于行业内哪家供应商好、哪家供应商差、声誉如何、产品如何都一清二楚。因此,创业企业如果拥有了这种资质,那么在处理相应的关系网络时,就会变得游刃有余,不至于被别人当成新手而挨宰。这种网络能力的培养,一是靠企业内部员工自身能力的积累,效果比较慢;二是通过外界人才引进。企业的专业资质是很重要的,现在很多公司都宣传自身是专业化的,其实就是具有专业资质。只有具有专业资质,相关网络主体才会认真地对待你,认真地对待该项商业活动。因此,专业资质是企业业绩增长的重要条件之一。

专业资质的一个重要方面是信息搜集能力。这是一种对宏观、对行业以及对网络内信息资源的搜集和利用能力。当企业的市场分布在很多地方时,单单依靠销售员的力量获取业务是非常困难的,需要创业企业本身就具有一种强大的信息搜集能力。例如,一家受访企业的创业者通过其在行业中的地位和信誉,建立了一个行业门户网站,该网站没有广告,可阅读性比较高,因此很多信息会流向该企业。现在,该创业企业有10%的业务量都是从这个网站上得来的。专业资质的另一个重要方面是迅速的学习能力。对从网络中获得的信息和资源,要有迅速的理解和吸收能力。只有这样,网络中的信息和资源才能得到充分及时的利用。例如,有一个受访者能记住其两百多个商场上的朋友的电话号码,会经常翻电话簿,打电话。

2. 社交资质

社交资质是创业企业在网络环境中所表现出的独立、谨慎、可信和有利行为的程度,主要包括:沟通能力、外向性、冲突管理能力、执着、情绪稳定、合作意识等。我们在前文提到,创业企业的网络能力可以通过创业者的网络能力反映。在访谈中,我们也确实发现受访的创业企业的网络主要通过创业者经营。因此,企业的社交资质基本由该企业的创业者的社交资质所决定。通过访谈,我们发现,成功的创业企业的社交资质主要表现在以下三个方面:

第一,诚信和诚心。信任感是网络联结最好的"润滑剂"。因为信任感的存在,创业企业能从其他网络主体那里获得稀缺性的网络信息和资源。因此,创业企业要营造一个诚信企业的形象,创业者也要营造一个诚信坦诚的形象。例如,一家受访企业在行业内享有很高的声誉和知名度,谈到业务的经营时,其创业者认为最重要的是诚信,他说:"我们对承诺看得很重要,答应对方的事情,即使有可能单子会亏掉,我们也会把它做下去。诚信是一种经营,那么多客户愿意来我们这儿,就是觉得和我们打交道让他们放心。"很多优秀的创业企业在最后作自我网络能力的总结时,都会提到类似于"我给别人的信任感强一些"这样的观点。

第二,开放的心态和积极的行动。通过访谈,我们发现,对外态度越积极、越开放,该创业企业的业绩相对就会越好。企业的开放态度与创业者的个性有关,外向型的个性在这一点上似乎更占优势。因为外向型的人会比较喜欢与人交往,而人和人的感情其实都是慢慢培养起来的,网络也是这样慢慢建立起来的。同时,我们发现,相比商业性的交往,通过非商业性的交往更能建立起良好的关系网络。商业拜访中,双方都知道彼此的目的,因此都会把情感限定在公事上,关系的建立就是为了业务。但是,如果在下班后、在坐车时,给你的商业伙伴发个短信慰问一下,平时想起来就打个电话聊一下,没什么业务也寒暄两句,看大家是否有空出来打个球、吃个饭、打个牌、唱个歌什么的,通过这种方式建立关系网络会更快,网络联结的维系也会更加稳定。一位受访的创业者说:"我喜欢热闹,因此休息下来时,个人玩的时候也比较少,基本上都是约了朋友一起玩。我也经常组织亲子活动,约上商场上的朋友,带上各自的孩子,一起去顾村公园骑个自行车,去世纪公园溜一下,或是去杭州玩两天。小孩在一起玩得开心,大人也可以交流。这样,就把生意场上的人变成了朋友,既然大家都是朋友了,还有什么事不好谈呢?我每年都会举办七八次这样的活动。"

第三,有与人分享的意识。在与网络主体发生联结时,无论是供应商、客户、科研机构还是其他主体,都不要试图独吞利益成果。关系网络不是一次性买卖,是长期的活动,只有建立在共赢基础上的关系才能走得更好、更

第5章 创业网络能力:访谈研究

久。因此,有的创业企业会在一开始就做好沟通工作,包括你能做什么事、你是怎么想的、你需要什么帮助、你能给对方什么等,虽然比较直接,但是显得更有诚意,也显示出企业充分考虑到了对方的利益。

四、结　束　语

作为新创企业,哪些网络能力会对其创业成功产生影响?其网络能力维度与现有文献的网络能力框架是否存在差异?本研究对这些问题作了一个初步的了解。总体上,创业网络能力显示了新创企业对外界信息和资源的获取和利用能力。创业企业处于企业初创阶段,这种能力更需要得到提升。本研究通过对十余家创业企业进行深度访谈,在研究成功者经验和失败者教训的基础上,对创业网络能力的几个重要能力维度及其内涵进行了归纳和分析。这不仅让我们对这一理论概念有了更深入的了解,同时也能为以后创业网络能力理论模型的构建提供一个扎实的基础。

同时,本研究的结论也对创业企业的网络能力构建具有一定的指导作用,至少有以下几点值得我们认真思考:

第一,成功的创业需要前瞻性的网络构建。虽然不是所有新创企业都有网络构建能力,但访谈中优秀的创业企业表现出了这方面的潜质。案例访谈表明,具备良好的网络规划能力,可以让创业企业对环境的变化有更好的应对能力。

第二,关系管理能力是创业网络能力的重要组成部分。处于创建成长初期的创业企业,如何有效采取行动与外部组织或个人建立网络关系,以获取创业所需信息和资源,是创业网络能力维度中最为重要的体现。虽然创业企业不是在所有的分主体关系管理上都能表现出良好的能力,但优秀的创业企业总是能在某几个分主体关系管理上表现出其独特的认知和行动能力。

第三,机会资源的获取是创业网络能力的重要内容。结构洞管理体现出新创企业的成长并不像成熟企业那样按部就班,需要具备稳扎稳打的网络管理能力,而是需要更多的"意料之外"和"机缘巧遇"。一定程度上,创业企业需要创造出更多的结构洞,以获取这些能为创业带来转折的网络关系。

第四,创业网络能力随着创业企业一起成长。创业网络能力与创业者或高层管理者的个性和禀赋具有密切联系,并随着创业企业的成长而不断变迁。虽然本研究没有深入关注创业网络能力的演化特征,但从访谈中可以感觉到,创业网络能力存在一定的可塑性。某种程度上,即使创业企业没有主动作出改变,只要外部环境变化了,或者创业企业的内部环境发生了变化,那么创业网络能力的演化往往是必然的结果。

五、附　　录

访 谈 提 纲

(一) 研究背景说明

1．研究课题背景。

2．访谈内容保密说明。

3．访谈的大概程序。

(二) 访谈问题

1．企业和个人背景

(1) 请介绍一下目前企业的总体状况(包括创业发起人、产品类型、员工总数、注册资金、成立时间或经营年限),并简要介绍一下公司经历的成长阶段。

(2) 您的年龄、性别、职务、教育程度、政治面貌?您的工作经历、创业经历?

2．创业网络

(1) 您认为企业构建外部社会关系网络对创业会有什么影响?您个人怎样理解和看待外部社会关系网络(包括资金、技术、客户、情感支持、政策支持等)?

(2) 您在创业过程中得到了哪些外部社会关系网络的支持?您参加了哪些协会、团体或聚会?这对您的创业有何影响?哪些类型的社会关系网络是您认为非常重要的,需要花费一定的时间和精力予以特别维护(例如,客户、政府官员、企事业干部、专家技术人员、高校研究所、银行人员等)?

3. 请列举出五个您认为对创业产生重要影响(帮助最大和支持最多)的个人或组织(从最重要的开始,尽量多列举,只需代号,不用提供真名)

针对以上的个人或组织,从最重要的开始,请回答以下问题:

(1) 请大概介绍一下此人或组织的背景(包括性别、年龄、职业、所处行业、公司状况、教育程度、政治面貌、专业特长等)。

(2) 您是何时(成为现企业主之前或之后)、如何结识该人或组织的(包括引见、自由结识、生意往来、主动结识、亲戚、朋友、同学、战友、师生、同乡、邻居、以往同事等)?

(3) 在何种情况下(当时企业发展的阶段和经营状况),该人或组织为您和企业提供了何种支持和帮助(包括信息、资金、技术、市场、政策、情感等)?这为您和企业带来了何种结果?分析一下,该人或组织是主动提供帮助,还是应您的要求或他人之托?

(4) 您和该人或组织现在是否保持联系?多长时间联系一次?如何保持联系(包括定期互相拜访、单方拜访、打电话、写信、发电子邮件、发短信、聚会等)?你们为何种事件而联系?请客观评价一下您与该人或组织的关系状况(包括信任度、紧密度:高、较高、一般、低)。

(5) 能否分享一个您和该人或组织建立和发展关系的一些精彩故事?

4. 请评价一下公司的外部关系网络

(1) 请评价一下您现在的外部关系网络(包括是否满意,以及有什么优势和劣势)。

(2) 请总结一下您创业以来外部关系网络的发展阶段。

(3) 未来三年内,您是否有拓展外部关系网络的计划?为了企业的发展,您会主动结交哪些朋友或机构?如何结交?

(三) 网络能力

1. 您认为成功发展一个有利于企业发展的外部关系网络,需要具备哪些能力?

2. 请再讲几个成功构建外部社会关系的故事。请细致和深入地描述整个过程(包括当时是一个什么样的背景,以及您个人的想法、行动过程、结果是怎样的)。

主要参考文献

[1] Burt R S. The social structure of competition[J]. Networks and Organizations: Structure, Form, and Action, 1992:57—91.

[2] Möller K K, Halinen A. Business relationships and networks: Managerial challenge of network Era[J]. Industrial Marketing Management, 1999, 28(99):413—427.

[3] Ritter T, Wilkinson I F, Johnston W J. Measuring network competence: Some international evidence[J]. The Journal of Business and Industrial Marketing, 2002, 17(2):119—138.

[4] Ritter T, Gemünden H G. Network competence: Its impact on innovation success and its antecedents[J]. Journal of Business Research, 2003, 56(9):745—755.

[5] 马鸿佳,董保宝,常冠群. 网络能力与创业能力——基于东北地区新创企业的实证研究[J]. 科学学研究,2010,28(7):1008—1014.

[6] 任胜钢,孟宇,王龙伟. 企业网络能力的结构测度与实证研究[J]. 管理学报,2011,8(4):531—538.

[7] 邢小强,仝允桓. 网络能力:概念、结构与影响因素分析[J]. 科学学研究,2006,24(S2):558—563.

[8] 徐金发,许强,王勇. 企业的网络能力剖析[J]. 外国经济与管理,2001,23(11):21—25.

第6章

创业关系能力:叙事研究

一、关系研究理论背景

关系主义反映了儒家文化重视人际关系的传统,强调关系对于人们的社会行为具有压倒性的影响。这种行为方式使人们习惯于从关系而非个体的角度感知世界、思考问题。当关系处于支配性地位时,个人自己的意愿、情感和需求对于社会行为的影响,就不及此人与其他人的关系对社会行为的影响大(何友晖等,2007)。"关系取向"被认为是最能够捕捉住中国社会心理学精髓的一个概念(黄光国,2006)。即使在经过改革开放发生重大历史变迁的今天,"关系主义"或"关系取向"依旧是解读中国人的重要概念(翟学伟,2012)。

学者佐斌(2002)将关系取向定义为:人们以关系作为对自己和对他人认识的依据或线索,并依此作出相应的行为反应的一种心理倾向和行为风格。Su(2009)和 Yang(2002)认为,关系构建指个体利用关系技巧构建关系网络,发展网络关系的能力。关系技巧通常包括面子管理和情感投资。面子管理强调在拥有权益时不会丢失面子,并且需要维护他人的面子。通过面子管理,能够培养并促进建成关系网络,有助于积极主动的印象管理,从而达成进一步的交流和合作(Hwang,1987)。情感管理则融合了人性化的责任,如送礼或者帮助,以及共享内心的真实想法等。关系管理指个体能够建立个体间及个体对群体间的良好的互动关系能力(Man,et al,2002)。它包括沟通能力、营造和谐的氛围、组合管理能力等。创业者不仅要能处理好二元的人际关系,而且要对各关系进行有效的组合管理,调整关系网络以充分利用其中的资源。Aldrich和Martinez(2001)认为,创业者不仅能利用个人网络能力,从现有的社会网络中寻求创业支持和帮助,还能着手建立新的关系以获取创业必需的信息和资源。

此外,还有一些不同领域的学者做出了相应贡献。例如,乔健(1988)总结了维持关系的六种方法,即袭、认、拉、钻、套和联。杨美惠(Yang,1994)通过访谈发现,请客、送礼和做人情是中国人发展关系的三种主要方式,并提出了以下几个关系取向构成要素:礼仪化、互惠性、和谐性、关系宿命论和关系决定论。Su和Littlefield(2001)提出了"求利"(favor seeking)和"寻租"(rent-seeking)两个关系取向维度。国内学者还提出了"关系运作和关系认知"(龚鹤强,林健,2007)、"关系运作和关系治理"(姜翰和金占明等,2009)等概念。基于儒家关系思想,Yen等人(2011)通过深度访谈法构建了感情、人情和信任三个维度的关系量表,并进行了大样本数据的实证检验。

尽管儒家文化的关系思想对中国人的社会行为产生了深远影响,但随着历史的发展,从古代儒家文化继承过来的关系思想在中国人的认知和行为中已经发生了演变(Anderson & Lee,2008)。因此,如何在洞悉传统文化的基础上,扎根于当前中国人的关系实践,提炼或构建相应的理论概念,是本土化关系研究的一个重要路径。基于现有的诸多学者对关系取向相关概念的分析(何友晖,1991;Su,et al,2009;杨国枢,2004;佐斌,2002;龚鹤强,林健,2007),本研究把创业者关系能力视为个体在创业过程中,处理与他人、组织以及社会关系的一种心理认知和行为方式。在此基础上,本研究将试图通过叙事研究,对创业实践情境中的关系能力进行研究,以期对关系能力的内涵和维度有一个深入的理解。

二、叙事研究方法与设计

本研究对创业者关系能力模型的构建主要采用质性研究中的叙事研究方法。本章将对何为叙事研究、为什么要选择叙事研究方法以及怎样运用叙事研究方法进行研究设计等问题给出简要的说明。

(一) 叙事研究方法

叙事研究归属于质性研究范畴。尽管质性研究者在不断地运用叙事和叙事研究术语,但是至今并未对这些术语进行明确的定义。

"叙事"一词源于文学,是以小说为主的叙事文学的主要手法。叙事最直观的意思就是对故事的叙述及描写,是人类传达思想的一种语言表达方式。韦氏大词典中,叙事是指用于表现一系列相关事件的一段论述或者一个例子。

当叙事成为科学领域的一个研究方法时,叙事研究的过程则是研究对象以讲故事的形式讲述自己的经历,其中蕴含着叙事者个人的实践经验和看法。研究者透过这些故事,运用解释学与现象学的反思,梳理、统整、建构各项经验的性质或意义(徐冰鸥,2005)。Lieblich 等人将叙事研究定义为任何运用或者分析叙事资料的研究。叙事资料可以是一些故事(通过访谈或阅读文献著作提供的生活故事),或是以其他的形式(如人类学家进行田野研究所做的观察记录或者个人信件)收集。

叙事研究的理论依据是建立在现象学、叙事学、解释学基础上的。现象学是通过对现象作丰富的描述以揭露经验本质,使研究者更准确地观察到此经验的意义和性质,并以全新的眼光重新发现一些新的性质。叙事学学者认为世上并不存在原原本本的客观事实,任何事实或现象都是已经经过描绘的,因此描述的方式就决定着这个事实或现象是以何种面目或方式呈现给我们的。弗洛伊德发现,我们认识和理解自己的方式就是讲一个有关自己的有意义的故事,叙事这种方式对于自我理解和自我认识是非常重要的。人在没有叙事前,不知道自己会说什么,在叙事的过程中,透过日常的生活和生命的实践知识,才慢慢开始构建自己。叙事成为理解世界和自我的重要途径,也是人们解释和建构世界和自我的一种方式。借助这种叙事学的方法,将理性再建构,为求构建一个客观知识。解释学认为,"意义"隐藏在现象中,只有通过"解释"现象,才能被"理解",使隐藏的意义显现出来。"理解"和"解释"是解释学的核心。叙事研究通过解释学理论,理清了作者、文本、读者的关系。

因此,叙事研究具有以下几个特点:

第一,叙事研究的对象是真实的"故事"。叙事研究强调的是现实生活的经验性,研究者应该对叙述者的故事进行"真实"的验证,在研究过程中保持"真实世界的原貌",从而保证"故事"以及对故事的解释与建构是符合客观事实的。

第二,叙事研究是对深度描述和意义建构的重视。它强调的是研究者和被研究者之间的互动和互相影响,通过深度描述和两者之间不断的意义构建,挖掘出"故事"背后的客观事实或现象。这也是叙事研究与其他研究的不同之处。

第三,叙事研究是一种反思性研究,需要研究者和被研究者的反思。Lieblich 等人指出:"叙事研究工作需要对话式地倾听,研究者必须以对话者、倾听者的身份同时与至少三种声音进行交流:以录音或文本呈现的叙事者的声音,理论框架,对阅读和诠释的反思性批判。"(Lieblich, et al, 2008)离开了反思,叙事研究便失去了意义。

第四,叙事研究得出的结果是丰富且独一无二的。虽然多数叙事研究的对象是小规模的个体,但可以从各种角度组织和收集资料,其资料数量是庞大的。由于没有任何两次的访谈是相同的,因此这些资料又显示出叙事研究的独一无二性。

(二)叙事研究设计

本研究是为了构建创业者这一群体的关系能力模型。什么样的研究问题,决定了选择什么样的研究方法,对这一研究问题很难用量的研究来探寻。相反,通过质的研究中故事性、诠释性、反思性的叙事研究,更能挖掘创业者身上的创业成长经验。因为人是天生的讲故事者,要想了解人的内在世界,最直接的渠道就是听他讲述关于自己生活和亲身经历的故事。叙事为我们提供了获得自我认同和知悉个人性格的机会。心理学和社会学学者,如 Bruner(1991,1996)、Gergen(1994)、McAdams(1993),都倡导这一观点。所以,在探究创业者的"关系能力"这一隶属于个人特质范畴的概念时,我们采用叙事研究这种质的研究方法。

1. 样本选择

本研究试图在较为成功的创业者丰富的创业故事和经历中,探索出有助于创业的关系能力。样本的选择主要集中在上海,因为上海作为国际经济、金融、贸易中心之一,具有浓郁的商业氛围,可以带来诸多的创业机会,再加上完备的基础设施、政府政策支持、金融支持、开放的市场等,给创业者营造了良好的创业环境。我们的三位受访者都曾获得上海相关部门或政策的创业支持,如上海大学生创业基金会、上海市科技创业基金会、上海高校的创业中心、中国青年创业国际计划等。这些都使得上海成为创业者施展才华的大舞台,使得他们的眼界更开阔、经历更丰富,其研究更能跟得上时代的发展步伐。

此外,在样本的选择上,还必须满足以下几个条件:

(1) 受访者是正在从事创业的创业者,创业时间至少在三年以上;

(2) 已注册公司并有实际业务发生;

(3) 是创业企业的创办者。

第一个要求确定了创业者这一研究对象的具体定义和范围,对创业时间作出限制是希望他们属于确实经历了一段创业期而成长起来的创业者。第二个要求意在挖掘创业者的关系能力。创办了公司的创业者相比那些还没有成立公司的创业者,在关系能力的运用及成效上更加直接和显而易见。第三个要求旨在明确创业者不仅仅是简单的参与者,而是创立了企业,没有他们也就没有创业企业的存在,企业的成功即体现了他们的能力。本研究中加入第二个和第三个要求,是要保证受访对象是一个较为成功的创业者,这样我们的研究才能得到更具说服力的结果。

我们共访谈了三位创业者,其基本信息如下表所示:

表 6-1　访谈对象的基本信息

访谈对象	企业名称	所属行业	企业规模	访谈次数	访谈时间
创业者 D	上海某信息科技有限公司	电子商务	20 人	2	2013 年 4 月 2 日 2013 年 8 月 16 日
创业者 Z	上海某教育科技有限公司	教育培训	50—99 人	2	2010 年 11 月 25 日 2013 年 4 月 18 日
创业者 Y	上海某网络科技有限公司	互联网	50—99 人	1	2013 年 9 月 10 日

2. 资料收集和整理

(1) 资料的收集

本研究资料的收集以生活故事访谈的形式为主,访谈主要由两位访谈者负责进行,采用半结构访谈形式。在对创业者 Z 进行的 2010 年 11 月 25 日的访谈是单独由指导老师完成并提供的访谈资料,由论文作者进行整理的。

访谈前,我们准备了"访谈记录单"和一支录音笔,将每一次的访谈内容都按照统一的格式记录在其中。每次访谈的时间一般是 90—150 分钟。由于长时间的访谈中无法将所有谈话内容笔录成文本,因此在征得访谈对象同意后,我们对整个访谈过程进行录音,事后再将访谈内容翻录成详尽的文本记录,以便获取完整的信息。

访谈时,应叙事研究的需要,我们采用半结构访谈形式,只需一个访谈的主题或范围。通常,我们会让被访谈者"以讲故事的方式叙述自己的整个创业经历",访谈者就围绕这个主题或范围自由地叙述。在整个访谈过程中,我们需要让讲述者的叙述路线保持开放和富有弹性,以便获得一个真实的生活故事。当然,访谈者也会提出试探性问题或是进一步追问,以获得更清晰的故事内容,或者鼓励叙述者继续下去。因此,在这种定位下,由于访谈者和叙述者之间个别差异的存在,以及每一对当事人谈话的互动形式不同,在访谈现场文本会出现一些差异。有些时候,独白形式可能会占主导,被打断的情况较少;而另一些时候,则更富对话性质,包括许多你问我答式的过渡。

第6章 创业关系能力:叙事研究

在访谈的最后,请受访者推荐其他熟悉的可被采访的创业者,并表示对整个访谈的感谢。

同时,我们还会通过网络、报纸、杂志等收集有关访谈者的资料,与访谈资料一起进行阅读和分析。

(2)资料的整理

在每一次访谈结束后,我们马上将访谈录音逐字逐句翻录成文本形式的访谈记录,登入"访谈记录单",形成现场文本。我们对现场文本以创业者姓氏首字母和访谈时间进行编号,再结合该访谈者的其他资料,如媒体报道文章、公司或个人网站等信息,形成了创业者的书面"叙事材料",也是我们叙事分析的原始资料。

3. 资料分析方法

根据 Lieblich 等人提出的叙事研究的阅读策略,对叙事资料的分析方法有四种模式,分别是整体—内容模式、整体—形式模式、类别—内容模式、类别—形式模式。这四种叙事阅读模式的形成依据两个独立的维度:整体方法与类别方法、内容与形式,把这两个维度的各部分交叉,便得到了四种模式。当研究者关注个人的整体发展状况时,可采用整体方法;当研究兴趣在某一群人共有的问题或现象上时,适合采用类别方法。

本研究采用两种叙事分析模式(整体—内容模式和类别—内容模式)对叙事资料进行阅读和诠释。整体—内容模式,是将个体的生活故事看作一个整体,集中分析生活故事所描述的内容,分析文本的个别部分时,将其放在故事整体脉络下作出诠释。类别—内容模式,又可称为"内容分析法",重点关注故事的每一个独立部分所呈现的内容,先把研究主题定义成许多类别,再从文本中摘取各种不同的表述,将其分类整理后归入相应类别,具体例子可以从一个或几个文本中收集和计数。

所以,资料分析分两步完成:

前一部分,进行单个个案的分析,将三个个案分开,利用整体—内容模式,将每一个创业者的生活故事看成一个独立的整体,针对其讲述的内容进行研究。分析步骤如下:

(1)对每个个案,分别反复阅读相关资料,与文本"对话",直到形成一个以故事焦点形式出现的模式。

(2)确定每个个案内容或主题的特殊焦点,用不同颜色的标记划出故事的不同主题,然后分别重复阅读。

(3)对个案的整篇故事的每一个主题,记录我们的发现和结论,一般是根据各个主题,选出有意义或重要的时间,通过情节、背景的描述,赋予所选事件结构、意义和脉络。

在对个案进行叙事分析时,我们是按照事件的时间顺序写的。因为这种时间顺序本身就是阐释事件前因后果的最好模式,也是我们理解创业经验的积累和成长的最好方式。此外,在个案分析中,研究者的声音是很少的,主要是起"连贯"作用——把一些不能直接联系起来的事件,通过研究者的声音在逻辑或结构上进行连贯,同时还可以连接和转换不同的主题。

后一部分,在单个叙事研究的基础上,将三个个案合在一起,从类别—内容的视角进行分析和诠释。分析步骤如下:

(1)选择子文本。在三个叙述者原始资料的逐字稿上标出所有与"关系"相关的部分,再从这些子文本中,由两名研究者选择主要句子,也就是那些有关关系能力的独特思想或记忆的话语表达,建立一个"主要句子"文件包。尽管研究样本的数量并不多,但分析单元的数量,即"主要句子"单元却非常多,提供了推论的大样本。

(2)定义内容类别。在进一步阅读的基础上,为所有访谈对象的主要句子序列提出与其内容相关的几个有关"关系能力"的类别,然后把他们的主要句子归入不同的类别。

值得注意的是,可以用某个理论提前定义内容类别,也可以通过尽可能开放地阅读子文本,从中寻找主要内容类别。但是,以某个理论为基础而提前定义与凭借经验进行分类的方法之间并不像它们的外表那样存在明显的区别,因为读者会把自己的理论或者常识性的假设带到文本的阅读中,这是不可避免的(Linda,1993)。

(3)作出结论。我们用的是描述分析汇总的方式,基于每一个类别下的内容,形成关于创业者这一特定人群的关系能力内容的总体画面。

三、创业关系能力叙事研究

(一) 创业关系能力:整体—内容模式

1. 创业者 D 的叙事分析

D 的叙事围绕着创业展开,从儿童时期一直持续到成年期,呈现了一段完整、连贯的经历。

(1) 少年时期的"干大事"情怀

访谈一开始,D 便向我们讲述了他的第一个早期记忆:"那时候,实行计划生育,超生罚钱罚得很厉害,我妹妹出生就被罚了一万七千元。当时我才上小学二三年级,还很小。"这对一个农村家庭来说是一个非常大的事件,如他所说,"家里给我的感觉,就是碰到了非常严重的困难,是小宇宙要爆发的那种感觉"。这件事对他的直接"刺激"就是"长大要杀贪官"。后来懂事了,"杀贪官"的想法没了,他觉得自己应该有所作为。

D 上高中之后,从农村来到了县城。由于家庭生活条件不是很好,他一个星期只有 10 块钱的生活费,每个星期还要带家里种的菜和晒干的面条到学校作为口粮,住宿也是和别人一起合租一套房子。上高中时的生活是很清苦的,但是他觉得那段时间"大家很快乐,非常快乐,支撑我们的,就是我们能看到外面的世界,觉得很兴奋"。当时,他看得最多的杂志就是《读者》,读了之后就和同学聊人生,"聊对生命的看法,经常思考人为什么活着……"他与那个时候一起思考人生的同学,后来关系非常好,若干年后创业的时候又走到了一起。

从谈话中看得出来,D 的那段拼搏和探索人生的生活经历,给他带来了人生的改变。当时,他学习很努力,"有时候 10 点睡觉,2 点起床,有时候 12 点睡觉,6 点起床,一直尝试不同的学习方式,然后想着怎么把成绩提高。为什么要考大学?考大学就是为了有出头之日"。更为重要的是,高中时期接触到的新鲜事物开拓了 D 的视野,和同学、老师的交流,以及阅读的书刊,给他年少的心灵注入了新奇和兴奋。那个时候,他就开始思考人生的意义,萌发了创业的想法,用他自己的话说:"就觉得自己一定要干大事"。

(2)"有所作为"从做生意开始

经历了两次高考之后,D 觉得人生在世有很多种活法,他想所有作为,而当时唯一想到的就是做生意。因此,高考完以后,他就开始做生意。后来上了大学,他脑子中的第一个想法也是做生意。

从帮大学招生开始,D 后来还做过淘宝。进了大学之后,受当地良好的创业环境感染,他开始接触更多的行业,比如做客户经理、校园代理等,从中得到了很多锻炼。但是,D 很快就觉得没什么意思,他说:"给别人做兼职,不如自己直接做中介。"他意识到单凭一己之力是不够的,就组建了一个团队。他回忆道:"我那个时候本来是一个人,后来就'忽悠'我身边的同学一块儿弄,组成了一个团队。我们的团队到大二、大三的时候,差不多是学校第二大的团队了。"当时的团队分工很简单,基本由包括 D 在内的三个核心人物说了算,其他的人都听从他们的指挥。他们什么生意都做,从帮人家买飞机票到卖小台灯。据他回忆,卖小台灯的生意还是做得非常好的。虽然赚了钱,但是财务管理很混乱,这个问题在后来的创业中也困扰了他很久。

这段时间,D 尝试了很多工作,从兼职到创立团队自己做中介,无不透露出他对做生意的热情和急迫的心情。他说:"我们什么生意都做,帮别人买飞机票,别人代买一张需要 60 元手续费,我们则不要钱。"为此,他还放弃了自己的学业。"我是大二的时候觉得成绩不好,可能毕不了业"。大学读完时,他果真没有拿到毕业证。但是,他觉得毕业证不代表一切,于是自己创业。可见,创业需要勇气,需要作出很多的取舍。这段时间,D 成长了很多,但是他还没有找到属于自己的创业之路,都只停留在做小生意的阶段。

(3)创业锁定"互联网"

D 在大二时,从电子专业转到网络专业,因为他觉得未来互联网是不得了的,他需要建立这方面的人脉,他这样形容自己的决定:"我也想认识一些人,可能创业需要合作的。"

这个时候,果真出现了这么一个人。D 在整个叙事中,对这个人的描述是非常多的,"大四上学期末,我的一个同班同学叫我一起去创业,说要做一个网站","然后做了一个我们在这个行业很不错的网站,叫返还网"。D 在同班同学的帮助下踏上了互联网的创业之旅,两人一起奋斗。但是,D 在返还网只待了一年多就离开了,原因是他与实际负责人(这位同班同学)在公司的经营理念上产生了很多分歧。直到 D 后来经营自己的网站时,他才渐渐理解之前那位同班同学的做法,"其实,现在我有点理解了。把事情想得很缜密,这一点我觉得蛮好的"。当谈及对自己创业帮助最大的人时,D 再次提到了这位同班同学,"我从他身上学到了不少东西","他做事情,逻辑思维能力非常强,我认为这是很好的","我甚至有时做梦还会梦到他"。从大学同班同学,发展到创业合作伙伴,再到散伙,D 对此人的叙述是文本的一个重要内容,足见其影响之深。

(4)组建团队,发展自己的网站

D 离开泉州,转而来到上海,一心想做自己的网站。组建团队是第一步,从做技术的网友到打工时认识的同事,再到比赛中结识的朋友,这些具有不同社会背景的人,都被 D 叫来一起创办网站。我们从 D 的叙述中得知,曾经一起憧憬创业梦想的高中同学,和另一个从首钢过来的高中同学,连同 D,在经历了公司人员的频繁变动之后,是最终留下的三个股东,构成了团队的核心层。

经营公司并非一帆风顺,其中最大的问题,据 D 所说,是有关股份的事。一开始,凡是进公司的人都投了钱,成了股东。"前面每个人都拿了 2 万元,大连的一个同事甚至拿了 12 万元,后面的效益也越来越好,每个月以 1.3 倍往上涨,效果是很好的。"但是,这种"人多力量大,有股份的就往这上面去做,能做成这件事就行"的方法很快就不奏效了,网站运营碰到了瓶颈。D 分析其原因:"内部出现了问题,大家互相指责,说做事情效率不高。其中,一个很严重的问题是,一件事情很难敲定,没有一个能绝对拍板的人。"由于业绩一直上不去,很多人就放弃了。"有一个最大的投资者,他跟我一起的,然后就不怎么来了。到了 9 月份的时候,做技术的员工以及我的学弟提出要走,人员由 11 人减少到 3 人。那是最低谷的时候!"但是,D 不久发现:"好事反而来了,数据开始翻倍地往上涨。"他这样总结这次经验:"其实,有一定的原因是大家不再争吵了,以我为中心,说做就做,效果马上就出来了。"从一开始的股东主动退股,到后来 D 主动建议员工出去谋求更好的发展:"我是这么跟他们讲的,兄弟,如果说干不好,你们两个不走,我都得赶你们走。因为你们如果出去干,工资是不低的,在这儿又是何苦呢?"他多次说道:"我觉得最满意是大家的关系还好。"从这些话可以看出,D 是非常重视大家间的感情的,也在悉心地维护。"墙倒众人推"的感觉是让他心寒的,他要避免重蹈覆辙。

从叙事的过程中,我们可以感受到 D 的心智已经日渐成熟。同时,公司和自我的发展也离不开许多人的支持。在 YBC 里的一个老乡还帮 D 成功申请到了中国青年创业国际计划的基金,这对公司无疑是一次重要的补给。虽然其中还存在一些困难,以及来自家庭的压力——父母亲催促结婚,但是 D 表示自己会坚持走下去。他说:"人一辈子应该做成一件事。我经常说我很欣赏孙中山这个人,他屡败屡战,最后成功了。即便他一辈子都失败了,但是最后画句号的时候他是成功的。因为他一直坚持在做一件事,虽然这件事未必是成功的。"如果这个项目做不成了,D 会去打工赚钱,或是申请贷款,再换几个人重新开始创业。他相信自己总要一天会成功,如他所述:"成功是一个堡垒,我们要从各个方向拿下这个堡垒,不行了我们就换方向,一圈结束后如果不行,咱就服输,再换个项目重新来,肯定能行的。"

2. 创业者 Z 的叙事分析

Z 的创业故事内容非常丰富。从大学组织活动、做兼职开始,到创办上海耐飞教育科技发展有限公司,再到成为安利的经销商,他凭借自己独特的能力和强大的关系网络,成功地实现了创业梦想。

(1) 创业想法始于公益心

大一时,Z 曾在一家中介公司登记家教意向。可是,交了手续费后,中介公司竟不知去向。上当受骗后的 Z 突然冒出一个念头:为什么不建立一个诚信的、为同学服务的中介公司呢?

到后来,去酉阳的支教经历又让Z发现:"我们的能量真的太有限了,穷则独善其身,达则兼济天下!"这次经历点燃了他想创业的最初梦想。Z说他到上海念书,想的是"饮水思源,回报社会"。因此,他的创业动机与社会责任有着必不可少的联系,用他的话说就是:"面对必须承担的责任,我不能撒手不管。"

(2)创业能力与创业素质的培养

创业梦想的实现离不开创业能力与创业素质的培养,Z特别强调了这一点。所以,他用了很大的篇幅描述自己创业能力的积累过程。首先是高中及大学时期的学生干部经历,他这样说:"权益部部长是我,那时候搞了很多活动,相当于作前期创业能力的积累。高中时,我当学生会主席,积累了更多的能力。"这种能力应该是指组织管理能力。

接下来,和大多数的创业者一样,Z从兼职做起,从很小的发传单做起,期间涉足牛奶、化妆品、旅游等项目,而且都赚了钱。在发传单的过程中,他强调自己的优势,"每栋楼都管得很严,而我去发时每幢都有人,因为我做得比较到位"。他主动去和商家沟通,将发传单的业务整个承包下来,再组织同学去做。这件事的成功有赖于他在学校有良好的人脉,使他不仅"赚点零用钱,还赚了一些与陌生人打交道的能力"。

对Z产生较大影响的还有移动微网活动,这属于学校权益部的活动。Z做这件事是为了帮助更多的同学,为他们谋福利和权益。他先和移动谈判,敲定相关事宜,再吸引同学加入到活动中,从"组织一个小群"到"很多人都加入进来",再到"其他学院的,包括老师,甚至我们的副院长,都加入了这个套餐"。后来,Z与一个在外面搞计算机培训的老师合作,"因为光他那边的学员就有好几百人,这个市场很大"。最终,这个活动在Z的努力下推广到了整个大学城。Z在自己的关系网迅速扩展的同时,也让更多的人受益。当然,活动的开展并非一帆风顺。起初碰到困难时,他会向院里的老师求助,也得到了很好的解决。但是,后面移动公司出的问题将这次创业尝试彻底带向了终点。他说这件事是自己创业过程中很大的一次打击,被老师骂不务正业;自己在学校所获的很多荣誉也因此被取消。但是,他说这件事还是训练了自己的"逆商",客服工作也让他锻炼了与各种人打交道的能力。

此外,旅游代理的项目,使Z又一次积累了随机应变的能力和沟通能力;去酉阳支教后,帮助更多的人,不管是学生还是穷人,成为他的一个创业使命,也增强了他的创业企图心。

这段时期被Z称为创业前的积累期,包括创业能力与创业素质的初期积累。在他看来,如果一个人完全不具备创业者的素质,那么这个人注定会失败。他所理解的创业素质包括:重承诺,守信用,持之以恒的精神,沟通能力,整合资源的能力,必要的情商和"逆商",创业企图心和梦想。Z说:"如果一个人没法和他的合作者和客户沟通,他遇到挫折就马上放弃,很消极,整合资源能力一塌糊涂,那么这个人肯定不行,没有人愿意和他继续合作下去,没有客户愿意跟他交流。所以,基础能力一定要有,还包括创业的激情。"结合前面的叙述,可以看出,与他人的沟通和合作能力在Z前期创业素质的积累过程中占据了重要的一部分。

(3) 创办公司与"第一桶金"

机会总是留给有准备的人,有了好的想法,又积攒了一定的能力后,在身为企业家的父母亲的赞助下,Z与一个计算机老师合作,创办了上海耐飞教育科技发展有限公司,包括"大学生在线"的论坛和家教网。公司的盈利点虽然很低,但是吸引了许多大学生前来体验,Z也借此平台认识了更多的人,关系脉络不断延伸。

"我认识的朋友很多,这也是我的一个契机,尤其是认识一些台湾朋友",Z已经意识到朋友的价值所在。果然,这些台湾朋友向他推荐了一个好项目——与银行合作,为学生办信用卡。Z瞄准了时机,迅速地在自己的关系圈里找到了一个合适的人选。Z再一次利用他的资源优势,两个月时间就办了两千张卡。但是,他还不满足。最终,他把自己在上海一些学校的资源都利用了起来,如"很多学校的学生会,包括活跃的兼职人员",开学那个月就办了五万张卡,赚了自己人生的"第一桶金"。

Z总结道:"这个活动赚到了钱,同时也积累了很多经验,包括团队的管理,体会到很多人性的东西,也锻炼了很多沟通协调能力。"但是,他也提

第 6 章 创业关系能力：叙事研究

道:"有些关系非常好的朋友因为这件事弄得反目成仇,让我觉得创业没有意思"。他原本是出于好意,是为了帮助朋友,却适得其反。这些关系的处理再次成为 Z 创业过程中的挫败点。Z 之所以如此看重这些朋友,或许与他的性格有关:"我喜欢认识朋友,并且主动、开朗、乐观,很愿意跟人交往,所以认识了很多人,跟每个人的关系都挺不错。我的手机里有两千六百多人。"他还说:"你需要不断去接触新鲜事物,认识很多新鲜的人,不断敞开你的心扉,与人为善。学习能力和交友能力很重要,很多人会愿意跟你交流,互相帮助,共同做一些有意义、有价值的事情。"他通过网络或现实生活认识了很多人,与他们沟通新的想法,互相交流总结成败的经验,而这对创业是非常重要的。

此外,我们也注意到,Z 创业的前期资金是通过父母获取的。父母对他很信任,在他们眼中,他从小就比较独立,有自己的想法。可以说,来自家庭的力量是 Z 在创业前期的有力支持。

(4) 创业发展中安利文化的影响

Z 还是继续在开发和扩充自己的人际圈,他已经将它看作一种创业资源,通过朋友的朋友,又认识了很多能给自己事业带来帮助的人。他还卖过牛奶、化妆品、路由器等。

一个引路人的出现,让 Z 的创业之路起了转机,给他带来了安利。现在,Z 的公司成了安利的经销商,他有了自己的安利团队,里面不乏各行各业的精英,有银行的行长,国美的店长,渣打、汇丰的工作人员,还有创业公司的老板。这些人都成了 Z 的合作者或是潜在合作者。在安利,他还获得了很多培训,锻炼了演讲能力、情商和口才。

受安利文化的影响,Z 的创业思维开始转变,他觉得自己在创业的同时,更应该创造一种生活方式,既能比较悠闲地赚钱、享受生活,又能帮助更多的人。所以,现在公司就留下了两个项目:安利和家教。他觉得这两个行业的前景都不错,更重要的是它们能带给自己健康美丽的生活。其他创业者或许也曾有过这样的想法,但他们未必知道如何去做,而 Z 却在许多"贵人"的帮助下,慢慢地实现了。

(5) 创业稳定期,"求生存"转为"求精致"

经过几年的努力,Z 在 2013 年成功获得上海市政府批准的教育资质。现在,他的公司聚焦于三个品牌的发展:耐飞学校(专做一对一培训)、耐飞巧学思、希望家教。各个品牌有不同的市场定位,针对各类目标客户群,公司迈入了稳定期。Z 这样总结公司的现状:"以前更多考虑的可能是生存,怎么活下来,怎么不让企业倒闭,现在这个目标已经达到了,就肯定想要做得更精致,做得更好。"

当然,Z 也强调,公司之所以有这么好的发展态势,也离不开交际圈内朋友们的相助。尤其是耐飞学校一个校区的房东,也是一位成功的企业家,对 Z 的影响很大。这位企业家一方面能力很强,另一方面也会很用心地帮助身边的朋友……相应地,当他遇到困难的时候,很多人都会主动地伸出援助之手。所以,很多成功人士都愿意与这位企业家交往,他那儿常常是车水马龙,俨然一个小社会,Z 也自然成了其中一员。耐飞学校的校长就是这位企业家介绍的,解决了 Z 公司的一大难题。这位企业家还会与 Z 沟通很多为人处世的道理和一些理财的想法。Z 说:"这种点点滴滴的帮助非常重要。所以,我觉得成功还是需要高人指点的,至少有人愿意且能够定期帮帮你。这对创业和工作都是有益的。"也正是具备了这种与人为善的思维,Z 很快就在老朋友的协助下将希望家教的业务重新开展了起来。Z 兴奋地说:"通过这种形式,你会觉得过程很顺,当一个点能让很多点互动起来,其实就是整合资源的最高境界。"

随着公司运营不断走向正规,制度建设也越来越完善。Z 说,内部管理占的时间少了,就能利用更多的私人时间去阅读书籍,开拓外部的交际活动,对公司的发展是有很大帮助的。现在,他是上海市青年企业家协会的成员,这个平台让他结识了很多年轻优秀的企业家。同时,他想通过成立党支部与政界搞好关系。他也一直与上海青年创业就业基金会保持着密切的联系。他希望能接触更多的人,获得更多的咨询。

经过多年创业的沉淀,Z 总结出创业者需要具备的素质:第一,天道酬勤,人生需要贵人相助;第二,百折不挠的精神或是"逆商";第三,整合资源的能力,以及必要的口才和情商;第四,包容、豁达的态度,积极、主动、乐观的心态,健康向上的状态;第五,超强的学习能力。

3. 创业者 Y 的叙事分析

Y 的创业叙事给人一种轻松、快乐的感觉,在创业的每个阶段所经历的苦与乐都因他开朗、乐观、大方的性格而成了一种创业的财富与享受。

(1) 凡事先人一步

访谈一开始,Y 就介绍了自己略微特别的家庭背景:"我家人都是从医的,我爸、我妈、我姐、我舅、我舅家表姐、我姨都是医生,我姥爷还是我们那里第一任的卫生局局长。"正因如此,Y 的父亲非常希望儿子也能够继承家庭的传统。但是,固执的 Y 很早以前就有了自己的想法,他打小就不喜欢学医,而是喜欢画画。所以,Y 一到学校就坚决把原来的医学专业换成了动漫设计。父亲因为这件事生了他很长时间的气,但后面也慢慢理解了。

大学时期,Y 做事总是先人一步,快人一拍。他说:"别人还在忙开学的事情,我就进了学生会;别人进学生会的时候,我已经开始学专业;别人学专业的时候,我已经开始接项目;别人接项目的时候,我已经开始组工作室,我大学的时候就开始创业了。"他说自己爱折腾,到哪儿都得弄出点事,不然没意思。他也比别的同学更早地接触到了社会,觉得早出来闯比什么都好。他在每一个小阶段都有自己坚定的目标,也都积极努力地去实现。这使他比同龄人行动得更快,也更能抓住很多有利的时机。

Y 在大学期间创业的雏形是组了一个工作室,员工就两三人,赚得不多。但是,这满足了他希望可以管事情的权利欲。他对钱财本来就看得淡,赚的钱都与大家一起分了,图个开心。这样的性格一直保持到他创立公司,公司员工的待遇条件都是比较好的。他的理念是,事情的发展不要拘泥于小的钱财,而是要向前发展。

(2) 安逸的环境促成再次创业

毕业之后,Y 因为一个上海客户拖欠款项而被他叫到上海来上班,他很自然地接受了。到上海后的条件是艰苦的,睡觉要打地铺,工资才两百元一个月,但是他对此不以为意:"提供住了,就还好点,吃饭的话,两百元省省也能花,反正我这个人对吃住比较不在意。"

后来,由于在公司表现优秀,Y 的工资很快涨到了四千元,但是他却感觉环境太安逸了,人越来越缺乏斗志。此外,他还觉得老板只顾赚钱,无心发展公司,这与他对企业发展的看法大相径庭。所以,他果断地结束了八个月的打工生涯,重新投入到创业的大潮中。这一次,他的创业地点是这个繁华且充满商机的大都市上海。虽然公司的老板欠了他的工资,但是 Y 始终以感恩的心对待这位老板,他说:"如果没有他,我就没法来上海。钱给不给无所谓,毕竟人家把我弄过来,这是最大的恩情。我每年过年的时候,还会去看他。"这种宽容的性格在 Y 后面的创业过程中也有诸多体现。

(3) 创办公司

辞职后,Y 又想到了他的老本行——组工作室。这次创业开始进行得比较困难,没有资金,也没有人。但是,Y 的劲头却是相当充足。他说自己那时碰到了很多很巧的事情,帮助他度过了这段艰难的时光。其中,印象最深的是一位以前老板的朋友,他们因为在汶川地震共同捐款而走到了一起并熟悉起来。这位朋友在 Y 无处安身时收留了他,让他得以安定下来开创自己的事业。

工作室很快办了起来,Y 陆续招来了人,什么单子都做,包括毕业设计。在如何招揽业务这一块,基本上是靠 Y 一家家走出来的。他每天只睡六个小时,但是依然精力充沛地挨家挨户谈业务。十几家客户也许只能谈成一家,但是他觉得这是一件非常让人兴奋的工作,因为他能看到希望。他现在对这段经历的评价是:"现在想想挺佩服那时候的自己的,我觉得自己那时候的心态是非常好的,非常乐观。所以,现在我们公司的文化特色也是乐观。"在 Y 的身上,没有所谓的"创业苦",他完完全全是在享受着创业给自己带来的一切,包括很理智地面对为了创业而和女朋友分手这件事。在创业路上,他需要集中精力,心无旁骛地趁着这股激情闯下去。

经过十个月的发展,Y 在 2009 年 9 月成立了上海零镜网络科技有限公司,办公地点转移到闵行区国家 863 软件基地。Y 的公司得到了较快的发展,人员不断增加,办公场所不断扩大。在园区内,Y 还加入了一个创业俱乐部,并且因为比较活跃而做了部长。他说:"大家都是来创业的,对我来说收获挺大,不论人脉、经验还是相互交流的一些东西。"这一阶段,Y 充分地利用了园区的优势,一股劲儿地往前冲。

(4) 公司平稳发展

公司从一个人到六个人,再到十几个人、二十几个人,Y 都是一步步走过来的,所以他对每个员工都很了解。公司的管理方式也从最早的人情管理到制度管理,再到现在注重企业文化的发展。Y 稳稳地掌握着公司发展的每个细节,并且自始至终强调要乐观地面对一切事情。

公司没有业务员,业务扩张这块全是 Y 亲力亲为。与以往的上门推销方式不同,Y 现在更多地是靠朋友介绍或是口耳相传,他认为这样更加可靠。公司客户基本上是靠朋友介绍的,和客户聊着聊着又成了朋友,这样圈子就不断扩大了,业务也随之而来。在与他人交往方面,Y 说:"人吃亏就是占便宜,一定要舍得,心态平一点。"这与他从小养成的性格和家庭教育很有关系,大气,不计较小得失。比如,之前一个客户因经营不善破产了,Y 不仅没有追问债务,还为这位老板充话费。后来,这位老板为 Y 带来了很多客户。另一位朋友经常向 Y 借钱,他后来介绍了很多行业高手给 Y。包括后来的竞争对手,最后都成了他的分公司。

Y 还分享了自己的营销小窍门:"找一个圈内比较有威望的人,和他建立合作关系,大家慢慢都会很熟。我现在出去都不敢说自己是做外包的,因为他们给我的单子太多了。"他强调"真心交朋友"的重要性,找投缘的人纯粹地去交往,不要只顾眼前利益,这样反而会获得意想不到的结果。此外,对于公司的团队,Y 也是引以为豪,他们都是 Y 的朋友或是曾经的合作伙伴,对工作很认真,对公司很忠诚。最后,他再次坦言:"公司的扩张靠的主要是朋友。"

现如今,上海零境网络科技有限公司已经进入了平稳的发展阶段,Y不仅在动漫领域小有名气,还被评为YBC优秀创业青年、全球杰出青年。游戏行业的龙头老大腾讯公司也对Y表现出浓厚的兴趣。

纵观Y的整个创业经历,如同在风平浪静的海面上平稳行驶的船只,淡定从容地驶向目的地。对于这样的成功,Y说与自己的性格有莫大的关系。他愿意尝试新鲜的事物,喜欢交朋友,不拘小节,慷慨大方,乐观。所以,他总是能碰到"很多很巧的事情",帮他渡过难关或是助他前行。公司现在的文化也透露着Y很强的个人特质:不要给别人添麻烦,知行合一,态度决定一切,乐观。

(二)创业关系能力:类别—内容模式

访谈内容经文字翻录之后,总共形成了68页约23万字的word文本记录。在对3位创业者原始资料进行深度阅读的基础上,386个主要句子被摘录。我们再对这些主要句子反复进行分析,总共有4个有关关系能力的类别被划分出来,其具体定义如表6-2所示:

表6-2 创业者关系能力分类定义

编号	关系能力	定义
1	关系导向	表现为较强的重视关系、认知关系的关系取向,是一种心态,具体包括关系的目的性、资源化、敏感化和类别化
2	关系构建	与有助于或可能有助于自我创业的人发展、建立关系或关系网络的能力,可具体化为开发人脉、建立网络联系
3	关系管理	能够建立个人对个人、个人对群体的良好互动关系的能力,如构建合作和信任的氛围、沟通能力以及组合管理能力
4	关系利用	能够从关系网中挖掘并利用有价值的信息和资源,帮助创业或是提升自己的素质和能力

对这4个创业关系能力,本研究列举了受访者的典型描述,即主要句子,如表6-3所示:

第6章 创业关系能力:叙事研究

表6-3 受访者典型描述

序号	关系能力	具体描述
1	关系导向能力	1. 大学时我换了个专业,我想认识一些人,因为我觉得未来互联网是不得了的,可能创业需要合作。 2. 他们之间对我的刺激还是蛮大的,有时候梦到他生我的气,我在梦里就去讨好他,那个时候真的很难受。 3. 他问我这里有没有资源,我说我这里朋友很多,名校如交大、复旦、同济等,我都有资源。 4. 合作者有些时候不理解我的做法,觉得不太开心,朋友总归要做得开心,后来我们就各走各的,现在大家还是保持联系,很开心的。 5. 我喜欢认识朋友,并且很主动、很乐观地跟人交往,所以我认识很多朋友,跟每个人的关系都挺不错,可能对不久的将来某个项目的合作恰好有帮助。 6. 企业家应该有更多的时间在成长和交流,做一些社会关系,小部分时间参与具体的事务,因为具体事务会绊住你的手脚。 7. 公司业务是水到渠成的,口耳相传,我们这个行业良莠不齐,广告不可靠,朋友关系比较可靠。
2	关系构建能力	8. 我"忽悠"身边的同学,一块儿弄了一个团队,叫"浪言团队"。 9. 别人接项目时,我已经开始组工作室了,我大学的时候就开始创业了。 10. 因为我每天认识很多的人,平均每天以五到十个人的速度认识,我会给他们一些建议,跟他们沟通。 11. 我这个安利的团队有六十多个人,在这个过程中积累了很多人脉,像银行的行长也都在和我合作。 12. 我前两天参加了一个活动,组织了铜中人在上海的一个活动,当时有五六十人参加,认识了很多朋友。 13. 我们一周最少喝一两次茶,因为他那儿是个社交圈,不仅是他,还有各行各业的老总,政府里面的人,学校的校长、副校长,各种各样的人。 14. 我后来又加入了一个俱乐部,大家都是创业的,一起交流,对我来说收获挺大,不论是人脉、经验还是相互交流的一些东西。 15. 以后有人找我帮忙,我也尽自己最大的努力帮助他们,这样也帮助了我后面事业的发展,我现在的很多资源都是因为当年帮过很多人。 16. 找一个圈内比较有威望的人,和他建立合作关系,大家慢慢都会很熟,我们经常一起喝喝酒、玩玩牌,大家就都很熟了。 17. 当时有个竞争对手,公司破产后就把人都带到我这里来,成了我的分公司,青岛那里也有竞争对手后来变成我的分公司。

(续表)

序号	关系能力	具体描述
3	关系管理能力	18. 我觉得最满意的是大家的关系还好。 19. 我们企业讲究以人为本，注重人性关怀，人多了，来自我这边的关怀就少了，相对来说就冷漠了一点，我还是挺害怕的。 20. 对团队合作中的冲突，我比较重视态度，做好做不好我不勉强，为了做一个项目而把健康给影响了也不可取。 21. 交往方面，我觉得就不要太现实、太势利，大家平常交朋友，聊得开心多聊两句，聊得不开心也努力聊开心点，面子上过得去。 22. 有钱大家一起赚，考虑别人的利益，因为有时别人帮我很多，我挺不好意思的，我不太喜欢麻烦别人，所以我们公司还有一个企业文化：不要给别人添麻烦。 23. 创业时，心态要平一点，人吃亏就是占便宜，一定要舍得。 24. 我对每一个员工都像亲戚、姐妹一样，我们很用心地去做一些这样细节的工作，所以说这一两年以来可能与以前相比较，员工的流失率降低了很多。 25. 无论在开会的过程中，还是沟通的过程中，只要有消极情绪，我就马上跟他们换个角度去思考，这样的话，员工的抱怨情绪更少一点，对生活的态度更积极一点，可能这也是很多员工在我们这里的一些收获。 26. 我要从这些朋友中挑选出有能力的人来跟我合作，所以我也认识很多朋友，有潜质的人、有可能成功的人我才会跟他沟通。
4	关系利用能力	27. 前面每个人都拿了两万元，大连的一个同事甚至拿了12万元，后面的效益也越来越好，每个月以1.3倍往上涨，效果是很好的。 28. 他给我的伤害很多，但我也学到了很多，实际上就是这么回事。 29. 一个老乡，正好在YBC里面一个机构工作，他就介绍我到863这边注册，在YBC申请到10万元的无息贷款，正好救了我们。 30. 后来，在他的帮助下，经过短短两个礼拜的时间，我的教源数据库一下又多了将近一千人。 31. 第一个我觉得是精神上的东西，第二个我觉得是为人处世的一些小细节，包括一些理财的思维，也获得了许多东西。 32. 当然，很多具体的事情，他也帮助了一些，因为他手中有很多资源，我刚说的那个校长也是通过他的关系帮我找的。 33. 比如跟更多成功的企业家交流，你可以获得很多的idea，很多的思维，可能比书上来得更多更直接，书主要不一定买到合适的。 34. 上次我管他借25万元，五分钟就打过来了，借个几十万元都很快就打过来了，因为大家都建立起相互信任的关系了。 35. 公司的业务基本上都是朋友介绍的，客户聊一聊就变成朋友了。 36. 我公司的人，他们跟了我这么久，对我帮助最大，我的合作伙伴对我帮助也不小。

第6章 创业关系能力:叙事研究

在这些创业者关系能力的内容中,不涉及那些仅仅包括三个或是更少句子的类别,因为这些类别只表现了极其匮乏的内容资料,尽管其中也有我们感兴趣的地方,但是对我们的分析没有什么帮助。所以,通过最终对主要句子的分析,我们总结出以下几种在受访者身上展现出来的关系能力:

1. 关系导向能力

该能力表现为较强的重视关系、认知关系的关系取向,这种关系能力更多地体现在创业者的心理层面,或者说是一种观念。在采访的对象中,普遍都存在这种能力。D在大学时就换了专业,他在看好互联网的前景的同时,也意识到想要涉足这一行业,需要懂这一行业的人脉。再到后来,他创建网站的第一步就是努力去结交各种对自己创业有帮助的人,从网友、同事到比赛中结识的朋友。他充分意识到创业需要这些关系。Z从事的是家教行业,他在大学时就表现出极强的社交能力,很早就将关系视为一种资源。也正是这段时间关系资源的积累,为他的创业奠定了坚实的基础。他说自己以后还会认识很多人,现在的工作、生意需要自己这样做,自己也喜欢这样做。Y的这种能力更多地是在创业过程中逐渐体现出来的,他的性格豪爽大方,重视与他人的关系处理,对下属和朋友都很用心。他觉得自己吃点亏或许会带来意想不到的收获。

综合这几位访谈者所表现出来的关系导向能力,我们发现这种能力还可以进一步划分为关系的目的性、关系的资源化、关系的敏感化和关系的类别化。关系的目的性要求创业者与他人建立良好的关系,如以上D所述。关系的资源化强调有没有关系就是有没有某种资源,如以上Z的经历。关系的敏感化通常体现为很留意关系的建立和改变,如以上Y所述。D在经营网络公司时,也一直强调无论大家合不合作,关系保持得很好,这是他最满意的。Z在移动微网事件上受到的打击,有很大一部分原因是大家的关系因为此事而被破坏了。关系类别化在交往之前会对关系进行认知和分类,如职业、性别、年龄等。三位创业者在叙述自己的故事时,通常会加上对一些关键人物的职业、职位、年龄等的形容,如D口中的90后、地板公司的老板、网站的技术人员、YBC里面工作的老乡,Z提到的银行行长、大润发的经理、同济大学医学院毕业的朋友、Y的好朋友于总等。

2. 关系构建能力

该能力指创业者与有助于或可能有助于自我创业的人发展、建立关系或关系网络的能力。从创业者的经历中可以看出,这种能力包括开发人脉和建立网络联系的关系技巧。关系构建能力是关系导向能力在行为上的体现,有了意识便去主动地采取行动,它们是相辅相成的关系。学校通常是创业者早期开发人脉的重要场所。例如,D在大学期间组建了自己的一个团队,专门从事一些兼职活动;Y组了一个工作室,接项目,挣点小钱;Z则是利用学校资源开发出各项关系,从学生到老师,从本校师生到外校师生,这成了他创业的一大优势。再后来,这些创业者便会充分利用社会资源,继续扩建关系网,如一些团体或组织。Y加入了公司所在园区的俱乐部,结交更多的创业者,分享交流经验。Z加入了安利,建立了六十多人的团队,里面不乏行业的精英,并且他每天都以5—10人的速度在认识新的朋友。相比之下,D在外部能力开拓方面表现得较弱,通常还是从自己的老乡、同学中挖掘新的资源。

建立网络联系需要一定的关系技巧,中国人习惯性地会运用面子管理和情感管理,以实现与人交好的目的。这种技巧的运用在创业中期表现得比较突出,因为这时的创业者已经摆脱了相对单纯的校园生活,步入到社会这个大环境中,人们的关系变得错综复杂。随着创业公司的成立,他们更需要利用一些关系技巧去构建组织内部和外部的关系网络,以保证公司得以顺利经营。在公司内部的管理中,D很尊重员工,并会顾及他们的面子。当员工的行为给公司或他人带来不利影响时,D会私下找他们谈,并以宽容的态度去理解他们。Z更多地则是通过与他人共享内心想法这种情感管理的方式,以实现人与人之间关系的建立。他与安利的那个介绍人会聊很多关于生活、工作、思维方式等方面的话题,他们之间的真诚交流使其受到很多指引和启发。当然,Z也坦言自己在认识这么多人的同时,也非常想帮助别人,这使他更加懂得了人际活动的意义和价值。他通常会去了解他们的血型、星座和现状,跟他们沟通,给他们建议。Y总结出了自己独特的关系技巧,与圈内有权威的人先建立联系,单纯地进行不涉及利益的交往,先培养感情,然后再通过这些权威人士发展关系网。他还总结了一些理念,如吃点小亏而帮助别人就是"占便宜"等。

3. 关系管理能力

该能力指能够建立个人对个人、个人对群体的良好互动关系的能力,如构建合作和信任的氛围的能力、沟通能力以及组合管理能力。在公司内部建立良好的合作和信任氛围是比较重要的,这也需要有效的沟通能力。D 对公司内部人员之间的关系是极其重视的,他认为无论大家合不合作,友情常在。他最满意的是和员工保持好的关系。或许是受之前在返还网的经历影响,当公司经营出现瓶颈时,D 积极地与员工沟通,分析离开公司的利与弊,使他们能够心悦诚服地接受。Y 主张的企业文化是以人为本,他了解、关心每一个员工,与员工一同成长。在他的公司,员工的待遇在同行中处于较高的水平。Z 对待员工就像兄弟姐妹一般,不仅关心他们的工作,还会照顾他们的生活,经常会以自己的沟通方式传递给员工很多正能量,使员工改变消极的态度,积极地做事,员工的离职率较低。

纵观三位创业者的整个创业经历,他们的关系网是不断发展变化的,体现出他们对关系的组合管理能力。这在 Z 的身上表现得最为明显,他最早从父母那儿得到创业的资金和情感支持,再通过人情交往发展出以同学、朋友为主的熟人关系。随着创业活动的进一步开展,他结识了更多的与自己公司业务有关联的生人关系,如网站的注册会员、顾客、竞争对手等。此外,三位创业者的沟通能力都比较强,在与内部员工、客户、供应商、合作者之间,都能够进行有效的沟通,交流意见,阐述想法,化解冲突。Z 更是在上大学时就有意培养自己的沟通能力,可见其重要性。

4. 关系有效利用能力

该能力指能够从关系网中挖掘并利用有价值的信息和资源,帮助创业或是提升自己的素质和能力。这是关系能力运用的一个很重要的环节。通过关系构建、关系管理的过程,关系已逐渐形成一种人力资源。创业者应适时地利用好这些资源,为创业成功增添动力。在关系的有效利用这一点上,一方面,三位创业者能从自己的关系网中获取创业资源。例如,D早期对返还网资金的投入大都是依靠合作者。当再度面临资金困难时,老乡帮助他申请到YBC的创业资金资助。在业务开发这块,Y几乎都是依靠朋友介绍的,而且供不应求,这对企业的发展是不可忽视的力量。另一方面,在与他人的交流互动中,创业者们能接收更多的知识和经验,以提升自己的素质和能力。Z就经常会与许多成功的企业家交流思想,他也因此有了很多改变,甚至是精神层面的提升。Y也时常能从朋友、其他的创业者那儿获取经验。

四、研究小结

通过以上对三位创业者的叙事资料进行的叙事研究,并结合前人所取得的成果,我们将创业者的关系能力定义为:创业者从自身的社会关系网络中识别价值和机会,并发展、保持和开发这些关系,以获取信息和资源的能力。创业者的关系能力包括四个维度:关系导向能力、关系构建能力、关系管理能力以及关系有效利用能力。

关系导向能力,是建立在中国人特有的"关系取向"特征之上的能力。它表现为较强的重视关系、认知关系的关系取向,是一种心理特征,具体包括关系的目的性、资源化、敏感化和类别化。

关系构建能力,是与有助于或可能有助于自己创业的人发展、建立关系或关系网络的能力。它可具体化为开发人脉以及建立网络联系。开发人脉在创业的整个过程中都显得比较重要,为创业的开展提供了不可或缺的力量。建立网络联系则需要创业者利用关系技巧,在中国人传统的面子管理和情感管理的基础上,总结出自己独特的关系技巧。

关系管理能力,是能够建立个人对个人、个人对群体的良好互动关系的能力。例如,构建合作和信任的氛围、沟通能力以及组合管理能力。构建合作和信任的氛围在组织内部显得尤为重要,建立融洽的内部关系能使组织顺利运行。沟通能力在创业的任何环节都是很重要的。组合管理能力则要求创业者不仅能处理二元的人际关系,还能对各种关系进行有效的组合管理。

关系有效利用能力,是在关系构建、管理之后,创业者从关系网中挖掘并利用有价值的信息和资源的能力。关系一经建立,就具有潜在的生产力,至于如何使之成为具有价值的创业产出,则需要创业者创新的资源整合利用能力。关系一旦得到有效利用,就能为创业成功和绩效的提升带来帮助。

由于资源的限制,本研究虽然只访谈研究了三个样本,但是也可以让我们对关系能力有一个更好的洞察。未来可以扩大样本量,充分挖掘和提炼不同维度的内涵,为关系能力的进一步实证分析提供一个坚实的基础。

五、附　　录

访　谈　提　纲

(一) 研究背景说明

1. 研究课题介绍(内容与用途)。
2. 个人隐私或商业保密说明。
3. 访谈的大概程序。

(二) 访谈主体

访谈正式开始时,访谈者会先对被访者进行一些指引:

> 每个人的生活都是由许多故事组成的。现在,希望你就像讲故事一样回想你的整个创业经历,将它们从头到尾叙述出来。不要过于机械和正式,保持开放和有弹性的态度,能帮我们带来一个更加真实的创业故事。

在被访者叙述自己的创业故事时,访谈者还要适时地提出一些问题,进一步挖掘与本研究相关的叙事资料,诸如:

1. 他对你有什么影响?

2. 这个阶段对你有重要影响的人是谁?为什么?

3. 在整个创业过程中,对你帮助和影响最大的人是谁?

当然,在访谈过程中,访谈者也要积极地与被访者互动,对叙述不清晰或有问题的地方,及时地提出自己的疑问,以便形成更加真实完整的创业故事。

(三)结束访谈

1. 后续的研究工作(案例编写,可能进一步联系)。

2. 推荐他人("滚雪球")。

3. 感谢。

主要参考文献

[1] Anderson A R, Lee E. Y. From tradition to modern: Attitudes and applications of guanxi in Chinese entrepreneurship[J]. Journal of Small Business and Enterprise Development, 2008, 15:775—787.

[2] Hwang K. Face and favor: The Chinese power game[J]. American Journal of Sociology, 1987, 92:944—974.

[3] Man T W Y, Lau T, Chan K F. The competitiveness of small and medium enterprises: A conceptualization with focus on entrepreneurial competencies[J]. Journal of Business Venturing, 2002, 17(2):123—142.

[4] Su C, Yang Z, Zhuang G, Zhou N, & Dou W Y. Interpersonal influence as an alternative channel communication behavior in emerging markets: The case of China[J]. Journal of International Business Studies, 2009, 40(4):668—689.

[5] Su C T, Littlefield J E. Entering guanxi: A business ethical dilemma in mainland China? [J]. Journal of Business Ethics, 2001, 33:199—210.

[6] Yang M. Gifts, favors and banquets: The art of social relationships in China[M]. Ithaca: Cornell University Press, 1994.

[7] Yen D A, Barnes B R, Wang C L. The measurement of guanxi: Introducing the GRX scale[J]. Industrial Marketing Management, 2011, 40(1):97—108.

第6章 创业关系能力:叙事研究

[8] 何友晖,陈淑娟,赵志裕.关系取向:为中国社会心理方法论求答案[A].杨国枢,黄光国.中国人的心理与行为[C].台北:桂冠图书公司,1991:67—92.

[9] 何友晖,彭泗清,赵志裕.世道人心:对中国人心理的探索[M].北京:北京大学出版社,2007.

[10] 黄光国.儒家关系主义:文化反思与典范重建[M].北京:北京大学出版社,2006.

[11] 龚鹤强,林健.关系认知、关系运作和企业绩效:来自广东省私营中小企业的实证研究[J].南开管理评论,2007,10(2):45—53.

[12] 姜翰,金占明,焦捷,马力.不稳定环境下的创业企业社会资本与企业"原罪"[J].管理世界,2009,6:102—114.

[13] 乔建.关系刍议[A].杨国枢.中国人的心理[C].台北:桂冠图书公司,1988.

[14] 翟学伟.关系与中国社会[M].北京:中国社会科学出版社,2012.

[15] 佐斌.中国人的关系取向:概念及其测量[J].华中师范大学学报:人文社会科学版,2002,41(1):74—80.

第7章

创业关系取向:叙事研究

一、关系取向理论综述

(一) 关系的重要性

在中国独特的文化背景下,"关系"被赋予了许多隐含的意义。在中国的高"关系"情境下,创业者在建构企业网络时,更多强调的是"关系",即一种靠人为因素建立起来的联系。关系也是生产力,意味着更好的联系。尤其在华人社会中,良好的关系对企业创业、企业成长、商业往来都扮演着至关重要的角色与任务。Menkhoff(1993)以新加坡的华人交易网络为案例,发现华人在市场交易中没有太多的合同契约,却依然能够有效地维持生意。边燕杰(2001)等人通过对中国人找工作行为以及对中国初创企业的网络寻找过程的研究,指出中国是一个人情社会。姚小涛、张田、席酉民(2008)通过对250家企业样本的实证分析,指出社会关系可以为企业成长提供一定的社会资源基础。

费孝通(1985)对中国人的关系有过深刻的阐述,认为中国乡土社会以宗法群体为本位,人与人之间的关系是以亲属关系为主轴的网络关系,是一种"差序格局"。在这种格局下,每个人都以自己为中心结成网络,"好像把一块石头扔到湖水里,以这个石头(个人)为中心点,在四周形成了一圈一圈的波纹,波纹的远近可以标示社会关系的亲疏。"黄光国(2006)曾将这种差序格局的关系状态划分为:家人、熟人、生人,与之相对应的关系法则和交往法则是情感性关系(需求法则)、混合性关系(人情法则)和工具性关系(公平法则)。庄贵军和席酉民(2003)提出了一个关于关系基础、关系水平和交往成本的简化模型。

相关研究文献已对关系的重要性及其内涵进行了探讨。例如,Pye(1992)认为,关系就是"一种带着继续保持互惠互利含义的友谊"。Bian(1994)将关系解释为:"(1)人们之间存在的一种共同分享同样群组地位或者与相似人群之间的关系;(2)人们之间的一种有着频繁接触的实际的关系;(3)与一个缺乏直接影响的熟人之间的联系。"总的来说,中国社会文化的基础仍然是传统儒家思想。Davies等学者(1995)认为,"关系"能够提供给企业或者工厂实在的利益,包括:(1)获得政府政策、市场趋势、生意机会等的信息;(2)简化企业运营和交易(公司形象建设、后勤、应收款项的收取、获得生产资源)。Standifird 和 Marshall(2000)认为,对"关系"和人际网络在中国社会和经济生活中所发挥的重要作用必须给予特别的关注。中国经济并不是建立在严格的定理上的,而是建立在"关系"的基础上,"关系"能被看作一种为了产生和发展人际关系中的一种在正常形式外的特权、规则而产生的东西。根据 Ghauri 和 Fang(2001)的观点,"关系"与人情(利益)和礼(礼仪、财富或者行为准则)密切相关。Fan(2002)认为,"关系"是一种起源于两个人之间,但是在很大程度上牵涉到其他很多人的社会联系。"关系"是有目的的,"并将最终导致某些活动"。Vanhonacker(2004)认为,在中国,关系先行,关系以及个人联系被认为是一种严格的伦理互惠及义务。何友晖(1998)指出,关系取向和关系支配性反映了儒家文化传统中社会行为类型的基本特征,它指的是人们重视人际关系,关系对于人们的社会行为具有压倒性的影响。从思想上重视这种关系取向的人表现出很强的关系观念取向,对关系有很强的认同感,他们都希望关系稳定、和谐,而且试图好好利用这些关系。

"关系"在微观层面可以表现为对于企业运营各个方面的研究,这些研究通常结合具体的案例进行分析。Cameron(2005)通过对一个项目组进行调查,以探讨建立商务关系对于在中国市场上运营企业的重要性。该项目组认为,要想服务于中国市场和在中国市场上发展,绝对不能进行远程服务,必须近距离接触。Hutchings 和 Weir(2006)研究了"关系"对企业国际化的影响,认为必须对跨国企业的经理进行更多的培训,以适应特殊文化背景的需要。Ju 等人(2006)认为,要在中国做生意,必须马上行动,明白中国人的"游戏规则",理解"关系"的重要作用,而"关系"需要通过长期耐心的投入加以培养。Shin 等人(2007)通过研究,认为在中国,"关系"、儒家思想、集体主义思想对信息共享具有重要的影响。

Taormina 和 Gao(2010)指出,关系在中国社会具有普遍性,中国的社会关系网络包含很多因素,要想了解中国人和他们的文化,就必须去了解他们的行为;中国人的关系行为反映了他们的关系取向,包括向家人寻求支持、帮助朋友、和他人进行互惠活动等。Luo(2012)在关于关系和组织绩效关系的一项研究中指出,对关系敏感的人往往更善于利用关系获得有价值的信息和资源。Wang(2013)指出,企业间要成功进行合作,通常需要一种实质性的关系专用投资,这种投资可能是物质财力上的,也可能是人力资本上的。通过关系投资建立好的人际关系,需要和对方的跨域协调者(boundary spanner)进行反复的往来,建立信任,作出社会承诺等。

因此,"关系"可以包含以下几层含义:(1) 在华人社会,"关系"应首先描述人际关系,或至少和人际关系联系非常紧密。人际关系指社会人群中因交往而构成的相互依存和相互联系的社会关系。人与人之间由于相互认知,因而产生吸引或排拒、合作或竞争、领导或服从等关系。(2)"关系"包含着人与人之间互惠互利的一种特殊的联系,这种联系直接关系到相关人士或组织利益的获得。(3) 与情感的联系紧密。"个人情感"一直包含在"关系"之中。"关系"是一种持久的围绕着感情的投资,强调个人情感的培育和维系(杨洪涛,2010)。

(二) 关系取向概念

"关系"在中国文化和中国人的日常生活之中有着十分重要的作用。

许多学者认为,中国人具有"关系取向"。"关系取向"是不少华人社会心理学者分析和界定中国人心理和行为的一个很有影响力的重要概念。

"关系取向"这一概念最早由何友晖提出,指中国人因受儒家关系文化影响而形成的一种处理人际关系的心理取向,它体现了中国关系文化的本质,并能够与西方的"关系交换"概念清楚地区分开来。杨国枢(1992)将"关系取向"作为中国人社会取向的一个重要特征,认为这是中国人在人际网络中的一种主要运作方式,指出中国人的关系取向具有关系形式化、关系互依性、关系和谐性、关系宿命观、关系决定论五个主要特征。佐斌(2002)认为关系取向是人们以关系作为对人对己认识的依据(或线索)并依此进行行为反应的一种心理倾向和行为风格,提出了中国人关系取向三维十二要素的内容结构,将关系取向分为观念取向、认知取向、行为取向这三个维度。李伟民(2009)认为,在中国社会漫长的演进和变迁过程中,中国人社会行为的关系取向也在不断地变换着其表现的直观形式和所包含的实质内容,从而衍生出不同的关系取向类型。中国人的社会行为取向表现为自然性、社会性和经济性三种关系取向适度有序的融合。

国外也有很多学者提到关系取向,他们称之为"社会联结"(social tie)或者"网络"(network),虽然名称不一,但包含的内容大致是相同的。Su(2003)以一个中国企业为例,讨论了关系取向从道德上来说是不是不好的。他指出,中国人的关系就像一张网,这张网包含了各种资源,人们可以从这张网中获取自己想要的资源,然后利用资源来创造效益。Huang,Davison和Gu(2008)指出,面子和关系取向在知识转移中有很重要的作用,关系除了表示一种联系外,更多地意味着权力、社会地位、资源等。Yen等人(2011)从企业中买方的角度出发,将关系取向分为感情、人情和信任三个维度。感情主要指的是理解、分享情感的感觉;人情和中国情境中的互惠相似,包括送礼、喝酒、吃饭等;信任指的是双方是不是诚实的、坦白的。Huang等人(2011)在分析企业中员工与经理的关系时,指出中国人具有关系取向主要是因为他们在乎自己和别人的感受,想要尽可能不丢面子,获得别人的尊重和认可。Yang和Chang等人(2012)指出,中国人的关系取向应该包括信任(trust)、互惠互利(reciprocity)、黏结(bonding)和同理心(empathy)这些方面的内容。

本研究将创业者关系取向界定为创业者在创业实践中表现出来的对关系的认识和关系行为。以下将基于案例分析和叙事研究,对创业关系取向的具体内涵及其维度进行归纳提炼。

二、访谈与叙事研究设计

本研究对创业者关系取向维度模型的构建主要采用质性研究中的行为事件访谈法,以面谈的方式进行。这里首先界定什么是行为事件访谈法,然后解答为什么要选择这种方法解决相关问题,最后对如何利用这种方法进行研究设计等问题给出简要的回答。

(一) 行为事件访谈法

行为事件访谈法是一种开放式的、行为回顾式的探索技术,是一种结合John C. Flanagan 的关键事例法(Critical Incident Technique, CIT)与主题统觉测验(Thematic Apperception Test, TAT)的访谈方式,是目前建模过程中得到公认且最有效的方法。

BEI 的主要过程是请受访者回忆过去半年(或一年)在工作上感到最有成就感(或挫折感)的关键事例,其中包括:(1) 情境的描述;(2) 有哪些人参与;(3) 实际采取了哪些行为;(4) 个人有何感觉;(5) 结果如何。即受试者必须回忆并陈述一个完整的故事。在具体的访谈过程中,需要被访谈者列出其在管理工作中遇到的关键情境,包括正面结果和负面结果各三项。访谈约需三个小时,需收集三到六个行为事件完整、详细的信息。

在进行 BEI 的时候,访谈者访谈的重点是在过去确实的情境中所采取的措施和行动,不是假设性的答复,也不是哲理性、抽象性或信仰性的行为。这需要采用 STAR 的方法,深层次挖掘出具体的行为细节。

STAR 主要有四个问题:(1) S(Situation)。"那是一个怎么样的情境?

什么样的因素导致了这样的情境?在这个情境中,有谁参与?"(2) T (Task)。"您面临的主要任务是什么?为了达成什么样的目标?"(3) A (Action)。"在那样的情境下,您当时心中的想法、感觉和想要采取的行为是什么?"在此,要特别了解被访谈人对于情境的认知和对于事例的关注点。被访谈人如何看待其他人(例如,肯定或是否定)或情境(例如,对分析与解决问题的思考)?被访谈人的感受是什么(例如,害怕、信心、兴奋)?被访谈人内心想要做什么?什么想法在激励他们(例如,想把事情做得更好,让老板印象深刻)?(4) R(Result)。"最后的结果是什么?在此过程中又发生了什么?"STAR是BEI最好的"武器",也是最有效的问法。访谈中,主要使用STAR提问。

STAR是目前在构建素质模型过程中使用得最为普遍的一种方法。它主要以目标岗位的任职者为访谈对象,通过对访谈对象的深入访谈,收集访谈对象对自己在任职期间所做的成功和不成功的事件的描述,挖掘出影响目标岗位绩效的非常细节化的行为。之后,对收集到的具体事件和行为进行汇总、分析、编码,然后在不同的被访谈群体(绩效优秀群体和绩效普通群体)之间进行对比,就可以找出目标岗位的核心素质。本研究旨在建立创业者关系取向维度的模型,因此使用STAR是非常合理的。

(二)访谈提纲设计

在访谈前,我们设计了创业访谈提纲和访谈记录单。对每次的访谈内容,我们按照统一的格式记录在访谈记录单中。每次访谈都按照统一的访谈提纲进行,在实际访谈过程中,经过前两次访谈,我们对访谈提纲所列的问题作过几处调整和补充完善,以使提出的问题更符合访谈的需要,从而获得更详细、完整、有效的信息。

访谈的问题是半结构化的,主要由一系列开放式的问题作引导。在访谈前,针对所有的被访者,我们设计了一套统一的访谈提纲(见本章附录)。但是,在具体的每一次访谈中,我们会根据每一位受访者的具体情况作一些适当的调整。

(三)样本选择

本研究试图在较为成功的创业者丰富的创业经历和关系网络中,探索出有助于创业的关系取向维度。样本的选择主要集中在上海和江苏,因为这两个地区相对于全国其他地区来说,经济比较发达,商业氛围比较浓郁,可以带来诸多的创业机会,再加上完备的基础设施、政府政策支持、金融支持、开放的市场等方面的优势,给创业者营造了良好的创业环境。

此外,在样本选择上,还必须满足以下三个条件:

(1)受访者是正从事创业的创业者,创业经历至少三年以上;
(2)已注册公司并有实际业务发生;
(3)是创业企业的股东。

上述三个要求中,第一个要求确定了创业者这一研究对象的具体定义范围,创业时间的限制也希望他们是确实经历了一段创业期而成长起来的创业者。其次我们是要去挖掘创业者的关系取向维度,创办了公司的创业者比那些还没有成立公司的创业者来说,在创业过程中对关系取向的态度和行为肯定也不一样。第三点要求,受访者是"创业企业的股东",说明他有真正的投入,是实干者,在公司日常运作中扮演着重要的角色,而不仅仅是一个不起眼的参与者,他在公司创办运营中必然有某些关系取向。满足了这三点要求的创业者,他们拥有自己的公司,有实际业务,这也表示他们是在真正地进行"创业"。

因此,我们从 2013 年 12 月开始共访谈了 8 位创业者,其中有两位是女性,基本情况如表 7-1 所示:

表 7-1 访谈对象的基本信息

访谈对象	企业名称	所属行业	企业规模	访谈次数
创业者 C	江苏某水产技术服务有限公司	服务业	1—10 人	2
创业者 J	江苏某家具有限公司	商贸	11—50 人	2
创业者 L	上海某美妆保健工作室	服务业	11—50 人	1
总经理 M	江苏某鞋业制造有限公司	制造业	101—500 人	1

(续表)

访谈对象	企业名称	所属行业	企业规模	访谈次数
总经理 R	上海某外资商贸有限公司	商贸	51—100 人	1
创业者 X	上海某茶叶批发零售有限公司	商贸	11—50 人	2
总经理 Y	江苏某电梯配件制造有限公司	制造业	101—500 人	1
创业者 Z	江苏某母婴用品有限公司	商贸	1—10 人	1

（四）资料收集和整理

本研究收集资料以行为事件访谈法为主，访谈主要由两位访谈者负责进行，采用半结构访谈形式，将每一次访谈内容都按照统一的格式记录在"访谈记录单"中。每次访谈一般持续 90—150 分钟，长时间的访谈无法将所有谈话内容人工记录成文本。为此，在征得访谈对象的同意后，我们对整个访谈过程进行了录音。

在每一次访谈结束后，我们马上将访谈录音逐字逐句翻录成文本形式的访谈记录，录入"访谈记录单"，形成现场文本。对现场文本，以创业者姓氏首字母和访谈时间进行编号。再结合该访谈者的其他资料，如媒体报道文章、公司或个人网站等信息，形成了创业者的书面材料，也是我们访谈分析的原始资料。

（五）资料分析方法

在对访谈资料进行分析的时候，我们采取 Lieblich 等人提出的叙事研究的阅读策略，将叙事资料的分析方法分为四种模式，分别是整体—内容模式、整体—形式模式、类别—内容模式、类别—形式模式。这四种叙事阅读模式的形成依据两个独立的维度：整体方法与类别方法、内容与形式。把这两个维度的各部分交叉，便得到四种模式。当研究者关注个人的整体发展状况时，可采用整体方法；当研究兴趣在某一群人共有的问题或现象上时，适合采用类别方法。

本研究采用整体—内容模式和类别—内容模式这两种分析模式对访谈

资料进行分析和诠释。整体—内容模式,是将个体的关键事件看作一个整体,集中分析关键事件所描述的内容;分析文本的个别部分时,应放在关键事件整体脉络下作出诠释。类别—内容模式,又可称为"内容分析法",它重点关注关键事件的每一个独立部分所呈现的内容,先把研究主题定义成许多类别,再从文本中摘取各种不同的表述,将其分类整理后归入相应类别,具体例子可以从一个或几个文本里收集和计数。

所以,资料分析分两步完成:

第一步,进行单个个案的分析,将八个个案分开,利用整体—内容模式,将每一个创业者所讲述的关键事件看成一个独立的整体,针对其讲述的内容进行研究。分析步骤如下:(1)对每个个案,分别反复分析他的关键事件;(2)确定每个个案内容或主题的特殊焦点,用不同颜色的标记画出事件的不同主题,然后分别分析;(3)对个案的整体关键事件,记录我们的发现和结论,选出有意义的主题,通过情节、背景的描述,赋予所选事件的结构、意义和脉络。

第二步,在单个访谈研究的基础上,将八个个案合在一起,从类别—内容视角进行分析和诠释。分析步骤如下:(1)选择子文本。在八个受访者原始资料的逐字稿上标出所有与"关系"相关的部分,再从这些子文本中,由两名研究者选择主要句子,也就是那些有关关系取向的独特思想或记忆的话语表述,建立一个"主要句子"文件包。(2)定义内容类别。在进一步分析的基础上,为所有访谈对象的主要句子序列提出与其内容相关的几个有关关系取向的类别,然后把他们的主要句子归入不同的类别。值得注意的是,内容类别可以用某个理论提前定义,也能通过尽可能开放地阅读子文本,从中寻找主要内容类别。但是,以某理论为基础提前定义与凭借经验进行分类的方法之间并不像它们外表上那样存在明显的区别,因为读者会把自己的理论的或者常识性的假设带到文本的阅读中,这是不可避免的(Linda,1993)。(3)作出结论。我们用的是描述分析汇总的方式,基于每一个类别下的内容,形成关于创业者这一特定人群的关系取向维度总体画面。

三、创业关系取向:整体—内容模式

(一)创业者C:做事先做人,交朋友很重要

C说自己从小到大根本没想过会开公司,也没想过要成就多大的事业,只是想着踏踏实实做人、安安稳稳做事,创业可以说是偶然的机遇。

C的创业开始于2011年初,那个时候的他其实处于一个迷茫的阶段。2010年7月,他大学毕业,进入了无锡一家公司做添加剂。因为不是自己的本专业,很多知识都不懂,所以他觉得工作压力很大,于是在当年年底就将工作辞了,想着还是做回自己的专业——水产技术类。正好在他辞掉工作的时候,有一个在常州开水产技术服务公司的朋友问他愿不愿意一起做。C说他当时只是觉得这个朋友很可靠,值得信任,于是就加入了。这个朋友是C在实习的时候认识的,比他大几岁,在那家公司干了好几年。两人刚开始并不熟悉,只是都喜欢打篮球,在一起打了几次篮球后,发现对方和自己性格、脾气、爱好等都很像。于是,两人很快成了无话不谈的好朋友。这个朋友先进公司,在C实习期间给了他很多专业上的指导。无论是在私底下还是在工作中,他们的关系一直很融洽。C刚加入的时候,大部分的资金都是这个朋友的,他只是出了一小部分,算入股合作了。在C加入公司差不多一年后,这个朋友在别的城市又开了一家公司。C拿出一些资金给这个朋友,于是这家水产技术服务公司就正式属于C了。C从2012年开启了独自创业之旅。

C一直强调,做事先做人,要真心付出,不管客户还是供应商,大家都是可以成为朋友的。C记得有一次答应了给一个客户送货,结果第二天早晨下了很大的雨。C的客户很多都是那些在城外承包鱼塘的人,从公司到鱼塘差不多有十几公里的路,平常骑电动车过去要二十几分钟。但是,那天雨下得很大,通往鱼塘的几公里全是泥路,泥泞不堪,走路都不容易,更别提骑车。C说那袋货自己就挣十几元钱,在那么大的雨中,为了按时给客户送

到,他早晨四点多就出门,车骑不了就只能走过去,背着一袋货,深一脚浅一脚地在烂泥中走,几公里的泥路走了四十多分钟。他说那个时候真的觉得自己很辛酸,想想自己还是个大学生,居然这么狼狈地背着货在泥路中前行,全身都被雨打湿了,这么拼命似乎很不值。但是,他从没想过放弃。他说因为答应了客户那天早晨送到,做人一定要讲诚信,说过的事就要努力做到,这样客户才会信任你,才会继续和你做生意。最后,他终于把货按时送到客户手上。客户当然非常感动,觉得他是个很讲诚信的人,和他的生意往来越来越多,也会介绍更多的人和他做生意。

C还说自己的那些客户独自在外面承包鱼塘很辛苦,也比较孤独,有个人和他们聊聊天会觉得很开心,而他本身就是很爱和这些淳朴的人打交道的。在家靠父母,出门靠朋友,在过节的时候,C经常把这些鱼塘承包商召集到一起吃个饭、聊聊天。他们也都很愿意参加这样的活动,大家一起聊聊怎样治理鱼塘、何时下鱼苗、水产市场的行情等。他们在一起吃饭谈生意,就像朋友聚会一样。C说虽然自己刚大学毕业不久,看上去还是个毛头小子,公司周围有好几家竞争者,但是那些承包商都很信任他。因为C就是学水产技术的,他们相信他的专业,并且他做事很专心、踏实。他再次说到做人真的很重要,得先做好人,这样才能交到朋友,才能做好生意。这是他创业几年来最大的感悟。

(二) 创业者 J:对顾客像对家人一样

J说在自己很小的时候,他们家就是村上最穷的一家,父母身体也不太好。初中毕业后,他就跟着一个表叔到南京打工了。从那时开始,他就梦想着要做成一番大事业,要让他们家富起来,要让全家人过上好日子。

J决定创业是在准备结婚的时候,那时他和女友很相爱,但是女友的家里不同意他们在一起,原因是他家太穷。为了和女友在一起,他天天去女友家拜访,鼓动身边的亲戚朋友一起去帮他说好话,求准岳父母给他个机会,不断表明自己是愿意吃苦、可以成就一番事业的人,是可以给他们女儿幸福的。就这样坚持了一个月,他的准岳父终于同意了,觉得他确实是个对家庭很有责任心、很孝顺的人。之后,他对家人也确实一直表现得不错。后来,J就开始了创业,亲戚朋友们都很支持他,创业的资金大部分都是亲戚朋友借给他的。他很感激这些亲戚朋友这么信任他,支持并帮助他白手起家。他也是不断尽力做到"滴水之恩,当涌泉相报",认真对待身边所有的人。

J的公司主要是出售办公家具用品的。他说虽然自己是公司的老板,但一点也没享受到当老板的荣耀。刚开始时,他带领公司十几个人承受着很大的压力,每天东奔西跑,不断约见客户,为成就一单生意要讨好很多人。他说有一次和一个客户谈了一个星期,终于都搞定了,公司准备第二天交货。但是,那个客户突然打电话过来,说不要他们公司的货了。J说当时自己很气愤,对方怎么能出尔反尔。但是,生气过后,他还是想要弄明白对方为什么突然不同意了,到底是因为产品质量有问题还是因为价格过高,抑或是其他原因。了解过后,J恍然大悟,做生意很重要的是抓住对方的需要,原来客户买了另一家公司的一批家具,因为那家公司的销售代表和客户喝酒喝到一块儿了。J说自己并不是个很喜欢喝酒的人,但是做生意就是这样,产品质量基本没什么问题,价格高低都是双方可以商量的,而生意能不能谈成,最重要的就是双方在一起谈的感觉,是不是一拍即合,是不是志同道合。中国人很重视这种酒桌文化,双方更像在拉家常,而不仅仅是谈生意。J说慢慢地自己也就放开了,和对方一起喝酒聊天,聊人生经历,聊家庭事业。后来,聊着聊着,他觉得大家都很不容易,聚在一起不应该仅仅只为了利益,而更应该像家人一样互帮互助,为对方着想。

后来,J一直本着"对顾客像对家人一样"的态度经营公司。客户对办公桌椅有什么需要,有什么不满意的地方,他都会第一时间赶去解决;客户有资金周转不方便的时候,他会尽力去协商通融;客户酒喝多了,他会帮忙打车,将其送回家;客户有其他工作之外的事需要帮忙,他会尽力去帮忙解决;等等。总之,J说他很爱自己的家人,很爱自己的亲戚朋友,同时把这份爱延至身边所有的人,把他们当作自己的家人一样对待,自己吃点亏不要紧。久而久之,大家就都认可J是个对家庭、对事业很有责任心的人,也愿意和他继续合作。

(三)创业者 L:敢于推销自己

在日常生活中,我们经常会"以貌取人",看到某个人,忍不住去猜测他(她)是做什么工作的。看到 L,很明显的一个感觉就是,这个姑娘从事的工作肯定与时尚、美容护肤相关。

L 是福建人,她说她们那儿的人似乎天生都很善于做生意,自己也是从小就很有梦想,想要自己创业。她说女人一定要自己活得精彩,但单靠自己的力量肯定是不够的,要结识更多的有才华、有能力的人,才能促成事业的成功。2008 年中专毕业后,L 就来到了上海,在这个繁华的大都市逛了一圈,入眼最多的就是时尚的都市女性。于是,她就找准了定位,准备开个美妆工作室,让更多的女性变得越来越美、越来越自信。L 为此专门花了一段时间去学习各种化妆技术、盘发技能、护肤养生知识,加上她本身从小就爱打扮、爱"折腾"自己,所以学习的效果非常不错,她的工作室也慢慢组建起来了。

L 说刚开始的时候主要就是做化妆品这方面的,包括代购雅姿、欧莱雅等外国品牌,生意也主要是周围小姐妹们带动起来的。说到这儿,L 称小姐妹真的是越来越多,每个人都有自己的朋友,朋友的朋友,朋友的朋友的朋友,慢慢都发展成了关系比较好的小姐妹,当然也包括年纪较大些的阿姨,都统称"小姐妹"。大家没有代沟,在一起很开心。现在,人们不仅仅关注美丽、自信,更关心健康问题,L 的经营范围也就不仅仅是化妆品了,更多的是纽崔莱、安利等保健品以及净水器、空气净化器等,目标顾客也就不单单是爱美的女性了。

L 的产品推广主要依靠 QQ、微信、微博平台,现在大家都爱玩这个。她每天都要在这些平台上传很多产品信息,与好友进行互动,用秀丽的字体、漂亮的照片去吸引朋友们的目光,用真诚之心去推销自己、推销自己的产品。工作室定期就会把朋友、顾客们聚集到一起,举办彩妆秀、美食沙龙、瑜伽健身等活动。在活动中,大家的关系变得越来越好,也不断有新的顾客加入进来。除此之外,L 说自己是个很积极进取的人,想要不断提升自己,她经常去全国各地参加各种研讨会,听各种成功学的演讲,分享关于梦想的宣传。她每天都激励自己努力追求梦想,坚持创业不放弃。

另外,L特别善于观察别人,与陌生人搭讪,进而推销自己。她说有次正好从外面吃完中饭准备回去,在地铁口碰到了一个女生,发现那个女生的眼镜特别漂亮,一下子就被吸引了。她又仔细看了会儿,觉得那个女生似乎在寻路。L就大胆地走过去,说她的眼镜很漂亮,问她是在哪儿配的。女生温和地回答了并向L问路。就这样,两人在地铁口聊了起来。通过简短的闲聊,L得知那个女生是上海某大学的一名大四学生,那天正好去个公司面试,在地铁口正好碰到L,问了下某某大厦怎么走。据L说,两人聊得比较投缘,还互相加了微信。聊完后,L热情地邀请女生去她的工作室玩。由于L的工作室就在女生面试的大厦附近,女生当时也答应了。那天差不多下午三点的时候,L觉得女生应该面试结束了,就打电话给她,问她面试怎么样、愿不愿意过来坐坐等。女生也只是说回学校有急事,改天再去L的工作室。之后的几天,L也不断地跟女生在微信上聊天,聊学习、聊生活、聊感情等等。L说当时自己只是觉得和这个女生比较有缘,加上自己没读过大学,对于她讲的一些大学生活也比较向往,就希望能和她交个朋友,当然也希望她能成为自己的小姐妹之一啦。L说可能因为自己当时表现得太热情了,几次邀请这个女生去自己的工作室玩,都被委婉拒绝了;可能这个女生觉得自己是个坏人,像是搞传销的,不断忽悠别人过去。之后,L只是偶尔在节假日的时候,和女生聊上几句,送上些祝福。因为互相加了微信,在朋友圈可以看到对方的状态,而L经常在朋友圈分享自己的产品以及一些励志的故事,这个女生慢慢就转变了对她的态度,主动提出要到L的工作室去看看。L说,这个女生那天还不是一个人过来的,带了三个朋友,可见她对自己还是有所警惕的。L说这种警惕心高的人其实是最容易成为朋友的,一旦她相信你了,就是真的信任了。L泡了家乡的茶叶,带她们参观了工作室,介绍了很多产品,而女生一般对这种化妆品都是很感兴趣的,于是大家越聊越开心。这个女生的一个朋友当时就买了一些护肤品。当然,L给她们的价格也是比较合理的。之后,这个女生当然成为L的"姐妹淘"之一了,包括女生的朋友们,还有朋友的朋友们。L一下子多了很多朋友,多了很多生意。L说有时候做生意就是这么偶然,当然也要善于推销自己,付出自己的真心,这样才能得到别人的信任,才能有所收获。

(四) 创业者 M:工人与客户是关键

一谈到生意,M 就忍不住摇头,他说:"现在生意难做啊,时代变了,大不如前了,特别是我们制造业。"

M 的公司 1998 年就成立了,主要是采购皮料、鞋子样本、鞋底、胶水等材料,然后找些工人,制造皮鞋,生产好了就把它们送到客户那里。当时 M 也没什么开公司的经验,找供应商、找工人、找客户都是一个亲戚带着他慢慢开始的。从 1998 年开始,到差不多 2005 年,M 的公司一直经营得不错,利润也是逐年递增。M 说,那个时候做皮鞋这种技术活的工人很多,供应商、客户都比较稳定,皮鞋样式等也没有多大变化,自己作为老板,基本不用操什么心。

M 说,从 2005 年开始,这一行就变得越来越难了,第一个问题是工人越来越难找了。以前孩子初中毕业就学个手艺成为工人了,现在孩子基本都出去读书了,读大专、读本科等等,再差也会读个职校,很少有学做皮鞋手艺的了。特别是江苏这个地方,农村的生活条件越来越好,不比城镇差多少,父母的思想也比较开明,很重视孩子的教育,让孩子多读书,成为有文化的人。M 说,现在做这一行的工人的月薪差不多有四五千元,淡季的时候也有三千多元,抵得上大学毕业的学生了。但是,即使是这样的工资,还是比较难招工人。第二个问题是客户的要求越来越高。M 公司的产品主要是批发给各个客户的,然后客户再去经销、去零售。现在人们的文化程度越来越高,思想越来越开明,越来越讲究时尚,对皮鞋的要求也越来越高,不仅质量要好,还要时髦、款式新颖、颜色亮丽等。面对琳琅满目的鞋子,作为制造商,只有不断生产物美价廉的产品才能占据优势。

每年过年前是 M 最忙碌的时候,他需要天天出去拜访老员工或者寻找新员工,还有就是去拜访客户。M 说,这一行的老板们都一样,每个老板都会准备一笔资金,专门用于每年过年前对员工和客户的拜访。通常这个时候,M会带着红包,带些香烟、酒水到员工家里,和他们聊些家常,聊这一年在公司有什么感触、收获,生活上有什么需要帮助等。聊得差不多了,M就把红包给对方,希望其明年继续来公司上班,并问其是否可以介绍其他新员工过来;如果有新员工被介绍过来,还会给老员工一些经济上的额外福利。M还为公司的员工开发了奖金制度,员工可以根据当年的年薪按比例获取奖金,工作越久的员工所获的奖金越多。在新年第一天开始上班时,M会请公司的员工一起吃顿饭。当然,也会出现员工拿了红包第二年不来上班的。不过,这种情况很少。老板和员工都很熟悉,员工要是第二年不来,至少会将红包退回来。不管是老板还是员工,大家都很讲究口碑。在访谈中,M反复强调,员工和客户很重要,作为一个老板,要时刻不忘和他们保持较好的联系,有投入才有收获。

(五)创业者R:外企与中国"关系"文化

R是新加坡人,讲着一口流利的普通话,如果不问国籍,压根不知道他是个外国人。R笑着说,来中国快五年了,现在可以说是个"中国通"了。

五年前,R带领着来自瑞士一家仪器公司的一个团队来开拓中国市场,在上海成立了一家分公司,他是这家分公司的CEO。公司刚成立的时候,R说简直把他忙得焦头烂额,因为是外企,涉及的财务、人事、海关等各个方面的事都特别复杂。R作为CEO,承担的压力非常大,公司现在进入这么稳定的盈利状态,都是团队成员携手慢慢摸索过来的。

公司成立后,R首先找了家企业咨询公司,将人事服务外包出去,这样大大减轻了企业负担,也有利于保障员工的利益。当然,咨询公司有时候办事效率不是那么高,经常引起员工的不满,也不利于企业员工绩效考核。R说,从人事外包来看,公司还是非常依赖咨询公司的。另外,公司聘请了一个擅长英语的财务人员,将公司总部的SAP系统引进过来。财务人员是中国人,工作经验比较丰富,相关问题都可以交由她来解决。海关等方面的问题都交由采购人员来解决,他具有海外留学和工作经验,在这方面比较拿手。之后最重要的一块就是销售了,总公司之所以要在上海成立分公司,就是要将产品卖到中国市场。谈到销售,更多的就涉及中国本土化的问题了,R这么说。

开拓中国市场,R采取的是两条道路:一条是寻找代理商或经销商,给他们折扣,让他们卖公司的产品;另一条是让公司销售人员去做直销,直接拜访目标顾客。R说,在欧洲的时候,公司更多地是通过E-mail这种方式与客户保持联系。但是,这在中国好像不太行得通,中国客户对收到的E-mail基本不看,更喜欢打电话或是面对面地谈生意。所以,他们公司的销售人员每个月有两周的时间出差在外,和代理商、经销商、其他客户等保持着密切联系。另外,R说中国人特别喜欢聚到一起,开展个活动,然后大家一起吃饭喝酒。虽然说生意不一定都是在酒桌上谈成的,但是很多时候在酒桌上能促成生意。喝酒是中国人的礼仪,在这种礼仪中往往可以形成良好的氛围,喝出交情,谈成生意,拓展人脉。R说他们和代理商、经销商的很多折扣就是在一起吃饭喝酒中谈成的。

另外,R说欧洲人做事比较严谨,讲究完整严密的规章制度,公司总部有一套SOP(Standard Operation Procedure),即标准作业程序,就是将某一事件的标准操作步骤和要求以统一的格式描述出来,用来指导和规范日常的工作。其中,在财务这块就是,必须先收到钱,才可以发货。对于这个规定,R说,刚开始的时候,中国的很多代理商和经销商都不同意,他们觉得大家既然都一起做生意了,就应该互相信任,钱是早晚都会给的,为什么一定要先给钱才能给货。再说大家难免有资金周转不开的时候,没必要生搬硬套这种规定。必要的时候,还是应该通融一下,这样大家才能更好地相处,更好地做成生意。中国人更讲究在关系网络中圆滑地处理事务。对于代理商们的不满,R只能一再跟他们解释,这是总部的规定,不是自己说了算;公司所有的标准作业程序都是进入SAP系统的,不是随随便便就能改变的;公司这么做并不是不信任客户,只是为了更好地进行公司管理;公司对所有的客户都是这么做的,不是只要求某几个客户必须先交钱才发货。慢慢地,客户们都接受了公司的这种做法,并且现在都认为R所领导的公司确实在管理的各方面做得很好,值得信赖,值得继续保持合作。

(六)创业者 X:建立关系网,打造品牌

和其他几位创业者不同,X 还是一名在校的研二学生。虽然还是学生,但 X 的实践经验相当丰富。从锐步和新百伦运动鞋订货会的主管、某公司的市场调研员、某公司的财务实习生到盛大网络的培训生等,X 的六年大学生活可以说一半是在学校学习,一半是在社会实践。在这过程中,X 结识了许许多多的小伙伴和大伙伴。再加上 X 天性比较热情,爱和人交往,走在校园的各个角落,都会碰上几个熟悉的人。

X 的创业和他的专业背景、家庭情况紧密相连。X 本科学的是电子商务,研究生读的是工商管理。他的家在福建,家里种着几十亩的茶叶,茶园由他的姐姐和姐夫管理,主要是批发和零售。X 从 2007 年开始一直在上海读书,经常从家里带些茶叶来给同学们、朋友们品尝。有很多人品尝后觉得不错,提出要购买一些。于是,X 就想到了在上海开个店,经营他的茶叶生意。因为 X 本身学过电子商务,对淘宝网比较熟悉,就开了个淘宝网店,店铺、产品、促销活动等都是他自己设计的。后来,慢慢地、QQ、微信、微博等社交平台活跃起来,X 本身也通过这些平台结交了不少好友。于是,他就在这些平台上进行茶叶的推广与买卖,生意非常红火。X 通过社交平台卖茶叶这件事还上了新闻,更是宣传了他家的茶叶。

X 说自己是工商管理专业的研究生,一定要用专业的眼光看问题,卖茶叶不是他现在的主要目的,他现在主要做的就是通过不断的宣传打造他家茶叶的品牌。他说自己其实也在进行各种"试水",因为有些人是很敏感的,如果每天分享的东西太多,就是"刷屏"了,会引起朋友圈很多人的不满。虽然大家嘴上不说,但很多人还是会悄悄屏蔽这些信息,那么他就达不到宣传的效果了。X 现在尚未毕业,还没有真正走上社会,周围接触的都是年轻人。年轻人可能对茶叶的需求并不是那么高,但是 X 通过向他们宣传自己家的茶叶,也可以说是在不断寻找、开发目标顾客,而茶叶作为礼品送长辈绝对是一个不错的选择。不得不说,X 在大力宣传他家茶叶上确实下了不少功夫。X说自己的目的也慢慢达到了,很多人一想到茶叶,就会想到他,找他来买茶叶。当然,他家的茶叶也确实不错。

另外,X说在这过程中,自己对有件事确实应该检讨。在X打造淘宝店铺时,淘宝有各种等级之分,信誉越高,等级越高,排名越靠前,越容易被别人找到。为了扩大宣传,打造更高等级的店铺,X就鼓动周围的亲朋好友一起帮他"刷信誉",快速提升店铺的人气。结果,因为"刷信誉"的行为太明显,X的店铺反而被淘宝降级了。X说自己应该对此检讨,这种"刷信誉"的行为其实是很不诚信的事,做生意要踏踏实实、安分守己,不能这样急于求成。他家的茶叶是值得购买的,这不是他单纯宣传出来的,仅仅靠宣传做出来的产品是不会长久的。再说X现在的顾客基本都是和他关系很好的同学、朋友,如果茶叶不好,不仅生意做几次就没了,这种同学、朋友情谊也会消失。

(七)创业者Y:照顾好员工

谈到Y,Y公司的员工无一不认为他是个好老板,平易近人,对员工相当照顾。

Y的公司是从他父亲那儿接手过来的,主要是做电梯零配件,原来是个几十个人的小公司,现在发展到几百人了。Y的父亲是个严肃古板的人,对员工的管理也非常严格。很多员工都很怕Y的父亲,员工和老板的关系很是紧张。自2002年接手公司后,Y决定对公司好好改革一下,改善老板和员工的关系,不再像他的父亲那样管理公司。他觉得只有和员工关系处于一个和谐的氛围中,才能为公司创造最大的价值。Y说自己现在所拥有的成就,都应该归功于和员工保持着良好的、密切的关系。

在改善老板和员工的关系方面,Y做的第一件事是把大家召集到一起,拆除监控措施,让员工的工作氛围更轻松,而不是处于监控中小心翼翼地做事。员工们自然也很高兴,觉得老板是信任他们的。对中国人来说,面子和尊重往往比利益更重要。Y做的第二件事是改善员工伙食,公司的食堂每天中午会给员工提供一顿午餐,加班也会提供晚餐。原来他的父亲管理公司的时候,要求员工自带大米等主食,公司只提供菜肴。Y 接手后,午餐就变成了对员工全部免费,每天保证提供新鲜充足的菜肴,餐后还有水果。在天气炎热的时候,公司还会给员工准备绿豆汤等降暑食品。Y 说公司的员工大多是干重体力活的,一定要让他们吃饱吃好,身体健康是关键,自己作为老板在食堂上面多投资一点是值得的。Y 做的第三件事是定期召开员工会议,让员工畅谈工作中的问题、不满、需要等。员工有什么需要,Y 都会尽力去解决,让员工没有后顾之忧地工作。此外,Y 经常去各个车间查看,与员工闲谈,关心员工的工作、家庭情况。Y 说自己认识公司所有的员工,都与之交谈过,都有一定的了解。

Y 的父亲管理公司的时候,经常为招不到合适的员工而苦恼,经常有员工干了几天就走了,公司始终扩展不起来。Y 接手后,这种情况大大改观,特别是在一次一个员工受伤后。这个员工在工作时没有带特制的防护手套,不小心被机器砸断两个指头。虽然是工伤,但是这个员工自己也有很大的责任。Y 知道后,很是担心,把他送到医院,承担了所有医疗费。之后,Y 每天都去看望他,给他送去各种营养品,鼓励他要赶快好起来,勇敢面对生活。这个员工的家庭条件不是很好,出院后在家休息的日子,Y 依然给他正常的月薪,还给他补贴营养费。这个员工康复后,Y 把他安排到了公司别的比较轻松的岗位,让他继续为公司效力。另外,Y 了解到这个员工的孩子正在考初中,而现在的家长们纷纷想要将自己的孩子送到更好一点的中学去。于是,Y 就通过自己的关系将这个员工的小孩送到了比较好的中学。这件事后,公司的员工更加敬重 Y,觉得他是个难得的好老板,大家更加卖力地为公司干活。Y 也因此名声大振,再也不用担心招工难的问题了,公司很快就扩展起来。Y 一直强调,创业的成功不在于创业者自身,更为关键的是有一群好的员工。创业者要做的就是照顾好自己的员工,与员工和平相处,这样才能使公司的绩效得到增加。

(八)创业者 Z:做生意从乐于分享开始

一见到 Z,我们就能感受到她是那种活泼开朗、细心热情的姑娘,她似乎迫不及待地想要将自己所有的快乐分享给所有人。也正是这种乐于分享、快乐热情的精神,才使得她的母婴用品公司如此成功。

Z说自己从小就外向好动、开朗活泼,叽叽喳喳地跟别人有说不完的话,有什么好吃的、好穿的特别喜欢跟别人分享,长大后也依然是这种性格。她原来也没想过自己会创业,从小白领到女老板的转折点就是在她结婚生完孩子后。Z笑着说,女人有了孩子后真的会有很大的改变,甚至会改变自己的人生轨迹。从怀孕到孩子出生,Z说自己一直都在快乐地忙着,也变得越来越细心。她阅读各种孕妇保健手册,加入各种准妈妈、育儿论坛,加入类似的各种社交群,精挑细选孕妇用品、婴儿用品等。在这个过程中,Z不断将自己的怀孕及育儿经验分享到论坛、社交圈,将之告诉周围的人,将自己买的母婴用品拍下来给大家看。她没仔细数过自己分享了多少东西,只知道很多很多。同时,论坛、社交圈中的其他人也会分享、讨论很多东西,她觉得自己在这其中收获了很多经验,为自己开公司奠定了基础。Z说自己在同学中算结婚比较早的,加之同学、朋友们都陆续到了适婚年纪,所以很多同学、朋友前来向她咨询各种有关怀孕、育儿、母婴用品的事。于是,她想着干脆成立一家母婴用品公司,这样更方便解决他人咨询的事,同时自己也非常愿意做这个。

从孕妇装、婴儿服饰、奶瓶、奶粉、尿不湿到洗发乳、沐浴乳、爽身粉、婴儿车床、婴儿玩具等,Z经营的母婴用品非常齐全。Z说自己的成功主要归于两方面的因素:

第一个因素是加入了各种母婴论坛、社交圈。Z说,现在越来越多的年轻妈妈喜欢玩QQ、微信、微博等,大家同在一个圈子里,再加上都是初为人母,很容易就聊得来,并且信任这个圈子里的人。她的很多供应商、顾客就是这个圈子里的人介绍的。她每天都会花上好几个小时,专门和大家在网上聊天,分享各种信息以及公司最新的产品等。

第二个因素是保持一种敏感性。Z接触的客户大多是女性,女性天生似乎就更加敏感一些,而且现在大家的物质生活水平提高了,对于小孩子都特别珍视,什么都想要给小孩最好的。在和她们打交道时,Z说自己要时刻照顾客户的情绪,努力记得每个孩子的特点、每个妈妈的服饰爱好,揣摩她们的品味。Z 说自己经常会跟客户通电话,谈论孩子、拉家常等。一个客户有好几个星期都没过来买东西,也不怎么和 Z 联系,而两人平常有事没事总是互相来往的。Z 就觉得很奇怪,因为大家都很熟悉,家住得也比较近,她就抽空去拜访了这个客户。原来,这个客户上次在 Z 这儿买了一个婴儿塑料充气游泳池,回家后使用了几次,发现有点漏水,不知道是产品本身质量有问题还是后来不小心弄坏了。鉴于和 Z 比较熟悉,大家关系都很好,这个客户说不好意思来找 Z 问这个事,怕弄得大家很尴尬,所以一直没和 Z 联系。Z 知道这事后,马上给这个客户重新送来一个充气游泳池,不收一分钱。她说,没有任何产品是完美无缺的,即使是客户回家后人为弄坏的,自己也会对此负责,做生意一定要让对方心服口服,自己吃点亏不要紧。

四、创业关系取向:类别—内容模式

访谈内容经文字翻录之后,总共形成了 136 页约 22 万字的 word 文本记录。在回顾以往的研究并与访谈资料相结合后,总共有 4 个关系取向维度被划分出来,其具体定义见表 7-2:

表 7-2　创业者关系取向维度及其定义

编号	关系取向	定义
1	关系观念	在思想上认识到关系的重要性,有较强的关系网意识,认为关系决定人或事物的本质和意义
2	关系敏感	很留意关系的建立与改变,对他人身份(包括职业、年龄、性别、兴趣等)以及他人对自己的行为反应十分敏感
3	关系互动	为保持与对方关系的和谐或为解决自己的问题而提取与利用关系资源的措施与行动,通常是短暂的一次实践活动
4	关系投资	为从关系中获得持久的利益,在建立与维护关系时主动地付出,包括时间、财物、感情等各个方面的付出,以及有意识地结识一些重要的人物

对这4个创业关系取向,本研究列举了受访者的典型描述,即主要句子,如表7-3所示:

表7-3 不同关系维度的典型行为描述

序号	关系取向	具体描述
1	关系观念取向	1. 做事先做人,真心付出,不管客户还是供应商,大家都是可以成为朋友的。 2. 在家靠父母,出门靠朋友。 3. 鼓动身边的亲戚朋友一起去帮我说好话,关系多好办事。 4. 女人一定要自己活得精彩,但单靠自己的力量肯定是不够的,要结识更多的有才华、有能力的人,才能促成事业的成功。 5. 希望能和这个女生交个朋友,当然也希望她能成为自己的小姐妹之一啦,这样的关系才好。 6. 我决定对公司好好改革一下,改善老板和员工的关系,不再像我的父亲那样管理公司,我觉得只有和员工关系处于一个和谐的氛围中,才能为公司创造最大的价值。 7. 创业的成功不在于创业者自身一个人,更为关键的是有一群好的员工,创业者要做的就是要照顾好自己的员工,与员工和平相处,这样才能增加公司的绩效。 8. 喝酒是中国人的礼仪,在这种礼仪中往往可以形成良好的氛围,喝出交情,谈成生意,拓展人脉。 9. 我在各种兼职实习中结识了许许多多的小伙伴和大伙伴,不断拓展关系网。 10. 现在的顾客基本都是和我关系很好的同学、朋友,如果茶叶不好,不仅生意做几次就没了,这种同学、朋友情谊也会消失,对以后的发展也不好。 11. 我从小就很外向好动、开朗活泼,叽叽喳喳地跟别人有说不完的话,有什么好吃的、好穿的特别喜欢跟别人分享,和认识的人关系都很好。
2	关系敏感取向	12. 我只是觉得这个朋友很可靠,值得信任,于是就加入了。 13. 做生意很重要的是抓住对方的需要,清楚对方要的是什么。 14. 在繁华的上海大都市逛了一圈,入眼最多的就是时尚的都市女性,我就找准了定位,准备开个美妆工作室。 15. 我在地铁口碰到了一个女生,发现那个女生的眼镜特别漂亮,一下子就被吸引了,大胆地走过去问女生的眼镜在哪儿配的等等。 16. 这种警惕心高的人其实是最容易成为朋友的,一旦她相信你了,就是真的信任了。

(续表)

序号	关系取向	具体描述
2	关系敏感取向	17. 在欧洲的时候,公司更多地是通过 E-mail 这种方式与客户保持联系,但是在中国好像不太行得通,对收到的 E-mail 他们基本都不看,中国客户更喜欢打电话、面对面地谈生意。 18. 其实,我也在进行各种"试水",因为人都是很敏感的,如果我每天分享的东西太多,就是"刷屏"了,就会引起朋友圈很多人的不满。 19. 我周围接触的都是年轻人,可能年轻人对茶叶的需求并不是那么高。 20. 我接触的客户大多是女性,女性天生似乎就更加敏感一些。 21. 要时刻照顾客户的情绪,努力记得每个孩子的特点、每个妈妈的服饰爱好,揣摩她们的品味。
3	关系互动取向	22. 因为我答应了客户今天早晨给他送到,做人一定要诚信,说过的事就要努力做到。 23. 我经常把这些鱼塘承包商召集到一起,吃个饭,聊聊天。 24. 我定期就会把朋友、顾客们聚集到一起,举办一些彩妆秀、美食沙龙、瑜伽健身等活动,以扩大产品的宣传、销售。 25. 她们和我关系好,我给她们的价格也都是比较合理的。 26. 我会带着红包,带些香烟、酒水到员工家里,和他们聊聊。 27. 我问员工是否还有其他新员工可以介绍过来,如果有新员工被介绍过来,我还会给老员工一些经济上的额外福利。 28. 第一件事就是把大家召集到一起,拆除监控措施,让员工的工作氛围更轻松。 29. 改善员工伙食,每天保证提供新鲜充足的菜肴,餐后还有水果,解决员工不满意的问题。 30. 我经常从家里带些茶叶来给同学们、朋友们品尝,有很多人品尝后觉得不错,提出要购买一些。
4	关系投资取向	31. 我经常去各个车间查看,与员工闲谈,关心员工的工作、家庭情况,所有的员工我都认识,都交谈过,都有一定的了解。 32. 为和代理商、经销商、其他客户等保持长久的密切联系,公司的销售人员每个月有两周的时间都出差在外。 33. 我每天都特意用亮丽的字体、漂亮的照片去吸引朋友们的目光,从而不断推销自己的产品。 34. 为对以后发展有利,我有意识地和一些有身份的人保持联系。

(续表)

序号	关系取向	具体描述
4	关系投资取向	35. 这一行的老板们都一样,每个老板都会准备一笔资金,专门用于每年过年前对员工和客户的拜访。 36. 员工大多是干重体力活的,身体健康是关键,作为老板一定要在食堂上多投资一点。 37. 我现在要做的就是通过不断的宣传打造我家茶叶的品牌,有了品牌,才会有长远的效益。 38. 我每天都会花上好几个小时专门和大家在网上聊天,分享各种信息,分享公司最新的产品等等。

在创业关系取向的内容类别中,不涉及那些仅仅包括三个或是更少句子的类别,它们只是表现了极其匮乏的内容资料,尽管其中也有我们感兴趣的地方,但是对我们的分析没有什么帮助。所以,我们通过最终对主要句子的分析,总结出四种在受访者身上展现出来的关系取向:

第一,关系观念取向。这种关系取向更多地体现在创业者的思想层面上。通过对八位受访者访谈资料的分析,可以看出,他们在思想上普遍都很看重关系,具有关系观念取向。创业者C一直很在乎交朋友这件事,他开始创业就是经朋友介绍的,在创业中与客户也是保持一种朋友关系。交朋友实质上就是建立一种关系网,说明他有很强的关系网意识。创业者J认为如果没有家人和亲戚朋友的帮助,很多事自己是完成不了的,所以他很关心他们并重视和他们的关系。创业者Y从接手父亲的公司时,就计划了很多方案,与员工保持持久稳定的关系。他清楚地知道,只有和员工保持良好的关系,才能创造更好的效益。创业者R以一个外国人的身份,认识到中国是一个很讲究关系文化的国家,关系起到的作用不可忽视。

结合以往的文献研究,进一步分析关系观念取向,可将其分为关系中心论、关系身份论、关系目的论、关系资源论。关系中心论主要指中国人重视人、以关系为中心。与西方重视物、以个体为中心不同,中国的关系文化很浓厚,这在创业者R的访谈中体现得很明显。关系身份论主要指关系决定了自己与他人的身份,决定着人的行为模式。这在创业者M和Y提到自己

第7章 创业关系取向:叙事研究

与员工的关系时体现得很明显,身份不一样,各自的职责也不一样。关系目的论主要指人生活与存在的意义就是与他人建立联系。这个观点很明显,没有一个人是孤立地存在于这个社会的。创业者更是如此,只有与他人建立联系,处于一种关系中,创业才能成功。关系资源论主要指有关系就意味着有资源。创业者L从有创业梦想开始就意识到要多结交有才华、有能力的人,实质就是通过与这些人建立关系,从关系中寻找对创业有价值的资源。

第二,关系敏感取向。这种关系取向更多地体现在创业者的认知层面上,是一种个人心理特质。创业者L就是一个比较敏感的人,她在上海逛了一圈后就立志进入化妆护肤品这一行业。平时在生活中,她也很留意身边的人和事,特别是留意他人的着装打扮,包括与不同的潜在目标顾客搭讪,通过电话、短信、聊天软件等多种方式与他人保持密切的联系。创业者X在利用微信、QQ等平台进行卖茶叶的宣传活动时,不断地尝试,要控制这种宣传的力度,害怕宣传得太多会引起朋友们的不满。另外,在平时与朋友、同学的相处中,他也只是偶尔顺便提一下他的茶叶,不敢刻意地推销、介绍。这些行为都说明他是一个对关系比较敏感的人,在做生意过程中也是细心地处理关系。创业者Z面对的基本上都是女性顾客,而女性可能比男性更敏感一些,买东西时也会更加精挑细选。为与这些顾客保持良好的关系,Z也是敏感、细心地记住顾客们的兴趣爱好。发现有个别顾客长期不来购物、不联系了,她也是及时主动地联系顾客,进而保持好与大家的关系。

结合以往的研究,进一步分析关系敏感取向,就会涉及关系类别化这个问题。关系类别化主要是指在交往时事先对关系进行认知与分类,如从性别、年龄、职业等方面首先对对方进行归类,再作出对这种交往关系的判断。例如,创业者L在留意身边的人时,就会从她们的衣着、行为举止事先进行分类,包括对方是属于哪个年龄段的人,对方是学生、白领还是成功女性,不同类别的人对化妆品、护肤品又有什么不同的需要,进而判断应该从哪个角度推销自己的产品,才能正好与对方的需要相契合。创业者J在销售办公家具时,就会事先去了解对方的性格特点,了解对方公司的办公环境,然后简单地进行分类区别,判断对方是适合简单清新的办公家具还是成熟稳重的家具,从而更有针对性地进行销售。

第三,关系互动取向。这种关系取向通常是短暂的一次实践活动。从对受访者的访谈来看,这种体现人们互动取向的事例很多。例如,创业者 C 答应客户第二天早晨送货,哪怕淋着再大的雨,也坚持将货送到。创业者 J 为了谈成生意,虽然自己不喜欢喝酒,但也要陪着客户喝到尽兴。创业者 L 根据朋友、顾客们的爱好和需求,把她们聚到一起,举办彩妆秀、美食沙龙、瑜伽健身等活动。创业者 M 在新年公司正常经营前,要带着红包、香烟、酒水等到员工家里去拜访,落实新年公司员工人数。创业者 Y 为让员工的工作氛围更轻松,召集大家一起拆除监控措施。创业者 X 经常从家里带些茶叶,自己亲自泡茶,邀请同学、朋友们一起来品尝。

进一步分析关系互动取向,主要有关系和谐性、关系依靠性两个特征。关系和谐性主要指对人要以和为贵,不发生冲突,要给对方好的印象等,另外还要注意人情回报,回报要尽量对等。例如,创业者 C 经常将鱼塘承包商们请到一起来喝酒聊天,创业者 L 给那些和她关系好的小姐妹的产品价格相对比较低,这些都体现了要保持关系的和谐。关系依靠性主要指在解决问题时提取与利用关系资源,有关系就有依靠,就可能找到解决问题的办法。例如,创业者 R 的公司作为外企,如果在中国遇到某些制度政策方面的问题,就会马上请咨询公司帮忙解决。创业者 M 想招聘更多的员工时,会首先让老员工介绍一些新员工。

第四,关系投资取向。这种关系取向在某些时候的表现与关系敏感取向、关系互动取向比较相似,但它更强调的是一种比较持续的心理和行为反应。例如,创业者 L 为不断推销自己的产品,特意用亮丽的字体、漂亮的照片去吸引朋友们的目光。创业者 R 为和代理商、经销商、其他客户保持长久的密切联系,要求公司的销售人员每个月有两周的时间都出差在外。创业者 X 通过兼职实习结识更多的人,通过不断的宣传打造自家茶叶的品牌。创业者 Y 经常去各个车间察看,与员工闲谈,关心员工的工作、家庭情况,从而了解整个公司的动态。创业者 Z 每天都会花上好几个小时专门和大家在网上聊天,分享各种信息、公司最新的产品等。

结合以往的研究,关系投资取向主要是与人们对关系的管理相关,关系行为是具有动态性和变动性的。中国人的"关系"并不是一成不变的,随着时间的推移、环境的改变,朋友圈也会发生变化,虽有旧友,但也交了新朋,或者有人"喜新厌旧",或者恩人变成了仇人,一般朋友变成了密友。因此,对待关系要有长远的眼光,主动积极地建立和维护关系,改变不好的关系。

五、研 究 小 结

通过以上对八位创业者的访谈资料的分析,并结合前人所取得的成果,我们将创业者的关系取向定义为:创业者依据自身对关系的认识,在创业中表现出来的心理倾向和行为风格。创业者的关系取向包括四个维度:关系观念取向、关系敏感取向、关系互动取向、关系投资取向。

关系观念取向是创业者对关系的认知和心态,内化于个体意识层面。关系观念可能受个体早期的成长环境和教育背景所影响,且一经形成就较为稳定。在创业实践的表现上,具有关系取向的创业者对关系重要性、关系身份、关系目的和关系资源会表现出更强的洞察意识。

关系敏感取向兼具心理倾向和行为取向两个层次的表现。关系敏感的创业者首先能够较为敏锐地感知到自己与他人之间关系上的微妙变化,其次还有可能对这种微妙的关系作出适当的行为反应。这种行为反应可以是与他人具有互动导向的,也可以是创业者单独采取的行动。

关系互动和关系投资都倾向于表现为一种行为取向,两者的核心区别是后者比前者具有更强的功利性目的。两者都在一定程度上体现了创业经济行为的社会嵌入性,关系投资更强调市场导向的功利性目的,而关系互动更强调社会导向的功能性目的。因此,关系互动取向更反映了在中国文化背景下创业的社会嵌入性,其内涵也更体现了中国人关系的本土特征。虽然我们只提炼出了关系互动的关系和谐性和关系依靠性两个特征,但我们相信它还有更多、更丰富的内涵。这还有待于我们作更深入的探讨和研究。

总体上,通过本案例研究,我们对创业关系取向的内涵和维度表现有了一个初步的认识,未来可以在此基础上作进一步的实证分析。当然,我们还可以结合已有的本土关系研究成果,作更多案例样本的质性研究,以丰富创业关系取向的内涵和维度。

六、附　　录

访 谈 提 纲

（一）热身

1. 介绍并解释访谈的目的、访谈内容和数据的用途并提出录音要求。

2. 让受访者简述个人基本信息和公司的总体现。

（二）创业过程访谈

让受访者简单介绍其创业经历,包括:

1. 他(她)是如何走上创业这条道路的;

2. 在创业前有何工作经历,有何关系网络;

3. 如何组建起创业团队,如何筹集资金和资源;

4. 整个创业过程经历了哪些重要的阶段。

（三）创业关键事件访谈

让受访者详细地描述3—6件创业过程中遇到的关键事件。我们采用了STAR方法,让受访者主要讲述:当时的情境如何?您怎样看待关系的作用?您具有怎样的关系网络?您面临一个怎样的问题或任务?您需要通过关系达到什么样的目标?还有哪些人参与?您和他们的关系如何?您当时心中的想法、感觉如何?您做出了哪些行为?事情的结果怎样?

（四）创业关系取向描述及其影响因素访谈

1. 请结合个人的经验总结一下,自身是如何看待关系文化的,在整个创业过程中关系对自身及对企业有何影响,为建立搞好关系作出了哪些努力等?

2. 请谈谈家庭、朋友亲戚和社会环境对你的创业有何影响？

（五）创业自我评价

1. 请您对自己现在的创业成果作自我评价，包括对自己现在的创业成果是否满意，在处理各方面的关系上还需进一步作何努力。

2. 请您谈谈未来在建立关系网上有何计划和目标。

（六）总结

1. 后续工作说明。

2. 对访谈进行总结并表示感谢。

主要参考文献

[1] Bian Y. Guanxi and the allocation of urban jobs in China[J]. China Quarterly, 1994, 34(140):971—999.

[2] Davies H, Leung T K P, Luk S T K, et al. The benefits of "guanxi": The value of relationships in developing the Chinese market[J]. Industrial Marketing Management, 1995, 24(3):207—214.

[3] Fan Y. Questioning guanxi: Definitions, classification and implications[J]. International Business Review, 2002(11):543—561.

[4] Ghauri P, Fang T. Negotiating with the Chinese: A socio-cultural analysis[J]. Journal of World Business, 2001, 36(3):303—325.

[5] Huang Q, Davison R M, Gu J. Impact of personal and cultural factors on knowledge sharing in China[J]. General Information, 2008, 25(3):451—471.

[6] Huang Q, Davison R M, Gu J. The impact of trust, guanxi orientation and face on the intention of Chinese employees and managers to engage in peer-to-peer tacit and explicit knowledge sharing[J]. Information Systems Journal, 2011, 21(6):557—577.

[7] Hutchings K, Weir D. Understanding networking in China and the Arab world: Lessons for international managers[J]. Journal of European Industrial Training, 2006, 30(4):272—290.

[8] Liu J, Merriman L, Innes C. Winning in China through understanding its cultural dynamics[C]. Applied Power Electronics Conference and Exposition, 19—23 March, 2006,

APEC'06, Twenty-First Annual IEEE.

[9] Luo Y, Huang Y, Wang S L. Guanxi and organizational performance: A meta-analysis [J]. Management and Organization Review, 2012, 8(1):139—172.

[10] Menkhoff T. Trade routes, trust and trading networks: Chinese small enterprises in Singapore[J]. Bielefeld Studies on the Sociology of Development, 1993.

[11] Pye L W. Chinese Negotiating Style: Commercial approaches and cultural principles [J]. Quorum Books, 1992.

[12] Standifird S S, Marshall R S. The Transaction cost advantage of guanxi-based business practices[J]. Journal of World Business, 2000, 35(1):21—42(22).

[13] Shu K Cheng. Personal trust in the large businesses in Taiwan: A traditional foundation for contemporary economic activities[J]. Asian Business Networks, 1996:61.

[14] Shin S K, Ishman M, Lawrence Sanders G. An empirical investigation of socio-cultural factors of information sharing in China[J]. Social Science Electronic Publishing, 2008, 44(2):165—174.

[15] Su C, Joseph Sirgy M, Littlefield J E. Is guanxi orientation bad, ethically speaking? A study of Chinese enterprises[J]. Journal of Business Ethics, 2003, 44(4):303—312.

[16] Taormina R J, Gao J H. A research model for guanxi behavior, antecedents, measures, and outcomes of Chinese social networking[J]. Social Science Research, 2010, 39 (6):1195—1212.

[17] Yang X, Ho E Y, Chang A. Integrating the resource-based view and transaction cost economics in immigrant business performance[J]. Asia Pacific Journal of Management, 2012, 29(3):753—772.

[18] Yen D A, Barnes B R, Wang C L. The measurement of guanxi: Introducing the GRX scale[J]. Industrial Marketing Management, 2011, 40(1):97—108.

[19] 边燕杰,张文宏. 经济体制、社会网络与职业流动[J]. 中国社会科学,2001,(2):77—89.

[20] 费孝通. 乡土中国[M]. 北京:生活·读书·新知三联书店,1985:178—194.

[21] 何友晖,彭泗清. 方法论的关系论及其在中西文化中的应用[J]. 社会学研究,1998,(5).

[22] 黄光国. 儒家关系主义:文化反思与典范重建. 北京:北京大学出版社,2006.

[23] 李伟民.论中国人社会行为的关系取向[J].社会科学战线,1998,(2):190—195.

[24] 买忆媛,梅琳,Yanfeng Zheng,等.无形资本 VS 有形资本:创意产业新企业生存能力的影响因素分析[J].管理学报,2011,8(4):577—586.

[25] 姚小涛,张田,席酉民,等.强关系与弱关系:企业成长的社会关系依赖研究[J].管理科学学报,2008,11(1):143—152.

[26] 杨国枢.中国人的社会取向[M].台北:桂冠图书公司,1992.

[27] 杨洪涛."关系"文化对合作创业伙伴选择考量要素的影响研究[D].哈尔滨工业大学,2010.

[28] 庄贵军,席酉民.关系营销在中国的文化基础[J].管理世界,2003,(10):98—109.

[29] 佐斌.中国人的关系取向:概念及测量[J].华中师范大学学报:人文社会科学版,2002,41(1):74—80.

第 8 章

网络规模与成长绩效:对创业企业的多案例研究

一、理论背景与研究问题

  任何经济行为都嵌入一定的社会结构中(Granovetter,1985)。企业不是孤立的行动个体,而是与社会经济领域的各个方面发生种种联系的一个网络纽结,它能够通过这些联系而摄取企业成长所需的稀缺资源(边燕杰,2000)。一些国外研究认为,创业者的社会网络不仅是创业所需信息和资源的重要来源(Aldrich & Zimmer,1986;Hansen,1995),而且对发现、识别创业机会至关重要(Hilis,2003)。网络关系还提供了资源流动的最佳渠道,新企业可以利用与许多主体如供应商、顾客、竞争者、研究机构、各类服务机构之间的广泛社会关系,获取金融资本、关键技术、人力资本和管理经验(Hite,2001)。建立持久的社会网络关系使企业更容易以较低成本获取所需的创业资源,成功的创业者往往会花费大量的时间去建立网络关系以帮助新企业成长(Elfring,2003)。创业网络在基础、结构和过程方面为创业企业成长这个"黑匣子"提供了很好的理解(Johnston, Melin, & Whittington, 2003)。

  网络规模是指网络中与主体建立联系的个体或组织的数量,是在创业活动中与创业者建立互动联系的主体范围和数量,是反映创业者社会网络的最直观的属性。Steier 和 Greenwood(2000)通过纵向的案例研究发现,创

第8章 网络规模与成长绩效:对创业企业的多案例研究

业者的第一任务是与足够数量的潜在"门户"建立联系,以获得创业所必需的资源。Hansen(1995)通过对44名美国创业者进行访谈,对样本数据进行多元线性回归分析,发现创业行动网络的成员规模与组织成长绩效呈显著正相关。越大的网络规模,能够为企业提供越多差异化的信息,广泛而有用的信息可以帮助企业获得商业机会和利润。与小的社会网络相比,大的社会网络能够提供更多的物质资源(包括直接帮助、劳工和资金)和情感支持(如鼓励、安慰等),以及更好的外部声誉(Zhao & Aram,1995;Bruederl & Preisendoerfer,1998)。这就意味着网络规模作为一个重要变量能为创业企业成长带来资源和机会,创业者能从网络连接中获得大量资源,例如融资方式、技能、声誉、实物资本等。创业者从市场获得的资源越少,他们就越需要依赖个人网络去获得这些资源。例如,新创企业通过董事会聘请一些市场专家,或者从科研机构聘请一些提供技术信息的专家(Moensted,2007)。

网络规模不仅直观地反映了社会网络中主要成员的数量和联结的复杂程度,而且可以度量创业过程中潜在的可利用的资金、信息和人力等资源的范围及多寡(Barnir & Smith,2002)。一定程度上,网络规模能提高创业活动的成功率。因为积聚众多网络主体的创业网络,能拓宽创业的成功机会和创业商机的来源,形成创业信息方面的领导权,构建创业信息优势。在个人网络层面上的一些研究发现,如果网络规模较大,网络中弱联结所占比重较大,网络密度较高的社会网络所提供的社会资本可能更丰富(Lin,1999;边燕杰,张文宏,2001;赵延东,2003;边燕杰,2010)。

目前,对社会网络与创业成功之间关系的研究结果还存在诸多矛盾之处。例如,Jack和Anderson(2002)通过对美国乡村创业者的案例研究发现,网络嵌入对创业企业的生存与成长都非常重要,嵌入当地环境中可以帮助创业企业创造机会和提升业绩。但是,以德国企业为样本的实证研究却发现社会网络对创业成功所产生的影响很小(Witt,2004)。对此矛盾的一个可能的解释是,社会网络及其对创业行为的影响和效用是具有文化特殊性的现象(Dodd & Patra,2010)。

一些国内学者的研究也有类似争论。李新春等人(2010)对1728家新创企业样本进行实证研究发现,创业者发展外部关系和构建内部能力对新创企业成长不仅有显著的正向作用,而且两者之间具有战略性协同效应并共同演化。从组织学习理论视角,蔡莉等人(2010)经实证研究发现,创业网络能够促进知识的共享和转移,实现组织经验的积累,从而促进组织学习,进而影响企业绩效;组织学习在创业网络对新创企业绩效影响中起到中介作用。买忆媛等人(2011)认为关系资本有帮助创业企业获取资源、促进企业间的学习、促进企业内部创新等作用,并实证了关系资本对创意产业新创企业的生存有显著的正向影响。总之,关系网络通过资源分享和组织间学习培养竞争优势(Li,2008)。研究还发现,创业成功与否与创业者通过网络活动获取资源的能力相关(Zhao & Aram,1995)。Wong对"供应商—客户商"成对关系进行分析,发现企业能从很强的成对关系中获益,一个企业在本行业中合作伙伴越多,则企业绩效越好(Wong,2005)。但是,Zhao等人(2010)通过中国发达地区和欠发达地区两个样本的实证研究发现,网络规模并不能很好地预测一个创业企业的成长绩效。其结论与之前(Peng & Luo,2000)的研究发现相一致。因此,即使在同样的文化背景下,目前对网络规模影响成长绩效的研究所得出的结论也有很多不一致的地方,还需要作更多、更深入的探讨。

尽管基于网络规模的创业企业成长绩效的理论与实证研究还未成定论,但从已有的创业网络文献的探讨可以看出,在创业成长或成功机制的研究中,网络规模已作为一个重要变量得到广泛关注和研究(Hoang & Antoncic,2003)。在对20世纪80年代以来创业网络研究文献进行回顾的基础上,Witt等人(2008)曾概括总结出一个基于网络结构嵌入的创业成功经典模型。该模型认为,网络规模和网络多样性是网络结构嵌入的核心变量,创业者的网络规模和网络多样性会给创业企业带来网络利益或优势,从而促进创业成功。研究总结,网络利益或优势主要包括两个方面:(1)能获得比

第 8 章 网络规模与成长绩效:对创业企业的多案例研究

市场价格更便宜的资源;(2)能获得市场中无法购买的资源。这些资源可以包括融资方式、技术诀窍、声誉、物质资产等。因此,资源获取的理论视角在目前的创业网络研究中占据核心地位。但是,同样值得思考的问题是:获得优于市场的资源是否就是网络嵌入的核心机制所在?网络嵌入的互动特征是否能让企业长期获得优于市场获得的资源,而无须在后期双向互惠行动中给对方付出高于市场价格的回报?

基于以上研究结论及疑问,本研究将集中探讨以下两个问题:(1)创业企业成长绩效的不同是否可能源自网络规模上的差异?(2)如果存在差异,那么创业企业网络规模的绩效作用机制是怎样的?这两个问题对推进深入理解创业企业网络结构嵌入机制具有重要意义。本研究将采取比较案例研究方法,即分别选择高成长绩效创业企业样本和低成长绩效创业企业样本,通过两个样本的比较分析获得结论。

二、网络规模与成长绩效关系

(一) 案例研究方法

1. 案例样本说明

案例研究采用的是理论抽样方法(Yin,1994),即所选择的案例是出于理论的需要。本研究采取了比较案例研究方法,即在选择一个高绩效样本的同时,会选择一个低绩效的比较样本。所有研究样本均来自中国创业板自 2009 年 10 月创建以来上市的企业。研究第一个问题的样本选择依据是 2012 年年度报告披露的营业收入和净利润数据,即选择首次公开上市(IPO)至 2012 年底,其营业收入(净利润)平均增长速度排在前 50 名和后 50 名的公司。由于公司营业收入排名和净利润排名会存在差异,进入营业收入排名的未必能进入净利润排名,反之亦然,因此选择的样本企业共有 142 家(具体样本分布状况如表 8-1 所示)。

表 8-1 样本—企业属性分布

注册年份	数量	百分比	区域分布	数量	百分比
2009 年	16	12.6%	广东	29	22.8%
2010 年	65	51.2%	北京	18	14.2%
2011 年	46	36.2%	浙江	14	11.0%
合计	127	100.0%	江苏	12	9.4%
			上海	9	7.1%
注册资金	数量	百分比	山东	8	6.3%
1 亿元以下	15	11.8%	辽宁	6	4.7%
1—2 亿元	69	54.3%	湖南	4	3.1%
2—3 亿元	25	19.7%	陕西	4	3.1%
3 亿元以上	18	14.2%	四川	3	2.4%
合计	127	100.0%	福建、河北、河南、湖北、内蒙古、天津、新疆各 2 家		11.0%
行业分布	数量	百分比			
农业	5	3.9%			
制造业	88	69.3%	安徽、甘肃、海南、山西、云南、重庆各 1 家		4.7%
服务业	34	26.8%			
合计	127	100.0%	合计	127	100.0%

2．样本数据收集

本研究所有的数据均来自二手数据，其来源比较广泛，包括首次公开发行股票的招股说明书、公司的各年度报告、公司各年度披露的重要公告、公司网站公开的资料、媒体对公司的各类公开报道等。

3．数据分析方法

（1）网络规模的编码分析

网络规模采用了编码分析方法。由于企业外部网络的规模是一个较难统计的变量，我们采取了预编码和正式编码两步骤编码，主要内容如下：

首先，通过预编码确定网络规模编码类型。通过对资料的初步阅读，我们把公司所嵌入的外部网络类型分成六类，分别是：政府机构、企业组织、行业组织、科研高校、中介结构和其他结构。

其次，基于"board interlock"理论，我们统一外部网络规模范围为公司高

第8章 网络规模与成长绩效:对创业企业的多案例研究

层管理人员在公司外所兼职的机构。公司高层管理人员主要包括董事、监事、董秘、副总裁(副总经理)以上级别的管理人员。

最后,通过对以上所收集的相关资料进行阅读分析,对符合以上条件的外部组织或机构进行正式编码。

(2)网络规模比较分析

本案例研究主要探索不同成长绩效的创业企业在网络规模上是否存在差异。因此,案例分析主要对两组样本的网络规模进行比较,看是否存在显著的差异,以推断两者之间可能存在的关系。为此,我们采取了方差分析,对两组样本的成长绩效和网络规模进行比较,分析的软件是统计软件 SPSS 17.0。

(二)案例研究发现

1. 成长绩效

表8-2 样本成长绩效比较

指标		高成长样本	对比样本
销售增长率	最大值	453.3%	5.0%
	最小值	38.4%	−76.9%
	均值	116.7%	−18.2%
	显著性	$P < 0.001$	
利润增长率	最大值	6939.6%	−27.3%
	最小值	62.8%	−270.7%
	均值	411.2%	−62.8%
	显著性	$P = 0.001$	

成长绩效主要以销售增长率和利润增长率两个指标为依据,根据公司报表披露的数据,分别计算近三年来两个指标的平均增长率。表8-2中分别列出了两个样本企业成长绩效的最大值、最小值和均值。从表中数据可见,高成长绩效的样本企业在销售和利润的平均增长率上都远远高于对比样本。其中,高成长样本的销售增长为116.7%,远高于对比样本的

-18.2%。利润增长差异则更加显著,前者均值达到411.2%,后者均值为-62.8%的负增长。我们通过进一步的方差分析发现,两组样本的成长绩效也存在显著差异,利润增长率的差异显著性$P=0.001$,销售增长率的差异显著性$P<0.001$。

2. 不同成长绩效企业的网络规模比较

研究对两个不同成长绩效样本企业的外部网络规模进行了比较。我们主要比较了两个网络规模参数样本:网络规模均值和绝对网络规模。其中,网络规模均值比较采用了统计分析的T检验方法,均值差异是否显著主要通过均值检验的显著性系数判断。绝对网络规模则采用了编码分析获得的样本企业数量,通过对高成长绩效样本与低成长绩效样本的绝对网络规模及其比值的比较,判断其绝对网络规模是否存在显著差异。

由于研究把成长绩效分为销售增长率和利润增长率两个指标,因此比较分析分别采用了两个配比样本,即销售成长样本和利润成长样本。关于两个配比样本的比较,其具体数据结果分别见表8-3和表8-4。结果显示,不同成长绩效的网络规模存在差异,其差异主要表现在以下几方面:

(1) 具有显著差异的网络规模指标

数据显示,网络总规模、企业组织规模和行业组织规模三个网络规模指标在不同成长绩效的样本中具有显著差异。具体来说,不同销售增长速度的样本企业,其外部企业组织规模具有显著差异(sig.=0.013)。其中,在绝对网络规模上,高成长样本是低成长样本的1.58倍。同样,不同销售增长速度样本的行业组织规模也具有显著差异,并且在不同利润增长速度的样本之间比较的差异性更显著。此外,不同成长绩效的样本企业在网络总规模上均具有显著差异(sig.=0.001)。

(2) 具有不同显著差异的网络规模指标

数据显示,科研高校规模在不同的比较样本中具有不同的差异性。在销售成长比较样本中,科研高校不具有显著性;而在利润成长比较样本中,科研机构规模则具有显著差异(sig.=0.018),高成长样本的绝对网络规模是低成长样本的1.54倍。

第8章 网络规模与成长绩效:对创业企业的多案例研究

（3）不具有显著差异的网络规模指标

数据显示,政府机构规模、中介机构规模和其他机构规模三个网络规模指标在不同成长绩效的样本中均不具有显著差异。其中,其他机构网络规模在不同销售增长速度的比较样本中,其绝对网络规模具有一定的差异性,两者的比值达到2.4倍,而在网络规模均值检验中则没有表现出差异性。

总体结果显示,网络总规模、企业组织规模和行业组织规模三个指标在不同比较样本的比较中均表现出了显著的差异性;科研高校规模只在不同利润增长的样本企业中表现出差异性;其他网络规模参数均没有表现出差异性。

表8-3 不同成长绩效样本企业的网络规模比较结果汇总

		比较指标			
		网络规模均值		绝对网络规模	
		显著	不显著	显著	不显著
比较样本	销售成长样本	总规模 企业组织 行业组织	政府机构 科研高校 中介机构 其他机构	总规模 企业组织 行业组织	政府机构 科研高校 中介机构 其他机构
	利润成长样本	总规模 企业组织 行业组织 科研高校	政府机构 中介机构 其他机构	总规模 企业组织 行业组织 科研高校	政府机构 中介机构 其他机构

表8-4 不同销售绩效样本的网络规模比较

网络参数	销售增长	样本数	均值	方差齐次性		T检验结果			绝对规模比较	
				F	Sig.	t	df	Sig.	规模	高/低
网络总规模	高	50	23.04	9.378	.003	3.456	98	.001	1152	1.48
	低	50	15.54			3.456	74.246	.001	777	
政府部门规模	高	50	1.06	.235	.629	.704	98	.483	53	1.26
	低	50	.84			.704	97.173	.483	42	
企业组织规模	高	50	13.38	5.897	.017	2.557	98	.012	669	1.58
	低	50	8.46			2.557	66.869	.013	423	

（续表）

网络参数	销售增长	样本数	均值	方差齐次性		T检验结果			绝对规模比较	
				F	Sig.	t	df	Sig.	规模	高/低
行业组织规模	高	50	4.76	6.584	.012	2.206	98	.030	238	1.48
	低	50	3.22			2.206	85.875	.030	161	
科研高校规模	高	50	2.42	7.065	.009	.978	98	.331	121	1.19
	低	50	2.04			.978	87.783	.331	102	
中介机构规模	高	50	.7	.346	.558	.135	98	.892	35	1.03
	低	50	.68			.135	96.043	.893	34	
其他机构规模	高	50	.72	7.022	.009	1.819	98	.072	36	2.40
	低	50	.3			1.819	72.433	.073	15	

表8-5 不同利润绩效样本的网络规模比较

网络参数	利润增长	样本数	均值	方差齐次性		T检验结果			绝对规模比较	
				F	Sig.	t	df	Sig.	规模	高/低
网络总规模	高	50	23.68	13.562	.000	3.553	98	.001	1184	1.54
	低	50	15.38			3.553	69.776	.001	769	
政府部门规模	高	50	1.06	.674	.414	.754	98	.453	53	1.29
	低	50	.82			.754	96.253	.453	41	
企业组织规模	高	50	13.16	9.052	.003	2.224	98	.028	658	1.49
	低	50	8.82			2.224	65.298	.030	441	
行业组织规模	高	50	5.26	7.759	.006	3.456	98	.001	263	1.98
	低	50	2.66			3.456	72.596	.001	133	
科研高校规模	高	50	2.86	15.061	.000	2.421	98	.017	143	1.54
	低	50	1.86			2.421	72.793	.018	93	
中介机构规模	高	50	.84	.892	.347	.474	98	.637	42	1.11
	低	50	.76			.474	97.997	.637	38	
其他机构规模	高	50	.5	.011	.915	.183	98	.855	25	1.09
	低	50	.3			.183	92.713	.855	23	

第8章 网络规模与成长绩效：对创业企业的多案例研究

三、网络嵌入的绩效作用机制

（一）研究方法说明

1. 研究样本说明

研究第二个问题的目标是探索创业企业网络结构嵌入的绩效作用机制。研究采取了成对抽样的方法，即每一个高绩效的样本企业，配对选择一个低绩效的对比企业。为了排除行业和区域因素对绩效作用的影响，配对企业的行业和区域①尽量是相同或相近的，并且所有样本企业全部从样本一中进行选择（结果如表8-6所示）。

表8-6 企业属性分布

高成长样本				对比样本			
代号	公司名称	区域	所在行业	代号	公司名称	区域	所在行业
G1	南都电源	浙江	电器机械及器材制造业	B1	金利华电	浙江	电器机械及器材制造业
G2	科泰电源	上海	电器机械及器材制造业	B2	锐奇股份	上海	电器机械及器材制造业
G3	光韵达	广东	电子元器件制造业	B3	英唐智控	广东	电子元器件制造业
G4	金城医药	山东	化学原料及化学制品制造业	B4	阳谷华泰	山东	化学原料及化学制品制造业
G5	海兰信	北京	计算机应用服务业	B5	朗科科技	广东	计算机应用服务业
G6	神农大丰	海南	农业	B6	国联水产	广东	农、林、牧、渔服务业
G7	鸿特精密	广东	普通机械制造业	B7	泰胜风能	上海	普通机械制造业
G8	安居宝	广东	其他电子设备制造业	B8	金运激光	湖北	其他电子设备制造业
G9	维尔利	江苏	其他公共设施服务业	B9	永清环保	湖南	其他社会服务业
G10	海伦哲	江苏	其他专用设备制造业	B10	金通灵	江苏	其他专用设备制造业
G11	中海达	广东	通信及相关设备制造业	B11	梅泰诺	北京	通信及相关设备制造业
G12	上海钢联	上海	信息传播服务业	B12	蓝色光标	北京	信息传播服务业

---

① 行业主要参考创业板中行业公司的分类，同时对其主营产品进行分析，如果两者的技术领域和目标客户差异性太大，则不选入样本。区域的选择上，尽量来自同一省份，如果不是同一省份，则要求同为发达或欠发达地区。

(续表)

高成长样本				对比样本			
代号	公司名称	区域	所在行业	代号	公司名称	区域	所在行业
G13	聚光科技	浙江	仪器仪表及文化、办公用机械制造业	B13	天瑞仪器	江苏	仪器仪表及文化、办公用机械制造业
G14	通裕重工	山东	专用设备制造业	B14	天立环保	北京	专用设备制造业
G15	冠昊生物	广东	医疗器械制造业	B15	上海凯宝	上海	医药制造业

2．样本数据收集

本研究所有的数据均来自二手数据,其来源比较广泛,包括首次公开发行股票的招股说明书、公司的各年度报告、公司各年度披露的重要公告、公司网站公开的资料、媒体对公司的各类公开报道。

3．数据分析方法

在网络嵌入的绩效作用机制中,我们首先借鉴了扎根理论的编码分析思路,即通过初始编码、聚焦编码和轴心编码多个层次的编码分析提炼出新的理论概念(Charmaz,2006),然后通过理论编码找到概念之间的联系。编码过程和方法主要如下:

(1)初始编码,主要聚焦于分析创业企业与外部组织和机构的互动。因此,初始编码主要分析互动的"事件、行为及成果",对属于这三个互动特征范畴的内容进行初次编码。

(2)聚焦编码,将获得的所有初始编码代码再进行筛选、合并和归类,形成更少的编码分类。因此,编码的方法是将出现频率高且包含内容或内涵相近的归为一类,从频率高的逐渐向频率低的进行归类,直到剩下出现频率少且无法归类的编码。我们对这些无法归类的初始编码作以下处理:一是保留对企业有重要影响的,暂时归为"其他类";其他的则舍去。研究最终获得了20个分类项。

(3)轴心编码。最后,对20个分类项目的内涵关系进行分析,提炼和归纳出相关项目的本质概念,归纳为三个维度:"声誉与形象""学习与创新"和"影响与引领"(如表8-8第一列所示)。

编码所获得的"声誉与形象""学习与创新"和"影响与引领"三个概念

第 8 章　网络规模与成长绩效：对创业企业的多案例研究

维度,将作为网络嵌入绩效作用机制的核心概念维度。我们在编码分析的基础上,进一步采用比较分析和模式匹配的方法,对网络嵌入的作用机制进行了探讨。(具体内容见下文案例分析部分)

(二) 案例研究发现

1. 成长绩效

成长绩效主要以"销售增长率"和"利润增长率"两个指标为依据,根据公司报表披露的数据,分别计算近三年来两个指标的平均增长率。表 8-7 中分别列出了两个样本企业成长绩效的最大值、最小值和均值。从表中数据可见,高成长绩效的样本企业在销售和利润的平均增长率上都远远高于对比样本。尤其是利润增长差异显著,前者均值达到 199.1%,后者均值为 -46.7% 的负增长。

表 8-7　样本成长绩效比较

指标		高成长样本	对比样本
销售增长	最大值	273.5%	96.9%
	最小值	4.8%	-27.4%
	均值	76.5%	4.3%
利润增长	最大值	1091.6%	118.8%
	最小值	42.5%	-148.0%
	均值	199.1%	-46.7%

2. 网络效能分析与评价

如前所述,我们在对高成长绩效创业企业的网络互动行为及成效进行分析归纳后发现,创业企业在与外部组织或机构的互动过程中,主要聚焦于"声誉与形象""学习与创新"和"影响与引领"三个维度的行为及成效,我们把这些内容概括为"网络效能"概念。

(1) 网络效能概念分析

我们把网络效能具体定义为:创业企业与外部网络成员的互动行为及成效,包括构建良好的外部声誉与形象,与合作者进行有效的互动学习与合作创新,对行业施加有利的影响与引领,以利于企业成长目标的实现。

网络效能三个维度的构成及其内涵如表8-8所示:

表8-8 网络效能的维度及构建内涵

维度	维度描述	维度构成	维度内涵的要点说明
声誉与形象	通过网络嵌入传播企业的声誉,以建立企业良好的社会形象	• 企业客户认可与授誉 • 政府机构认可与授誉 • 行业组织认可与授誉 • 其他机构认可与授誉 • 产品与技术水平 • 企业诚信经营 • 社会责任承担 • 其他社会形象	• 重点客户、政府机构、行业性组织是帮助企业传播声誉与建立形象的主要载体 • 在客户心中建立声誉与形象会得到创业企业的高度重视,特别是重点客户的授誉和授证 • 企业会积极参与政府部门和行业机构组织的各项认定与评比活动,并将所获荣誉作为重要事件进行宣传 • 政府和行业机构的认可与授誉一般分国家级、省级和市级 • 声誉与形象主要体现在三个方面,分别是产品质量与技术水平、企业诚信经营评价、社会责任的履行
学习与创新	通过网络嵌入实现互动学习,以实现有效的合作创新成效	• 官产学研的合作模式 • 与企业客户学习创新 • 与供应商的学习创新 • 与行业专家互动学习 • 与国际机构合作互动 • 合作创新成果丰富性	• 科研机构与高校是创业企业最重要的学习与创新合作者 • 创业企业还会积极与企业客户和供应商互动学习或合作创新 • 聘请国内外行业专家是创业企业喜欢使用的一种灵活的学习方式 • 部分创业企业会与国际机构合作,获取国外的创新资源 • 积极通过网络嵌入学习与创新的企业在合作创新的成果上表现更加丰富
影响与引领	提升企业在网络中的影响力,以培养企业在行业中的引领作用	• 参与行业标准的制定 • 重要行业活动的发起 • 建立战略联盟关系 • 行业资源整合行为 • 企业开拓创新意识 • 行业综合领先优势	• 高成长企业在行业内更具有影响力,这不仅表现为积极发起或参与各类重要行业活动,而且还表现为积极参与行业相关标准的制订 • 高成长企业在行业内表现出更多的战略行为,如战略联盟、战略性并购等 • 高成长企业在市场开拓、产品创新等行为上更为积极和富有进攻性 • 从总体上看,高成长企业会具备更强的行业优势,如市场份额、行业竞争力等

第 8 章 网络规模与成长绩效：对创业企业的多案例研究

（2）高绩效样本网络效能评价

我们基于网络效能的维度构成以及出现频次与重要性，对两个样本进行了比较评价。评价比较结果如表 8-9 所示，主要有以下结论：

① 声誉与形象维度评价。虽然产业园区、供应商、金融机构和国外机构等组织会对企业声誉与形象的建立发挥作用，但相比较而言，重点客户、政府机构和行业性组织是互动频率和发挥作用最高的三个群体，并且其赋予的各种荣誉和资格也得到企业更多的青睐。声誉与形象的建立主要集中体现在企业的产品质量与技术水平、企业诚信经营评价、社会责任的履行（如社会公益活动的参与、自然环境的保护等方面）三个方面。尽管对比样本企业中也有声誉与形象良好的企业，但总体上，高成长样本企业更高比例地表现出良好的声誉与形象。同时，与对比样本企业相比，高成长样本企业更少地出现有损声誉与形象的负面事件或报道。

② 学习与创新维度评价。追求高成长的企业往往在学习与创新上较为活跃，这一点在高成长样本企业身上得到了体现。其中，最为突出的体现是高成长样本企业对产学研合作模式的广泛运用，其广度和深度都比对比样本企业更为出色，合作创新的成果也更加丰富。除此之外，高成长样本企业还会充分利用企业、供应商以及行业专家等创新资源，甚至将学习与创新的视角拓展到国外的机构和个人。同时，与对比样本企业相比，高成长样本企业通过网络嵌入进行学习与创新的持续性和重视程度都更加突出。例如，高成长样本企业会投入更多的资源，会作出更高的战略定位等，结果也往往能获得更多和更有影响力的合作创新成果。

③ 影响与引领维度评价。在更高的层次上，高成长企业的网络效能表现为在行业中的影响力和引领作用。这不仅表现在市场份额和竞争力等综合领先优势上，更表现在如何与外部网络成员积极互动的能力与成效上。例如，一些高成长企业能积极主导或参与行业标准的制订，体现了其在行业中的影响力和引领作用。高成长企业积极互动的能力还更多地表现为对行业重要活动的策划与参与，或在行业性组织中表现得更加活跃和有影响力。此外，高成长企业在产品、技术和市场上表现出更强的开拓与创新意识，在

发展战略上会采取更多的行业资源整合行为。

3. 网络规模与网络效能的匹配分析

我们进一步对比较样本的网络规模与网络效能的三个维度进行了匹配分析,结果如表8-9所示。匹配分析有如下几个主要发现:

(1) 网络规模的差异

从网络规模上看,比较样本在政府机构、企业组织、行业组织、科研高校四个方面具有显著差异,高成长与低成长样本的网络规模相差均在2.2倍以上,企业组织规模相差更是4.4倍,网络总规模也相差3.1倍。数据说明,高成长企业会更加积极地开拓外部网络,且在规模上更具成效。

(2) 网络效能的差异

前文的网络效能分析与评价显示,高成长绩效的样本企业在网络效能的三个维度上均具有更优异的表现。进一步深入的匹配分析显示,不同的外部网络成员对三个网络效能维度的影响存在细微的差异。这主要表现在:

① 声誉与形象。总体上看,高成长企业的声誉与形象比低成长企业有更好的表现。外部网络中的企业组织、政府机构、行业组织乃至科研高校都为样本企业的声誉与形象的建立带来了积极影响。其中,两者都非常重视在企业组织中的声誉与形象,但是高成长企业在成效上更加占有优势。例如,一些高成长企业对来自核心企业客户的评价、认证和授权非常重视,并会通过各种途径宣传和强化这一优势。

② 学习与创新。总体上看,高成长企业会积极地通过网络嵌入学习与创新,并会最终获得更好的成效。其中,科研高校是创业企业互动学习与合作创新的主要伙伴,成效也是最为显著的。一些高成长企业会把与科研高校的合作视为企业的一项重要战略,不仅在资源上作出高配置,企业高层领导的重视程度也远远强于低成长企业。在企业披露的信息中,与企业客户和供应商的互动学习与合作创新也在高成长企业身上也有更多体现。此外,政府机构和行业组织对企业的学习与创新也有所体现。例如,政府机构会为创业企业带来相关的科研项目立项,行业组织会为企业带来有助于学

第8章 网络规模与成长绩效：对创业企业的多案例研究

习与创新的相关信息与行业专家。但是，总体上，政府机构和行业组织的影响非常有限，只是可能会对个别企业带来一些关键性的贡献。

③ 影响与引领。总体上，这一维度没有其他两个网络效能维度表现突出。但是，两个样本企业之间还是存在明显差异，高成长企业在行业中更具影响力和引领作用。由于创业企业的市场地位和竞争能力普遍不高，因此要在行业中产生影响力和引领作用，就更加需要借助外部网络的作用。行业组织是创业企业网络嵌入的重要入口，高成长企业明显在一些行业组织及其活动中更为活跃。同时，高成长企业在行业中的开拓与创新意识明显，对整个行业的影响和控制欲望更为强烈，其行业资源整合行为和战略相应地也更为引人注目。

表8-9 样本企业的网络规模与网络效能比较分析

比较参数	样本类型	总规模/总评价	政府机构	企业组织	行业组织	科研高校	中介机构	其他机构
网络规模	高成长	627	29	402	119	54	16	7
		100.0%	4.6%	64.1%	19.0%	8.6%	2.6%	1.1%
	低成长	205	12	91	49	25	16	12
		100.0%	5.9%	44.4%	23.9%	12.2%	7.8%	5.9%
	高/低	3.1	2.4	4.4	2.4	2.2	1.0	0.6
声誉与形象	高成长	****	***	*****	****	***	*	*
	低成长	**	*	***	**	*	*	*
	样本比较分析	• 获得良好声誉与形象评价的高成长企业在数量比例上更占优势 • 高成长企业所获荣誉和证书的级别和难度往往比对比企业更高 • 政府机构和行业组织是荣誉授予和外部形象建立的重要网络成员 • 高成长企业对来自核心企业客户的评价、认证和授权非常重视 • 科研高校与企业合作创新的成果（如专利）会给企业树立良好的技术能力形象 • 高成长企业也会注重宣传与高声誉科研机构或国外机构的合作关系，这有助于其彰显自己的创新潜力，提升整体的企业创新形象						

(续表)

比较参数	样本类型	总规模/总评价	政府机构	企业组织	行业组织	科研高校	中介机构	其他机构
学习与创新	高成长	****	**	****	**	*****	*	*
	低成长	**	*	*	*	***	*	*
	样本比较分析	• 高成长企业与科研机构和高校的互动学习与合作创新明显更有广度和深度,其合作创新成果也更加丰富 • 与外部企业进行互动学习与合作创新在高成长企业身上表现突出 • 行业组织可以让创业企业更容易接触到行业内各种创新信息和资源,包括与更多优秀的行业专家交流合作 • 政府机构同样会为企业提供各类创新资源,如科技立项、创新资金配备等,但对创业企业学习与创新的总体影响力有限 • 总体上,高成长企业更富有成效地通过网络嵌入进行互动学习与合作创新						
影响与引领	高成长	***	***	***	****	**	*	**
	低成长	*	*	*	**	*	*	*
	样本比较分析	• 网络嵌入是高成长企业建立自身影响力与引领作用的重要工具,它们会积极主动地通过多种途径与外部组织和机构进行沟通交流 • 高成长企业善于通过政府机构与行业组织提升自身影响力,政府与行业相关机构不仅可以让创业企业在行业中建立声誉和知名度,更可以让创业企业参与到行业相关规则的制订中,从而占据行业发展的主导地位 • 高成长企业会预测行业的发展,从战略的高度发起行业整合行动,如引入战略投资、战略联盟和并购行为 • 高成长企业表现出强烈的市场开拓与产品创新意识						

注:*表示相应外部网络成员与样本企业在网络效能三个维度上的互动以及成效评价,其中:***** ——好;**** ——较好;*** ——中;** ——较差;* ——差。

4. 网络嵌入绩效作用机制

在以上分析的基础上,我们对网络规模、网络效能与成长绩效的比较分析作了进一步总结,如表8-10所示。

(1) 网络规模

高成长样本与低成长样本的网络总规模具有显著差异。

第8章 网络规模与成长绩效：对创业企业的多案例研究

表8-10 网络规模、网络效能与成长绩效比较分析

变量	维度	样本总体评价		差异比较
		高成长	低成长	
网络规模	总规模	高	低	显著
	政府机构	低	低	不显著
	企业组织	高	中	显著
	行业组织	高	低	显著
	科研高校	中	低	显著
	中介机构	低	低	不显著
	其他机构	低	低	不显著
网络效能	声誉与形象	好	一般	显著
	学习与创新	好	差	显著
	影响与引领	中	弱	显著
成长绩效	销售增长	高	低	显著
	利润增长	高	低	显著

（2）网络效能

高成长样本与低成长样本的网络效能具有显著差异，声誉与形象、学习与创新、影响与引领三个维度比较评价的结果均为"显著"。

（3）成长绩效

高成长样本与低成长样本在成长绩效（包括销售绩效和利润绩效）上具有显著差异。

基于以上比较分析，我们对网络规模、网络效能与成长绩效三个变量之间的关系作出如下的命题：

命题1：新创企业外部网络总规模与成长绩效呈正相关关系。

命题1a：新创企业的企业组织网络规模与成长绩效呈正相关关系。

命题1b：新创企业的行业组织网络规模与成长绩效呈正相关关系。

命题1c：新创企业的科研高校网络规模与成长绩效呈正相关关系。

命题2：新创企业外部网络规模与网络效能呈正相关关系。

命题2a：新创企业外部网络规模与"声誉与形象"呈正相关关系。

命题2b：新创企业外部网络规模与"学习与创新"呈正相关关系。

命题 2c:新创企业外部网络规模与"影响与引领"呈正相关关系。

命题 3:新创企业的网络效能与成长绩效呈正相关关系。

命题 3a:新创企业在网络中的"声誉与形象"与成长绩效呈正相关关系。

命题 3b:新创企业在网络中的"学习与创新"与成长绩效呈正相关关系。

命题 3c:新创企业在网络中的"影响与引领"与成长绩效呈正相关关系。

命题 4:新创企业的网络效能在网络规模与成长绩效之间起部分中介作用。

以上命题关系如图 8-1 所示:

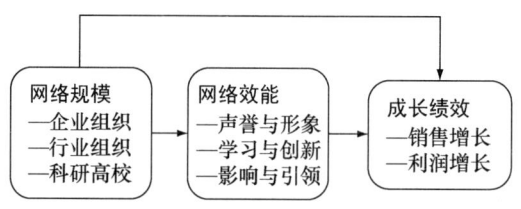

图 8-1 新创企业成长绩效的网络规模作用机制

四、结 果 讨 论

基于社会网络视角对创业进行研究的已有成果表明,社会网络对创业成功具有重要作用(Hoang & Antoncic,2003)。社会网络所注重研究的"网络规模""网络多样性""网络密度""网络强度"等概念(Burt,1992;Granovetter,1982,1985;Wasserman & Faust,1994)及框架目前较少直接运用到组织层面上,原因之一是收集企业外部网络结构数据较困难。同时,在企业层面上,社会网络的形成本质上就是一个很复杂的过程(Floyd & Wooldridge,1999)。因此,一些质性研究方法,例如案例研究方法,在对网络机制过程和动机的研究中具有一定的优势,但是在研究结论的普遍性上还存在局限性(Borch & Arthur,1995)。

本研究以中国的创业企业为样本,尝试在组织层面上对网络规模与成

第 8 章 网络规模与成长绩效:对创业企业的多案例研究

长绩效的关系进行一个多案例的比较研究,基于文献回顾主要研究两个问题:(1)创业企业成长绩效的不同是否会源自网络规模上的差异?(2)如果存在差异,那么创业企业网络规模的绩效作用机制是怎样的? Eisenhardt(1989)认为,案例研究应尽量没有先入为主的理论与假设,案例研究的优势和贡献应是提炼出新概念和新理论。但是,要真正不带着任何理论眼光走入研究现场,也是较为困难的,特别是面对创业网络研究领域已有众多研究成果的事实。因此,我们还是从已有的研究成果出发,根据已有的研究观点和争议,提出了上述预设的两个问题,以更好地聚焦于研究,减少研究的工作量,避免走弯路,提高研究的效率。研究成果主要体现在以下四个方面:

第一,揭示了网络规模与成长绩效的关系。本研究尝试从组织层面对网络规模与成长绩效的关系进行研究。我们首先通过对创业企业的外部关系进行分析,选择采用基于兼职机构类型的分类方法深入分析网络规模,并将网络分为几大类:政府机构、企业组织、行业组织、科研机构、中介机构和其他机构。这种较为细致的分析,有助于我们深入理解网络规模之中真正存在差异性的类型。分析结果显示,在绝对网络规模和平均网络规模上,高成长绩效企业与低成长绩效企业的网络规模存在显著差异。但是,具体到不同类型的网络,则表现出差异性。其中,企业组织和行业组织表现出显著差异性,而政府机构、中介机构和其他机构则不存在显著差异性。科研机构的网络规模有不同的表现,对于不同利润成长绩效的比较样本来说,其网络规模具有显著差异;而对于不同销售成长绩效的比较样本来说,其网络规模并没有显著差异。此研究结论给了我们以下几点启示:(1)企业组织网络比政府组织网络更为重要。企业组织网络与创业企业成长绩效存在重要关联。案例分析同样显示,成长绩效高的企业会与客户、供应商、合作伙伴等众多价值链上的企业建立关系网络。但是,在政府机构的网络规模上并不存在差异。这一结论相比一些文献认为政府网络规模与创业企业成长相关,但是企业网络与企业成长无关的结论(Zhao,et al,2010),其矛盾之处还值得作进一步的探讨。(2)行业组织网络比政府机构网络重要。相比政府机构,创业企业的成长绩效与行业组织网络存在更大的关联。这一点与一些研究文献强调中国企业与政府机构的关系似乎存在矛盾。目前的研究也很少关注行业组织对企业的影响。对于创业企业来说,由于其自身的实力和影响力,可能很难通过与政府建立关系获得自身成长所需要的资源。但是,通过积极与行业组织进行联系和沟通,可能以更低成本和更高效率获得自身成长所需要的资源。(3)科研机构网络规模的差异性主要表现在不同利润成长绩效的比较样本上。对于不同销售成长绩效的比较样本,它们的科研机构网络规模并不存在差异性。这说明,科研机构对创业企业的利润绩效虽可能有更大的影响,但对销售绩效的影响可能有限。这一点有待于未来进一步证实。

第二,进一步揭示了创业网络的绩效作用机制。在创业网络的相关研究文献中,资源获取是创业网络绩效的核心机制,资源观同时也是创业网络绩效机制最有影响力的理论视角。本案例研究运用扎根理论的方法,提出了"网络效能"的概念,并提炼出声誉与形象、学习与创新、影响与引领三个网络效能的核心维度。从这三个核心维度出发,我们可以基于不同的理论视角,进一步揭示创业网络潜在的绩效影响机制。这在一定程度上是对以资源获取为核心机制的资源理论视角作一个有益的补充。本研究基于"网络效能"这个概念,进一步提出了一个以网络效能为中介变量的理论模型,并提出了可进一步检验的理论假设,这有助于我们未来进一步揭示网络规模影响成长绩效的内在机制。

第三,网络规模测量方法的新尝试。已有的社会网络研究往往在个人层面上进行测量(Zhao,et al,2010)。提名生成法是个体网络规模测量中较为成熟的方法,但在实际运用中还是会受到受访者的主观认知影响。在组织层面上,网络规模如何测量?这是目前已有文献还缺乏深入探讨的问题,而提名生成法的测量思路在组织层面上的操作也较有局限性。本研究尝试采取了高管兼职的测量方法,虽然也存在较多局限,但作为一个新尝试,未来可以与提名生成法结合使用。

第四,创业绩效指标研究的多样性和综合性。创业绩效的测量一般分主观绩效和客观绩效两类。目前,许多人认为主观指标和客观指标在研究结论上并不会存在显著区别,因此主观绩效指标往往被较多采用。另外,客观绩效指标又分财物绩效和非财务绩效进行测量。对于财务绩效不稳定且数据难以获得的创业企业研究对象,非财物绩效往往采用较多。例如,员工规模就是非财物绩效的一个重要指标。本研究选择采用客观的财务绩效指标,同时采用净利润增长和营业收入增长两个指标来测量创业企业的成长绩效。创业企业成长绩效究竟应采用何种指标,或者说是否需要基于不同的绩效指标进行研究,同样是一个值得深入探讨的问题。本研究所得出的结论说明,创业绩效的研究中可以考虑净利润和营业收入这两个重要指标。

五、结　束　语

创业网络对新创企业成功的影响是一个值得深入探讨的话题。在中国,创业网络的绩效机制到底是倾向于表现出"欠社会化"(Larson,1992),还是"过度社会化"(Witt,2004)? 对这一问题深入研究的成果将能丰富现有的社会网络理论体系,因为人们普遍认为关系网络在中国有其文化和制度的特殊性,还有待于我们结合具体的实践情境作更多深入的探讨。因此,未来如果能够运用更多纵向的质化和量化数据进行研究,将非常有助于发展出创业网络绩效机制的动态理论。本研究仅仅是就网络规模与成长绩效的关系作了一个初步的探索,由于数据收集、分析方法等诸多方面的局限性,研究结论还有待于作进一步的研究。未来,我们可以有以下深入路径:(1)对本研究样本作长期的追踪研究,获取其更长期限的数据以进行分析;(2)补充一手数据,如可以对样本的高层管理者进行访谈,以获取更为翔实的创业网络资料;(3)在理论上,完善本研究提出的模型,并运用大样本数据进行实证研究。

主要参考文献

[1] Aldrich H E, Zimmer C. Entrepreneurship through social networks[J]. The Art and Science of Entrepreneurship, 1986.

[2] Brüderl J, Preisendörfer P. Network support and the success of newly founded business [J]. Small Business Economics, 1998, 10(3):213—225.

[3] Dodd S D, Patra E. National differences in entrepreneurial networking[J]. Entrepreneurship & Regional Development, 2010, 14(2):117—134.

[4] Elfring T, Hulsink W. Networks in entrepreneurship: The case of high-technology firms [J]. Small Business Economics, 2003, 21(4):409—422.

[5] Granovetter M. Economic action and social structure: The problem of embeddedness[J]. American Journal of Sociology, 1985:481—510.

[6] Hansen E L. Entrepreneurial networks and new organization growth[J]. Entrepreneurship: Theory & Practice, 1995, 19(4):7—19.

[7] Hite J M, Hesterly W S. The Evolution of firm networks: From emergence to early growth of the firm[J]. Strategic Management Journal, 2001, 2(3):275—286.

[8] Lin Nan. Building a network theory of social capital[J]. Connections, 1999.

[9] Hoang H, Antoncic B. Network-based research in entrepreneurship: A critical review [J]. Journal of Business Venturing, 2003, 18(2):165—187.

[10] Moensted M. Strategic networking in small high tech firms[J]. International Entrepreneurship and Management Journal, 2007, 3(1):15—27.

[11] Jack S L, Anderson A R. The Effects of embeddedness on the entrepreneurial process [J]. Social Science Electronic Publishing, 2002, 17(5):467—487.

[12] Johnson G, Melin L, Whittington R. Guest editors' introduction[J]. Journal of Management Studies, 2003, 8(1):3—22.

[13] Peng M W, Luo Y. Managerial ties and firm performance in a transition economy: The nature of a micro-macro link[J]. Academy of Management Journal, 2000, 43(3):486—501.

[14] Steier L & Greenwood R. Entrepreneurship and the evolution of angel financial networks [J]. Organization Studies, 2000, 21(1):163—192.

[15] Wong Y S. Inter-Organizational network and firm performance: The case of the bicycle

industry in Taiwan[J]. Asian Business & Management, 2005, 4(1):67—91.

[16] Witt P, Schroeter A, Merz C. Entrepreneurial resource acquisition via personal networks: An empirical study of German start-ups[J]. The Service Industries Journal, 2007, 28(7):953—971.

[17] Zhao L, Aram J D. Networking and growth of young technology-intensive ventures in China[J]. Journal of Business Venturing, 1995, 10(5):349—370.

[18] Zhao X Y, Frese M, Giardini A. Business owners' network size and business growth in China: The role of comprehensive social competency[J]. Entrepreneurship & Regional Development: An International Journal, 2010, 22(7):675—705.

[19] 边燕杰,丘海雄. 企业的社会资本及其功效[J]. 中国社会科学,2000,2(2):2.

[20] 边燕杰,张文宏. 经济体制、社会网络与职业流动[J]. 中国社会科学,2001,(2):77—89.

[21] 边燕杰. 网络脱生:创业过程的社会学分析[J]. 战略管理,2010,(1):74—88.

[22] 蔡莉,单标安. 创业网络对新企业绩效的影响——基于企业创建期、存活期及成长期的实证分析[J]. 中山大学学报:社会科学版,2010,50(4):189—197.

[23] 李新春,梁强,宋丽红. 外部关系—内部能力平衡与新创企业成长——基于创业者行为视角的实证研究[J]. 中国工业经济,2010,(12):97—107.

[24] 赵延东. 求职者的社会网络与就业保留工资——以下岗职工再就业过程为例[J]. 社会学研究,2003,(4):51—60.

实证研究篇

  本篇主要运用经验数据对相关创业理论概念与机制模型进行实证分析。首先,第9章基于案例研究方法构建了创业能力理论概念的结构模型,并运用样本数据对该理论模型的信度和效度进行了实证分析。其次,第10章基于 Logistic 回归分析模型对影响创业倾向的能力维度进行了分析,并运用样本数据分析了对创业倾向具有显著影响的创业能力维度。最后,第11章进一步构建了创业能力维度影响创业倾向的作用机制模型,并运用样本数据对该机制模型进行了实证检验。

第9章
大学生创业能力的内涵与结构[①]

一、引　　言

随着全球创业经济的兴起,中国政府对大学生创业教育给予了高度重视。2010年5月教育部下发的《关于大力推进高等学校创新创业教育和大学生自主创业工作的意见》指出,大学生是最具创新、创业潜力的群体之一;在高等学校开展创新创业教育,积极鼓励高校学生自主创业,是教育系统深入学习实践科学发展观,服务于创新型国家建设的重大战略举措;高校应把提升学生的创业能力作为创业教育的核心内容之一。在制定培养和提升大学生创业能力的有效措施之前,我们首先需要明确大学生创业能力的内涵与结构究竟是什么。对这个基础理论问题作出科学的回答,不仅有助于高校创业教育做到有的放矢和因材施教,还能为高校创业教育提供科学的评价指标。为此,本研究将以大学生创业群体为研究对象,深入探讨大学生创业能力的内涵与结构。

二、创业能力内涵与结构分析

(一) 现有研究观点及问题提出

"能力"(competency)概念是在哈佛大学教授 McClelland 1973 年发表

[①] 本章内容原载于《国家教育行政学院学报》2012年第2期,文章名为《大学生创业能力的内涵与结构》,有部分修改。

的《测量能力而非智力》一文中正式提出的,后来被明确地定义为一系列的个人特征,主要包括动机、态度、自我形象、社会角色、知识和技能等不同层次的组成要素。这种个人特征能区分在特定的工作岗位上和组织环境中的绩效水平(Spencer,1993)。

在创业研究领域,Chandler 和 Hanks 于 1993 年提出了"创业能力"(entrepreneurial competency)的概念,将其定义为"识别、预见并利用机会的能力"。这种能力被看作创业的核心能力,会随着创业者对市场的熟悉程度而不断加强。此后,国内外学者对创业能力的内涵与结构进行了较为广泛的探究。例如,Man 和 Lau(2000)通过对香港中小企业创业者的访谈,提出了创业者能力特征的六维结构模型,即机会胜任力、关系胜任力、概念胜任力、组织胜任力、战略胜任力和承诺胜任力。张炜和王重鸣(2004)结合以往文献研究和实际访谈研究,提出创业能力模型具有机会要素、关系要素、概念要素、组织要素、战略要素、承诺要素、情绪要素和学习要素八个不同的维度。仲理峰和时勘(2004)用行为事件访谈法对中国家族企业的企业家进行研究,提出了中国家族企业企业家能力特征模型,该模型由 11 个维度构成,即主动性、信息寻求、自信、捕捉机遇、组织意识、指挥、自我控制、权威导向、影响他人、仁慈关怀和自主学习。

理论研究的结论与观点往往会对现有创业教育实践起到一定的指导作用。但是,本研究发现已有文献大多属于理论思辨或定性分析,并且研究对象较少关注大学生创业群体。那么,必须思考的问题是:这些创业能力研究的结论与观点是否就适合大学生群体?大学生创业群体是否会有其特有的创业能力内涵与结构?为此,以下将运用案例研究和问卷调查相结合的方法,尝试对大学生创业能力的内涵与结构成作出一个科学的回答。

(二) 大学生创业能力结构:案例研究

案例数据收集主要采用行为事件访谈法,对 11 家新创企业的 12 位在校或毕业 2 年以内的创业大学生进行了访谈。访谈样本的选择要求主要满足以下几个条件:(1) 在校创业或毕业 2 年以内创业;(2) 已注册公司且有

第9章 大学生创业能力的内涵与结构

实际业务发生;(3)是创业企业的股东。12位受访者中,毕业最早的是在2005年,其中还有3位尚未毕业;创业时间最早是2005年,最晚是2010年;所创立的企业多数属于服务业,广泛地涉及工程、房地产开发、会展、餐饮、教育、咨询、软件和服装等行业。受访者所学专业也涉及市场营销、行政管理、法学、软件工程、国际贸易、信息管理系统和工商管理等诸多专业。12位被访的创业者中只有1位女性。

针对所有的被访者,本研究运用了一套基本统一的访谈提纲。每次访谈一般持续90—150分钟。所有的访谈在经得受访者的同意后进行了录音,并对录音进行了文字翻录,共形成144页约22.5万字的word文本记录。然后,两位研究者对文本进行编码分析。为了保证编码的一致性,先拟定了一个编码要求说明。两位研究者按编码要求独立地对两个文本进行试编码,并对编码结果进行比较和讨论,最后对有歧义的编码形成统一的意见。最后,两位研究者独立地对所有文本进行了编码,编码的整体一致性达到0.61。对不一致的编码,两位研究者进行了讨论并作了统一。本研究通过编码分析发现,共有9个创业能力的结构维度,其中风险承担力与战略规划力由于在文本中出现频次较低(分别为16次和14次)而被排除掉,保留了7个出现频次较高的维度,并提炼出了各维度的内涵(具体如表9-1所示)。

表9-1 大学生创业能力的结构与内涵

序号	结构维度	内涵	频次
1	关系胜任力	建立和维持个人之间、个人和组织之间互动关系的能力	113
2	机会把握力	通过各种方法识别、评估和捕捉市场机会的能力	61
3	创新创造力	创新性地解决创业过程中出现的各种问题,包括创造和改进新的技术、产品、服务和流程的能力	54
4	资源整合力	整合组织内外人、财、物和技术资源的能力	39
5	创业原动力	对创业生活方式及其成果的企望和追求能力	30
6	创业坚毅力	面对创业的困难和挫折,坚持而不放弃的能力	29
7	实践学习力	不断在实践中学习创业所需知识和技能的能力	27

三、创业能力结构的实证分析

（一）测量条目开发

1. 拟写创业能力结构各维度的测量条目

测量条目的拟订主要运用以下方法：(1) 重新阅读案例研究中的访谈文本，分析归纳出创业能力各维度的行为特征，以之作为测量条目。(2) 另外邀请七个创业大学生进行座谈（不包括接受过访谈的创业学生），讨论并归纳总结创业能力的内涵和构成，再由座谈成员根据自己的经验和理解修改、完善和补充各维度的测量条目。

2. 初步筛选创业能力各维度的测量条目

对步骤一中所获得的测量条目，我们进一步用以下方法进行初步筛选：(1) 邀请六名企业管理专业的研究生对测量条目进行归类。研究者首先将所有测量条目随机打乱，然后让六名研究生基于创业能力各维度的概念，独立将所有测量条目归类到不同的能力维度。最后，研究者将六名研究生归类不一致的测量条目重新进行修改和删减（如果有三人以上对测量条目的归类有异议，就直接删除，否则进行修改并保留）。(2) 邀请在心理学领域有量表开发经验的两位专家独立审阅，提出相应的修改和完善的建议。

基于以上方法，我们最后获得创业能力七个维度共58个测量条目。

（二）问卷调查与样本分布

在收集、筛选和整理测量条目的基础上，本研究编制了包括以上58个测量条目在内的调查问卷。各测量条目均采用Likert五尺度计分，从"完全不符合"到"完全符合"，分别计1—5分。

问卷调查分两步进行：第一步是预调查，即通过小样本进行调查（共117份），通过探索性因子分析预调查数据，看其结果是否理想。在结果较为理想的基础上，第二步是正式对上海松江大学城七所高校（上海对外经贸大学、东华大学、上海外国语大学、华东政法大学、上海工程技术大学、立信会计学院和复旦视觉艺术学院）的大学生进行问卷调查。我们共发出调查问卷 710 份,收回有效样本 544 份。我们将所获得的有效样本数据分为两部分:一部分用于探索性因子分析(样本 $N=282$),另一部分用于验证性因子分析(样本 $N=262$)。样本具体分布情况如表 9-2 所示。

表 9-2　问卷调查样本分布情况

变量	类别	探索性因子分析 总样本 $N=282$		验证性因子分析 总样本 $N=262$	
		数量	比例	数量	比例
性别	女	198	71.22%	181	69.88%
	男	80	28.78%	78	30.12%
年级	大一	3	1.08%	0	0.00%
	大二	116	41.88%	96	37.21%
	大三	148	53.43%	146	56.59%
	大四	5	1.81%	3	1.16%
	硕士	5	1.81%	13	5.04%
专业	文科	202	72.92%	189	72.97%
	工科	22	7.94%	23	8.88%
	理科	21	7.58%	17	6.56%
	艺术	7	2.53%	3	1.16%
	其他	25	9.03%	27	10.42%

注:由于存在类别值缺失,因此会出现各类别样本总数不相符的情况。

(三) 数据分析结果

1. 探索性因子分析

我们运用统计软件 SPSS 16.0,对以上 58 个测量条目进行探索性因子分析,发现整体因子结构较为复杂。结合我们的理论假设和因子分析数据,研究采取了以下条目删减原则:(1) 删除只有一个或两个条目且不符合理论假设的因子;(2) 删除因子载荷过小($\lambda<0.4$)的条目;(3) 删除交叉因子载荷较高的条目。经过多次删减之后,我们最后保留了 28 个条目,如表 9-3 所示。我们用这 28 个条目进行探索性因子分析,发现样本适当性系数 KMO(Kaiser-Meyer-Olkin)的指标为 0.906,Bartlett 球形检验卡方值为 4679.9($df=378,P<0.001$)。从探索性因子分析结果看,28 个条目组成的

创业能力维度模型结构较为清晰,各因子载荷都大于0.5,不存在0.4以上的交叉负荷,而且总体一致性系数(0.8378)和各因子Cronbachs α 系数都大于0.83,总体方差解释变异量为72.47%。

表9-3 探索性因子和验证性因子分析结果

因素命名	项目	EFA负荷	CFA负荷	探索性因子分析		验证性因子分析	
				因素解释量:%	一致性系数 a	CR	AVE
机会把握力	我会通过实践尝试评估商业机会的可行性	0.847	0.803	11.658	0.8949	0.8632	0.6124
	我会寻找途径评估一些商业机会的价值	0.839	0.750				
	我会向有行业经验的人请教商业机会的可行性	0.833	0.830				
	我会通过与人交流评估所发现的商业机会	0.744	0.608				
创业坚毅力	遇到困难时,我经常自我鼓励	0.819	0.772	10.928	0.8824	0.8107	0.519
	对自己制订好的目标,我会坚持到底,直到完成	0.811	0.706				
	当做事情面临困难的时候,我不会轻易放弃	0.783	0.776				
	我总是能积极面对出现的困境	0.750	0.616				
关系胜任力	我会通过各种渠道去结识新朋友	0.815	0.729	10.704	0.8756	0.8262	0.5441
	我善于和陌生人建立朋友关系	0.784	0.818				
	我喜欢结识不同背景或不同类型的朋友	0.777	0.697				
	我会主动和新结识的朋友保持联系	0.722	0.700				
创业原动力	我渴望拥有成功创业人士的生活方式	0.839	0.721	10.620	0.8784	0.8374	0.5466
	我喜欢自主创业的生活方式	0.787	0.667				
	我期望自己的创业成果能带给社会重要影响	0.781	0.805				
	通过创业,我可以更好地回报社会	0.741	0.803				
创新创造力	我经常思考和关注如何才能创新	0.791	0.759	10.009	0.8448	0.8067	0.5145
	我做事情时总是有一种很强的创新意识	0.768	0.832				
	我喜欢用创新的方法处理所面临的一些问题	0.717	0.649				
	我喜欢用突破常规的思路或方法做事情	0.704	0.607				
实践学习力	我善于学习他人的成功经验	0.739	0.702	9.422	0.8343	0.8054	0.5093
	我善于倾听和学习他人的好想法	0.736	0.777				
	我能有效地学习解决问题的各种知识和技能	0.732	0.663				
	我善于在实践中学习各种知识和技能	0.678	0.708				
资源整合力	我善于整合分散资源去完成一项任务或活动	0.790	0.738	9.125	0.8351	0.8012	0.5024
	我善于配置和发挥好团队成员的能力	0.757	0.744				
	我善于发掘并利用一些资源的潜在价值	0.687	0.663				
	我能够充分利用获取资源的各种渠道	0.566	0.687				

注:EFA为探索性因子分析,CFA为验证性因子分析,CR为组合信度,AVE为平均变异数抽取量。

2. 验证性因子分析

我们进一步采用结构方程模型技术进行验证性因子分析。结构方程模型分析的优点是,可以通过计算和比较不同可能模型的拟合指数,找一个相对来说既简单又拟合得好的模型(侯杰泰等,2004)。具体来说,模型检验有两个核心内容:一是模型验证,即检验假设模型的维度结构是否得到样本数据的支持;二是模型比较,即对问卷条目所有可能包含的结构模型(如单维模型、多维模型)和假设模型进行比较,以确定假设模型的维度结构是否为最优(陈加州等,2003)。

首先,我们运用统计软件AMOS 17.0对七维度创业能力模型进行模型验证。如表9-4的七维模型结果所示:$\chi^2 = 671.003$、$\chi^2/df = 1.875$、RMR = 0.048、RMSEA = 0.058、NNFI = 0.893、CFI = 0.907、GFI = 0.859,各拟合优度指标均达到建议值指标以上,且反映各维度收敛效度的组合信度值CR和平均方差提取值AVE均达到标准值以上(Fornell & Larcker,1981),说明具有良好的收敛效度。

其次,我们对可能的各种模型进行比较。我们先进行探索性因子分析,得到了七个可以进行比较的不同检验模型;然后运用结构方程模型技术,对所有模型进行拟合计算,得到的结果如表9-4所示。各模型的拟合结果指标显示,七维结构模型更能代表创业能力构念的结构。

表9-4 创业能力结构比较模型的拟合指数($N = 262$)

模型	χ^2	df	χ^2/df	RMR	RMSEA	NNFI	CFI	GFI
单维模型	1867.677	350	5.366	0.105	0.129	0.471	0.510	0.622
二维模型	1737.937	349	4.980	0.102	0.124	0.515	0.552	0.643
三维模型	1542.833	347	4.446	0.113	0.115	0.580	0.614	0.668
四维模型	1137.820	344	3.308	0.070	0.094	0.719	0.744	0.732
五维模型	985.746	340	2.899	0.064	0.085	0.768	0.792	0.762
六维模型	870.211	355	2.598	0.070	0.078	0.805	0.827	0.800
七维模型	671.003	329	1.875	0.048	0.058	0.893	0.907	0.859

好的结构模型应能简单又准确地描述数据中各变量的关系。为此,我们尝试用一个二阶因子(创业胜任力)来表达各一阶因子的关系。如表9-5所示,与一阶模型相比,二阶模型增加了九个自由度,但其卡方值χ^2变化不

大,且其他指数也说明二阶模型拟合较好。结果表明,创业胜任力的六个维度在更高阶上聚合为同一个因子。这说明,我们假设的创业胜任力高阶因子模型与实际观测数据模型具有较好的拟合度。创业胜任力抽取的二阶因子模型如图 9-1 所示。

表 9-5 创业胜任力模型抽取二阶因子验证性分析拟合指数($N=277$)

拟合指数	χ^2	df	χ^2/df	RMR	RMSEA	NNFI	CFI	GFI
一阶因子模型	648.318	362	1.791	0.047	0.054	0.914	0.923	0.857
二阶因子模型	687.255	371	1.828	0.056	0.055	0.910	0.918	0.852

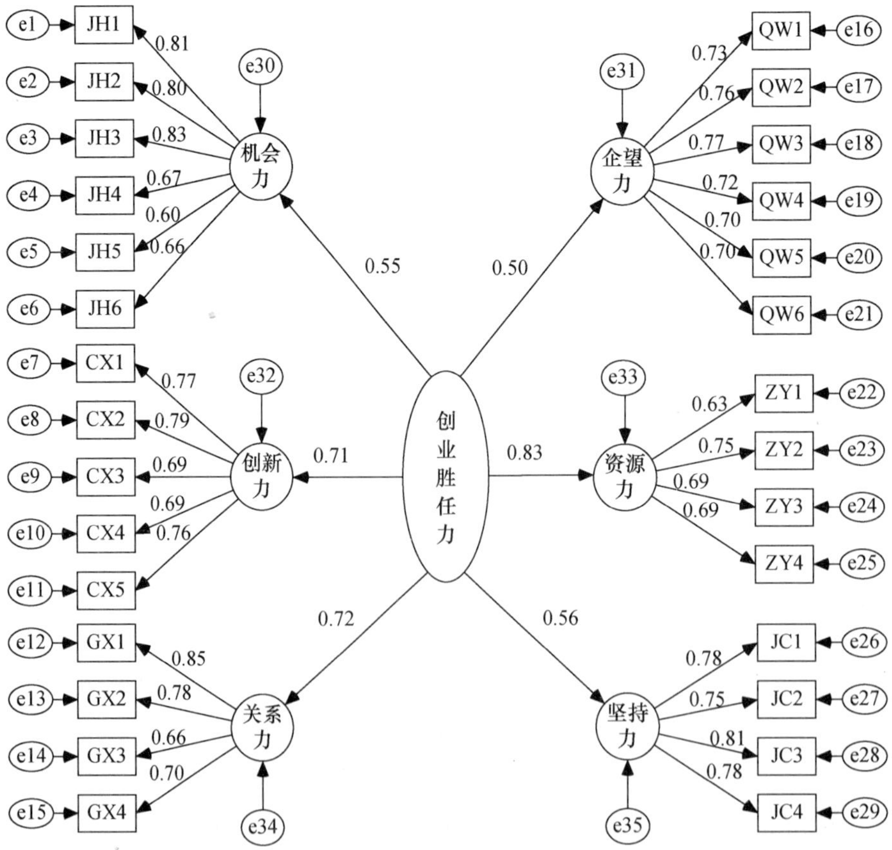

图 9-1 创业胜任力抽取的二阶因子模型

四、结果讨论与启示

(一) 结果讨论

1. 大学生创业能力结构的独特性

虽然已有研究文献对创业原动力和创业坚毅力两种能力较少论及,但本研究发现这两种创业能力在大学生创业群体身上都有显著表现。基于 Spencer 的能力冰山模型,原动力和坚毅力都属于动机和态度范畴的深层次能力。在访谈的案例中,几乎所有的受访者都强调这两种能力。例如,他们强调创业坚毅力的重要性,并认为成功的创业者就是那些能坚持下来的人。案例显示,一些大学生在创业过程中确实面临着难以想象的困难和挫折,有创业坚毅力的人最终都会靠自身的力量振作起来,直到转机的出现。能够坚持下来的大学生通常表现得很有韧性,一些人甚至坚信"失败的是项目、是公司,不是我个人。项目失败不要紧,甚至公司倒闭也不要紧,如果我个人还保持着一种创业者的心态,那么我就还在创业……"在遇到困难和挫折时,他们都会主动采取各种措施,迎难而上。这些深层次的能力不像创业知识和技能那样容易识别和传授,甚至连受访者自身都难以解释自己为什么能具备。但是,这些能力是大学生真正能走上创业之路和获得最终成功必不可少的。

2. 大学生创业能力内涵的差异性

机会把握力、关系胜任力、资源整合力、创新创造力和实践学习力在能力冰山模型中属于技能层次的能力。在大学生群体身上,这些创业能力的内涵与行为都表现出一种初级性的特征。例如,已有文献论及的机会胜任力不仅表现为企业家良好的市场直觉,更包括对市场机会的系统搜寻、调查评估以及持续不懈的市场开发(Man,2002);而在大学生身上,则表现为一种随机性的搜寻和评估,在创业初期更多还只是个人的一种市场冲动。大学生的创业关系多是基于个人的关系网络,且其行为特征还主要表现在企业内部创业合作伙伴关系的维持上。与现有文献强调对企业外部商业关系网络的拓展与维持等行为特征相比(Bartlett,1997),大学生在创业关系能力的意识和运用上都还处于初级阶段……但是,多数创业的大学生开始对关系胜任力的重要性有了深入的认识。再进一步,一些文献所强调的一些较高层次的创业能力,如战略规划力,在大学生身上表现得并不明显。在访谈样本中,我们没有发现哪家案例企业会明确地思考和制定企业战略,大多数创业者只是凭直觉大致规划创业企业的未来发展,只有极少数创业者说可能会思考创业企业的年度目标。有些创业者甚至认为思考未来六个月的目标是没有意义的,因为不确定性太大。

(二)对创业教育的启示

1. 创业教育应遵循大学生创业阶段的能力需求特征

大学生创业能力的内涵与结构特征决定了高校创业教育需要有的放矢和因材施教。一方面,应重视原动力和坚毅力等深层次创业能力的培养。这些深层次创业能力的形成,不仅可以追溯到大学之前的学习和生活经历,并且大学期间依旧是一个重要的塑造阶段。这些能力就像创业基因一样,其力量稳定而持久,是大学生成就创业人生的动力源泉。因此,高校创业教育应首先重视培养和强化大学生的这些深层次的创业能力。另一方面,对已有文献中强调的一些创业能力,如战略规划能力,应尽力而为,无须操之过急。因为案例研究显示,对于处于创业初期的大学生,对战略规划能力的需求并不是很高,所以并不需要对这些难度高且不易在短时间内培养的能力过分强调。由于战略规划能力往往是高校商学院所注重培养的能力,因此在以商学院作为创业教育主阵地的高校,不要轻易落入商学院传统的管理人才培养模式的窠臼,而应首先聚焦于大学生在创业阶段所真正需要的能力。

2. 大学生创业教育应强调实践导向性

大学生创业能力的培养应强调实践导向性。案例分析表明,多数创业能力都具有实践导向性,即这些能力都是通过"干中学"得到培养的。例如,机会把握力是通过各种方法识别、评估和捕捉市场机会的能力。案例研究表明,好的创业机会往往是大学生在一个个试错项目中逐渐发掘的,几乎没有创业案例显示大学生能在尝试第一个机会后就获得成功。实际情况是,在尝试失败后,大学生才知道怎样去评估真正可行且有价值的机会,而最后所把握的机会也往往与最初的选择大相径庭。此外,我们发现创新创造力也是在实践中逐步形成的,甚至可以说创新本身就是一种实践。一些创业案例的产品和服务创新就完全是在与客户和市场互动的过程中产生的。就如一位受访者所言:"没有实际去做,就不可能有产品创新,凭空想出来的东西一点用都没有……"因此,高校的创业教育一定要强调如何让大学生在实践中获得和提升创业能力。

3. 大学生创业教育应力主社会开放性

大学生创业能力的培养需要社会的广泛参与。首先,创业是一个资源整合的过程,创业所需的资源广泛地分布在社会中,创业资源整合能力的形成需要大学生有机会获取和整合这些资源。从创业案例来看,由于社会对高校创业教育的参与度低,大学生能接触到的各种创业资源有很大的局限性,相应地也限制了其创业资源整合能力的培养,特别是缺乏对无形资源整合的意识和能力。其次,良好的创业关系能力能让创业者与外部的个人和组织建立起良好的关系网络,有助于商业信息流动,激发创业灵感,带来创业资源,提供情感支持,以及解决创业过程中出现的各种问题。但是,这种关系能力同样需要在各种社会活动的参与中得到培养和提升。因此,高校应充分认识到社会在创业教育中扮演的不可或缺的角色,并有意识地拆除高校与社会之间的"无形之墙",让大学生走出"象牙塔",到一个真实的创业环境中去锤炼,这将更有助于大学生成长为一名成功的创业者。

主要参考文献

[1] Bartlett C A, Ghoshal S. The myth of the generic manager: New personal competencies for new management roles[J]. Calif Manage, 1997, 40(1):92—116.

[2] Bird B. Towards a theory of entrepreneurial competency: Advances in entrepreneurship,

firm emergence and growth[J]. JAI Press, Greenwich, CT, 1995, (2):51—72.

[3] Busenitz L W & Barney J B. Differences between entrepreneurs and managers in large organizations: Biases and heuristics in strategic decision-making[J]. Journal of Business Venturing, 1997, 12(1):9—30.

[4] Chandler G N, Hanks S H. Measuring the performance of emerging businesses: A validation study[J]. Journal of Business Venturing, 1993, 8(5):391—408.

[5] Fornell C and Larcker D F. Evaluating structural equation models with unobservable variables and measurement error[J]. Journal of Marketing Research, 1981, 18(1):39—50.

[6] Man T W Y, Lau T, Chan K F. The competitiveness of small and medium enterprises: A conceptualization with focus on entrepreneurial competencies[J]. Journal of Business Venturing, 2002, 17(2):123—142.

[7] Man T W Y, Lau T. Entrepreneurial competencies of SME owner/managers in the Hong Kong services sector: A qualitative analysis[J]. Journal of Enterprising Culture, 2000, 8(3):235—254.

[8] McClelland D C. Characteristics of successful entrepreneurs[J]. The Journal of Creative Behavior, 1987, 21(1):18—21.

[9] Spencer I M and Spencer S M. Competence at Work: Model for Superior Performance [M]. New York: John Wiley and Sons, 1993.

[10] 陈加州,凌文辁,方俐洛. 企业员工心理契约的结构维度[J]. 心理学报,2003,35(3):404—410.

[11] 侯杰泰,温忠麟,成子娟. 结构方程模型及其应用[M]. 北京:教育科学出版社,2004.

[12] 张炜,王重鸣. 中小高技术企业创业者组合模式与胜任特征研究[J]. 科学学与科学技术管理,2004,(3):90—93.

[13] 仲理峰,时勘. 家族企业高层管理者胜任特征模型[J]. 心理学报,2004,36(1):110—115.

第 10 章
影响创业倾向的能力维度分析

一、引　言

我国自 21 世纪初开始推行创业教育以来,大学生创业越来越得到社会和政府的关注。大学生被认为是最具创新、创业潜力的群体之一。教育部也陆续出台相应文件,要求高等学校开展创新创业教育,积极鼓励高校学生自主创业,以服务于我国创新型国家建设的战略需求。但是,总体上,目前我国大学生的创业比例还很低。一份针对全国 2000 所高校发放的 20 万份问卷调查显示,2010 年,中国大学生创业比例仅为 0.9%(周逸梅,2011)。而在一些发达国家,大学生创业比例却高达 20% 以上(房国忠,刘宏妍,2006),像美国斯坦福大学、麻省理工学院等大学的学生创业更是对社会和经济产生了深远的影响。

我国高校创业教育已推行十多年,大学生创业比例为什么还是徘徊不前？是什么因素影响了大学生的创业倾向？高校创业教育又应从何入手,以有效培育大学生的创业倾向？这些是目前创业教育需要深入探讨的理论问题,正确地予以回答能让高校创业教育措施设计更加科学、高效和有的放矢。我们将基于创业能力理论的视角,对影响大学生创业倾向的能力维度进行实证分析,并在此基础上深入探讨对我国高校创业教育的建议。

二、创业能力与创业倾向关系

(一)创业能力的内涵与维度

哈佛大学教授 McClelland 在 1973 年提出了"能力"(competence)的概念。其后,能力被明确地定义为一系列个人特征,例如动机、态度、自我形象、社会角色、知识和技能等组成要素。这种个人特征能区分在特定的工作岗位上和组织环境中的绩效水平(Spencer,1993)。在创业研究领域,Chandler 和 Hanks(1993)首先提出了"创业能力"(entrepreneurial competency)的概念,并将其定义为"识别、预见并利用机会的能力"。这种能力被看作创业的核心能力,会随着创业者对市场的熟悉程度加深而不断加强。

能力理论方法(the competency approach)被引入创业研究领域后,日益成为创业研究的一个重要手段。国内外一些文献对创业能力的概念、构成及其特征进行了广泛探讨,并取得了一些有价值的理论成果。例如,Man 和 Lau(2000)通过对中国香港中小企业创业者的访谈,提出了创业者能力特征的六维结构模型,即机会胜任力、关系胜任力、概念胜任力、组织胜任力、战略胜任力和承诺胜任力。国内学者张炜和王重鸣(2004)结合以往文献研究和实际访谈研究指出,创业能力模型具有机会要素、关系要素、概念要素、组织要素、战略要素、承诺要素、情绪要素和学习要素八个不同的维度。仲理峰和时勘(2004)用行为事件访谈法对中国家族企业的企业家进行了研究,提出了中国家族企业企业家能力特征模型。该模型由 11 个维度构成,即主动性、信息寻求、自信、捕捉机遇、组织意识、指挥、自我控制、权威导向、影响他人、仁慈关怀和自主学习。王辉和张辉华(2012)则通过对大学生创业群体的案例与实证研究,提出了大学生创业能力的七维度模型,包括机会把握力、创业坚毅力、关系胜任力、创业原动力、创新创造力、实践学习力和资源整合力。

（二）创业能力影响创业倾向的理论假设

基于 Ajzen(1991)的计划行为理论，倾向(intention)被认为是一种行为发生的直接前因，它可以有效地预测有计划的行为。创业是一个有意识和有计划的行为，因此创业倾向被认为是创业行为的最好预测指标，是了解创业行为的中心点。Bird(1995)最早提出"创业倾向"（entrepreneurial intention）的概念，将其定义为"将创业者的注意力、精力和行为引向某个特定目标的一种心理状态"，并且认为由灵感激发的创业想法必须通过创业倾向才能实现。Krueger(1993)指出，倾向代表着对将来某个目标行为的承诺程度，而创业指创办一个新企业，因此创业倾向可以是指创办一个新企业的承诺度。创业倾向也可指个体创建新企业或者为现有组织增加价值的一种心理状态(Wu & Wu,2008)。因此，创业倾向可视为个体创办新企业的一种信念，它能导致个体采取实际的创业行动，最终成为一名真正的创业者。

创业倾向影响因素的实证研究大致可归为两大类：外部环境因素和创业者个体因素。其中，创业者个体因素研究传统上较多的是关注个人背景和个人特质两方面因素对创业倾向的影响（简丹丹等，2010；范巍，王重鸣，2005）。例如，个人背景涉及性别、年龄、教育、种族、工作经历和创业经历等诸多因素，个人特质涉及智力、创造力、精力充沛、容忍不确定性、自我效能和创新倾向等诸多因素。近年来，基于能力理论的创业研究开始得到重视。相对于传统的个人背景和个人特质研究所关注的变量因素，以绩效为导向所归纳或抽取出来的能力因素更具有实践导向性，也能更有效地区分和预测个体在特定的工作岗位上和组织环境中的绩效水平。

在采取实际创业行为之前，创业者往往会对自己创业所具备的条件作出评估和权衡，Shapero 和 Sokol(1982)称之为"可行性感知"（perceived feasibility），主要指个体相信自己有能力创建一家公司的程度。因此，那些自我评估或自我感知创业能力高的人，往往会获得更强的创业激励，从而可能产生更高的创业倾向。基于已有研究成果和观点,我们认为,创业能力将是影响创业倾向的一个重要因素,即那些具有更强创业能力的人将具有更强的创业倾向。为此,我们提出假设:

H1:创业能力对大学生创业倾向具有积极影响。

根据王辉和张辉华(2012)的研究,大学生的创业能力具有一定的群体特征,这不仅在结构上表现出独特性,同时在内涵上也表现出差异性。基于王辉和张辉华提出的大学生创业能力研究的七个维度,我们同时提出以下分假设:

H1a:机会把握力对大学生创业倾向具有积极影响;

H1b:关系胜任力对大学生创业倾向具有积极影响;

H1c:创新创造力对大学生创业倾向具有积极影响;

H1d:资源整合力对大学生创业倾向具有积极影响;

H1e:创业坚毅力对大学生创业倾向具有积极影响;

H1f:创业原动力对大学生创业倾向具有积极影响;

H1g:实践学习力对大学生创业倾向具有积极影响。

三、研究样本与变量测量

(一)样本数据

本研究的样本数据主要来自于对上海松江大学城七所高校的大学生进行的问卷调查,样本比例分别为:上海对外经贸大学(38.50%)、东华大学(16.64%)、上海外国语大学(11.96%)、华东政法大学(12.71%)、上海工程技术大学(11.21%)、立信会计学院(7.85%)和复旦视觉艺术学院(1.12%)。我们共发出调查问卷600份,收回有效样本535份,样本的性别、年级和专业分布情况如表10-1所示:

第 10 章 影响创业倾向的能力维度分析

表 10-1 问卷调查样本分布情况

变量	类别	总样本 $N=535$	
		数量	比例
性别	女	414	77.38%
	男	121	22.62%
年级	大二	142	26.54%
	大三	220	41.12%
	大四	153	28.60%
	研究生	20	3.74%
专业	文科	375	70.09%
	工科	79	14.77%
	理科	46	8.60%
	艺术	6	1.12%
	其他	29	5.42%

(二) 变量及其测量

1. 因变量测量

已有文献对创业倾向的测量进行了探讨并提出了相关的测量方法。一些文献认为,学生的创业倾向主要是指"学生选择自主创业的可能性"(Pan, et al, 2002),或者是指"毕业后在可预见的将来创业的可能性"(Lüthje & Franke, 2003)。Sánchez(2011)提出了创业倾向的定义及其测量方法,其主要思路是测量对象在"就业"与"创业"之间的偏爱程度。借鉴以上思路,本研究测量创业倾向主要是通过询问大学生毕业时如果同时面临一个"就业机会"和一个"创业机会",会如何作出选择。因此,因变量设计为"0-1型"的属性变量,选择"1"表示大学生具有创业倾向,选择"0"表示大学生没有创业倾向。

2. 自变量测量

创业能力的测量将采用王辉和张辉华(2012)的"大学生创业能力测量量表",共七个维度,每个维度有四个测量条目,每个条目的测量采取七分度量表。我们运用统计软件 AMOS 17.0 对七维度创业能力模型进行了验证性因子分析,分析结果显示:$\chi^2 = 709.103$,$\chi^2/df = 2.155$,RMSEA = 0.068,NNFI = 0.899,CFI = 0.912,GFI = 0.837,各拟合优度指标均在建议值指标以上。同时,各维度收敛效度的组合信度值 CR 均在 0.8 以上,平均方差提取值 AVE 均在 0.5 以上。这说明该模型具有良好的收敛效度。

在各创业能力维度进入 Logistic 回归之前,我们把各维度的数据分成三个等级:弱(1—3)、中(3—5)、强(5—7),如表 10-2 所示:

表 10-2 变量取值与数据描述

变量	变量取值	均值	标准差
创业倾向	0 = 无,1 = 有	0.2617	0.43996
创业能力	0 = 弱,1 = 中,2 = 强	1.5570	0.61201
机会把握力	0 = 弱,1 = 中,2 = 强	2.2748	0.67957
关系胜任力	0 = 弱,1 = 中,2 = 强	2.2879	0.63551
资源整合力	0 = 弱,1 = 中,2 = 强	2.3439	0.58814
创新创造力	0 = 弱,1 = 中,2 = 强	2.1869	0.65530
创业原动力	0 = 弱,1 = 中,2 = 强	2.3196	0.65392
创业坚毅力	0 = 弱,1 = 中,2 = 强	2.5776	0.56178
实践学习力	0 = 弱,1 = 中,2 = 强	2.5813	0.55791
性别	0 = 女,1 = 男	0.2262	0.41874
父母是否创业	0 = 否,1 = 是	0.2374	0.42588

3. 控制变量

相关研究表明,男性的创业倾向普遍高于女性(Gupta,et al,2008)。此外,家庭创业背景也可能导致个体具有更高的创业倾向(Matthews & Moser,1996)。因此,本研究把性别和家庭创业背景作为控制变量。

以上因变量、自变量和控制变量的取值及其测量结果如表 10-2 所示。

四、数据分析结果

Logistic 回归分析适合于因变量为属性数据的统计分析,本研究采用 Logistic 回归模型分析。Logistic 回归模型的一般表示形式为:

第 10 章 影响创业倾向的能力维度分析

$$Y = \beta_0 + \beta_1 \cdot X_1 + \beta_2 X_2 + \cdots + \beta_n X_n = \beta_0 + \sum_{i=1}^{n} \beta_i X_i$$

$$P = F(Y) = \frac{1}{1 + e^{-Y}}$$

式中:Y 为因变量,$Y=1$ 表示大学生具有创业倾向,$Y=0$ 表示大学生不具有创业倾向;X_i 为解释变量;β_i 为待估计参数;P 为大学生愿意创业的概率。

数据统计分析采用软件 SPSS 16.0。SPSS 软件输出的模型评价指标主要包括两个:一是伪 R 指标,用来描述因变量的变动中由自变量所解释的百分比。但是,该指标在 Logistic 模型分析中的用处不大。本研究仅以 Nagelkerke R Square 值作为参考。二是模型卡方值 X^2 检验。如果整体模型 X^2 检验统计值不显著,则认为自变量所提供的信息将有助于更好地预测事件的发生。

数据统计分析结果如表 10-3 所示。模型 1 中,整体模型卡方值为 0.178,p 值为 0.999(>0.05),表明由预测概率获得的期望频数与观测频数之间的差异性无统计学意义,即模型拟合了数据。在创业能力的七个维度中,创业能力的回归系数为 2.902,相对应的显著性系数都小于 0.05,Exp(B) 值达到 18.215,表明相对于创业能力弱的人,创业能力强的人选择创业的概率提高到 18 倍多,即假设 H1 得到了数据的支持。此外,模型 1 中,控制变量中的性别对因变量创业倾向也具有显著影响,男性选择创业的概率是女性的 2.035 倍;而父母创业背景则不具有显著影响。

表 10-3 Logistic 回归分析结果

模型 1				
变量	B	Wald	Sig.	Exp(B)
性别	0.711	8.622	0.003	2.035
父母创业	0.391	2.571	0.109	1.478
创业能力	2.902	42.530	0.000	18.215
Constant	-2.314	122.115	0.000	0.099
Chi-square	0.178(Sig. = 0.999)			
Nagelkerke R Square	0.245			

（续表）

模型 2				
变量	B	Wald	Sig.	Exp(B)
机会把握力	-0.043	0.009	0.926	0.957
关系胜任力	0.987	3.378	0.066	2.683
资源整合力	-0.878	1.627	0.202	0.416
创新创造力	0.807	2.983	0.084	2.240
创业原动力	2.128	11.439	0.001	8.395
创业坚毅力	1.786	4.727	0.030	5.963
实践学习力	0.708	0.694	0.405	2.031
Constant	-3.941	14.036	0.000	0.019
Chi-square	2.207(Sig. = 0.974)			
Nagelkerke R Square	0.162			

模型2的整体模型卡方值为2.207，p值为0.974（>0.05），表明由预测概率获得的期望频数与观测频数之间的差异性无统计学意义，即模型拟合了数据。其中，具有强创业原动力、强创业坚毅力、强关系胜任力和强创新创造力的人，其创业倾向都显著提高，提高到的倍数分别为8.395、5.963、2.683、2.240倍。其中，创业原动力和创业坚毅力的显著性$P < 0.05$，关系胜任力和创新创造力的显著性$P < 0.1$。即假设H1b、H1c、H1e、H1f得到了数据的支持。

五、结果讨论与启示

数据分析结果显示，创业能力是影响创业倾向的一个重要因素，具有强创业能力的大学生选择创业的概率会显著提高。因此，高校进行相应的创业能力或创业素质教育，将有助于提高大学生的创业倾向，并最终促使大学生走上创业之路。实证分析结果还进一步显示，创业原动力、创新创造力、创业坚毅力和关系胜任力四个维度对创业倾向具有显著的影响作用。基于此数据分析结果，本研究对大学生创业能力的培养主要有以下建议：

第一,植入"企业家价值"的创业原动力。创业原动力主要表现在大学生对创业生活方式及其成果的企望和追求上。在许多文献中,财富追求经常被视为个体选择创业最重要的原动力。但是,对于许多家庭生活条件相对优越的大学生而言,财富追求已无法形成持久的创业动力源泉。为此,高校应引导大学生更多地关注优秀企业家的创业成长历程,让其意识到创业真正的潜在价值是对企业家个人品质、生活方式和人生价值所带来的升华。这种价值引导不仅是强调创业对个人生活方式和事业带来的改变,更强调创业对社会和经济发展所带来的重要贡献。因此,高校创业教育不应把大学生创业作为就业形势严峻下的一种出路或解决方案,甚至是"无奈之举",而应真正把一种"企业家价值"植入未来大学生的成长基因中,使之成为高校教育的一种主流文化意识。只有追求"企业家价值",才可能在"学而优则仕"的传统教育文化中真正生根开花、茁壮成长,并使之成为整个社会和经济发展的重要动力。

第二,培养实践导向的创新创造力。创新创造力主要表现为一种创新性地解决创业过程中各种问题的能力,包括创造和改进新的技术、产品、服务和流程。自 20 世纪初经济学家 Joseph A. Schumpeter 把创新视为经济发展的根本动力以来,创新精神几乎成了企业家或创业者的形象标签。管理学大师 Peter F. Drucker 更是将创新视为企业家特有的工具与创业精神的核心本质体现。我国在 20 世纪 80 年代就开始倡导创新教育,许多高校相继设置了与创新思维或创新理论相关的课程,但效果一直不佳,大学生依旧是善于应试而缺乏创新意识。相关研究表明,创新创造力是一种实践导向的能力,甚至创新本身就可视为一种实践。例如,许多产品和服务创新完全是在与客户和市场互动的过程中实现的。因此,大学生创新创造力的培养应首先转变应试教育的思维与模式,不能仅局限于在教室中做"创新思维"之类的训练,或是做一些"创新方法"运用的模拟项目,而应真正放手让大学生在实践中锤炼和提升创新创造力。

第三,磨炼累败累战的创业坚毅力。创业坚毅力主要表现为,在面对创业的困难和挫折时,坚持而不放弃的能力。在已有的创业能力研究文献中,创业坚毅力鲜被论及。但是,本实证研究数据显示,创业坚毅力对创业倾向的影响重要且显著。在某种意义上,创新与创业就是一个不断试错的过程,而且每一次的试错都可能给创业者带来考验。因为创业者不仅要殚精竭虑地寻找问题的解决方案,而且还要克服失败可能带来的挫折感和自我怀疑。相关研究显示,成功的创业者常把失败看成一次学习的机会,并且坚信"项目失败不要紧,甚至公司倒闭都不要紧,关键是要保持一种积极的创业心态"。因此,高校创业教育不仅要传授和培养学生解决创业问题的知识和技能,更重要的是,还要引导学生正确面对创业过程中遇到的困难和挫折,用积极的视角看待和理解失败,能够自我激励而不放弃,磨炼出累败累战的勇气和信心。

第四,培养具有中国文化特色的关系胜任力。关系胜任力主要表现在建立和维持个人之间、个人和组织之间互动关系的能力上。已有的创业能力研究文献在讨论关系胜任力时,主要侧重于与外部组织的关系,特别是聚焦于与战略性合作伙伴关系的维持。但是,相关研究显示,除了营造与外部组织的关系,大学生创业还必须主动与朋友、同学、老乡、亲戚、家人等个人保持良好的互动关系。这些关系的建立和维护非常具有中国文化特色,它们能有效地激发创业者的创业灵感,带来创业资源,提供情感支持,以及解决创业过程中出现的各种问题,对大学生创业成长具有重要意义。相对于其他创业能力,已有的研究文献对大学生关系胜任力还非常缺乏深入的讨论和认识,高校创业教育也还没有真正将关系胜任力的培养纳入视野,未来应重新对这一富有中国文化特色的能力加以重视和培养。

主要参考文献

[1] Ajzen I. The theory of planned behavior[J]. Organizational Behavior and Human Decision Processes, 1991, (50):179—211.

[2] Bird B. Towards a theory of entrepreneurial competency: Advances in entrepreneurship, firm emergence and growth[J]. JAI Press, Greenwich, CT, 1995, 2:51—72.

[3] Chandler G N, Hanks S H. Measuring the performance of emerging businesses: A valida-

tion study[J]. Journal of Business Venturing, 1993, 8(5):391—408.

[4] GuptaV K, Turban D B, & Bhawe N M. The effect of gender stereotype activation on entrepreneurial intentions[J]. Journal of Applied Psychology, 2008, 93(5): 1053—1061.

[5] Krueger N F. The cognitive infrastructure of opportunity emergence[J]. Entrepreneurship Theory and Practice, Spring, 2000:5—23.

[6] Krueger N F & Carsrud A L. Entrepreneurial intentions: Applying the theory of planned behavior[J]. Entrepreneurship and Regional Development, 1993, 5(4):315—330.

[7] Lüthje, Christian, & Nikolaus Franke. The "making" of an entrepreneur: Testing a model of entrepreneurial intent among engineering students at MIT[J]. R&D Management, 2003, 33(2): 135—147.

[8] Man T W Y, Lau T. Entrepreneurial competencies of SME owner/managers in the Hong Kong services sector: A qualitative analysis[J]. Journal of Enterprising Culture, 2000, 8(3):235—254.

[9] Matthews C H, Moser S B. A longtitudinal investigation of the impact of family background and gender on interest in small firm ownership[J]. Journal of Small Business Management, 1996, 34(2):29—43.

[10] McClelland D C. Characteristics of successful entrepreneurs[J]. The Journal of Creative Behavior, 1987, 21(1):18—21.

[11] Phan P H, Wong P K, Wang C. Antecedents to entrepreneurship among university students in Singapore: Beliefs, attitudes and background[J]. Journal of Enterprising Culture, 2002, 10(2): 151—174.

[12] Sánchez J C. University training for entrepreneurial competencies: Its impact on intention of venture creation[J]. International Entrepreneurship and Management Journal, 2011, 7(2):239—254.

[13] Spencer I M and Spencer S M. Competence at Work: Model for superior performance [M]. New York: John Wiley and Sons, 1993, 18.

[14] Shapero A & Sokol L. The social dimensions of entrepreneurship. In C A Kent, D L Sexton, & K H Vesper(eds.), Encyclopedia of Entrepreneurship[M]. Englewood Cliffs, NJ: Prentice Hall, 1982,72—90.

[15] Wu S, Wu L. The impact of higher education on entrepreneurial intentions of university

students in China[J]. Journal of Small Business and Enterprise Development,2008,15(4):752—774.

[16] 简丹丹,段锦云,朱月龙.创业意向的构思测量、影响因素及理论模型[J].心理科学进展,2010,18(1):162—169.

[17] 房国忠,刘宏妍.美国大学生创业教育模式及其启示[J].外国教育研究,2006,33(12):41—44.

[18] 范巍,王重鸣.个体创业倾向与个性特征及背景因素的关系研究[J].人类工效学,2005,11(1):33—35.

[19] 张炜,王重鸣.中小高技术企业创业者组合模式与胜任特征研究[J].科学学与科学技术管理,2004,(3):90—93.

[20] 仲理峰,时勘.家族企业高层管理者胜任特征模型[J].心理学报,2004,36(1):110—115.

[21] 王辉,张辉华.大学生创业能力的内涵与结构[J].国家教育行政学院学报,2012,(2):81—86.

[22] 周逸梅.大学生创业比例0.9%[N].京华时报,2011-7-13(4).

第 11 章
创业倾向的胜任力作用机制研究

一、引　言

创业的"倾向"(intention)被认为是了解创业行为的重要变量(Bird,1988)。因为如果把创业视为一个过程,那么创业倾向就是创业发展过程的第一步,是实际创业行为实施的一个先导(Lee & Wong, 2004;Fayolle, et al, 2006)。因此,影响创业倾向形成的因素受到了关注(Liñán & Chen, 2009;Liñán, 2007)。许多研究从不同的理论视角出发,尝试对此问题进行探讨。例如,外部情境因素的影响作用,包括如时间约束、任务难度、社会压力、社会规范等,都可能会对个体创业的态度及倾向产生影响(Lee & Wong, 2004)。更多的研究是探讨个体因素对创业倾向的影响,主要包括人口统计特征和个人特质(简丹丹等,2010;范巍,王重鸣,2005),例如性别、年龄、教育、种族、家庭背景、职业经历、智力、成就需求、社会技能、内外控制倾向(locus of control)和自我效能(self-efficacy)等诸多因素(Reynolds, et al, 1994;Markman & Baron, 2003;Wilson, Kickul, & Marlino, 2007)。另外,也有研究结合外部情境因素和个体因素一起探讨创业倾向的形成机制,尝试对这些不同理论视角下的影响因素进行整合分析(Liñán & Chen, 2009)。此类研究对创业倾向有较好的解释力。因此,对创业倾向的深入研究可以有两个基本思路:一是进一步整合已有的理论视角及变量,从而使理论模型更具综合性和解释力;二是继续引入一些新的且更具解释力的理论视角及变量。在已有的研究成果的基础上,本研究尝试从胜任力理论视角对创业倾向的作用机制进行研究。选择胜任力理论视角主要基于两个原因:一是胜任力视角的实践价值。基于人口统计特征和个人特质的研究,其缺点不仅是对创业倾向的解释力不强(Krueger,et al,2000),而且这些影响因素往往是创业者后期很难改变或习得的属性因素。以绩效为导向所归纳或抽取出来的胜任力因素则更具有实践导向性,并且在一定程度上更有外部干预或自我提升的空间和途径。二是胜任力视角的理论价值。相对于情境因素和个人特质等静态变量,胜任力会随着个体的创业实践而不断动态发展。如果把创业看成一个持续的成长实践过程,那么创业胜任力的形成也应有一个累积和渐变的过程,贯穿了从创业萌芽到创业成功的整个过程,并且不同的胜任力维度在创业的不同阶段将发挥不同的影响作用。因此,识别出哪些维度的创业胜任力将在创业倾向形成阶段发挥作用,以及这些不同的胜任力维度之间存在的互动影响关系,在理论上将进一步丰富创业倾向研究,并为未来的整合研究提供更丰富的理论视角。

二、理论背景与假设提出

(一)创业胜任力的内涵与维度

哈佛大学教授 McClelland 在 1973 年提出"胜任力"(competence)的概念后,这一概念被明确地定义为一系列个人特征,例如动机、态度、社会角色、自我形象、知识和技能等组成要素。这些个人特征能区分组织环境中和特定工作岗位上的绩效水平(Spencer & Spencer,1993)。McClelland(1987)把胜任力的概念延伸到创业研究领域后,Chandler 和 Hanks(1993)提出了"创业胜任力"(entrepreneurial competency)的概念,并将其定义为"识别、预见并利用机会的能力"。这种胜任力被看作创业的核心能力,会随着创业者对市场的熟悉程度加深而不断加强。

创业胜任力已成为创业研究的一个重要内容,国内外一些文献对创业胜任力的构成维度及特征进行了深入探讨。例如,Man和Lau(2000)通过对中国香港中小企业创业者的访谈,提出了创业者胜任力特征的六维度结构模型,即机会胜任力、关系胜任力、概念胜任力、组织胜任力、战略胜任力和承诺胜任力。国内学者张炜和王重鸣(2004)在以往文献研究的基础上,选取浙江和北京地区的12家中小高技术企业进行了深入访谈和问卷调查,提出了创业胜任力的八维度模型,包括机会要素、关系要素、概念要素、组织要素、战略要素、承诺要素、情绪要素和学习要素。仲理峰和时勘(2004)通过对18名家族企业高层管理者的关键行为事件访谈,提出了中国家族企业企业家胜任力特征模型,该模型由11个维度构成:主动性、信息寻求、自信、捕捉机遇、组织意识、指挥、自我控制、权威导向、影响他人、仁慈关怀和自主学习。以上不同研究所得出的结论具有一定的差异性,这些差异性可能来自于文化背景,或者是因为所研究样本具有群体性特征等。Man等人(2008)通过一项以本土成长和国外成长企业家为比较样本的研究发现,两个文化背景下成长的企业家在关系胜任力和组织胜任力的行为要素和属性以及知识和技能上都存在差异。王辉和张辉华(2012)通过以大学生创业群体为研究样本的案例与实证研究发现,大学生创业胜任力结构主要包括七个维度:机会把握力、创业坚毅力、关系胜任力、创业原动力、创新创造力、实践学习力和资源整合力。与一般社会创业者相比,大学生不仅在结构上表现出独特性,同时在内涵上也表现出差异性。可以认为,不同创业群体的创业胜任力结构也会存在差异。因此,在作与创业胜任力相关的研究时,必须对创业问题涉及的文化背景或者对象群体作出明确考察和界定。本研究尝试以大学生群体为研究对象,因此以下将主要以大学生的创业胜任力结构模型为理论基础。

(二)创业胜任力影响创业倾向理论假设

基于Ajzen(1991)的计划行为理论(Theory of Planned Behavior,TPB),倾向被认为是一种行为发生的直接前因,它可以有效地预测有计划的行为,并且行为倾向受到态度、社会规范和感知行为控制的影响。创业是一个有意识和有计划的行为,创业倾向(entrepreneurial intention)在20世纪90年代开始得到国外研究的关注,成为创业行为研究的一个重要变量。Krueger(1993)把倾向看作对将来某个目标行为的承诺程度,而创业倾向就可视为创办一个新企业的承诺度。Bird(1995)把创业倾向定义为"将创业者的注意力、精力和行为引向某个特定目标的一种心理状态",并且认为由灵感激发的创业想法必须通过创业倾向才能实现。除了将创业倾向视为一种心理状态,近年的研究也开始将其视为一种行为努力。例如,Liñán 和 Chen(2009)把创业倾向看作实施创业所付出的种种努力。综合已有的研究观点,本研究将创业倾向界定为个体创办新企业前的一种心理信念和行为努力,它最终会导致个体采取实际的创业行动。

创业倾向的形成有一个孕育的过程。根据"创业事件"模型(Shapero & Sokol,1982),创业倾向的形成要基于创业者对提前发生事件的感知结果。这些感知主要包括希求性感知(perceived desirability)和可行性感知(perceived feasibility)。前者是指个体对特定行为(如创业)的吸引力,后者是指个体感知实施具体行为(如创业)所具备的能力。TPB 也认为,行为倾向受到感知行为控制(perceived behavioral control)的影响,感知行为控制主要指行动者所感知到的实施某项行为的难易程度(Ajzen,1991)。那些自我感知创业胜任力高的人往往会有更高的创业成功预期,会获得更强的创业激励,从而可能产生更高的创业倾向。因此,可以认为,创业胜任力是影响创业倾向的重要因素,即那些自我评估创业胜任力高的人通常具有更强的创业倾向。

基于对已有的创业胜任力文献的梳理(尹苗苗,蔡莉,2012),我们发现,在创业过程的不同阶段,不同的创业胜任力具有不同的影响作用。例如,机会识别能力一般在创业的早期阶段形成并影响着创业行为。同理,在创业倾向形成阶段,不同的创业胜任力的影响力也会存在差异。基于前文创业胜任力理论的讨论,我们认为,不仅在创业的不同阶段,甚至在不同文化背景下和不同群体中,创业胜任力的影响作用也会有所差异。具体到我

第 11 章 创业倾向的胜任力作用机制研究

国大学生创业倾向的形成,一些创业胜任力维度会显现出其更为重要的作用,例如创业原动力、机会把握力、创新创造力和关系胜任力。但是,一些创业胜任力维度则需要在付诸创业实践之后,随着企业的成长以及创业问题和困难的不断出现,才可能逐步发挥出其重要的影响,例如创业坚持力、资源整合力和实践学习力。以下将对创业胜任力与创业倾向之间存在的直接与间接影响关系分别进行分析。

第一,创业原动力对创业倾向的影响。一项对美国、欧洲和亚洲国家(包括中国)大学生创业现状的调查研究发现(Giacomin, et al, 2011),激发个体创业最重要的动因分别是:追求利润和社会地位;渴望独立;创造一些属于自己的东西;追求个人的发展;对职业不满(如难以找到合适工作)。王辉和张辉华(2012)通过对 12 位中国创业大学生的案例研究发现,除了满足个人生活和事业上的具体目标外,能回报社会或给社会带来重要影响,也是一些中国大学生选择创业生涯的重要原因之一。因此,我们把创业原动力概括为对创业生活方式及其成果的企望和追求能力,并且有假设 **H1:创业原动力对创业倾向具有积极影响**。

第二,机会把握力对创业倾向的影响。在创业研究领域,如何发掘和开发创业机会被视为创业的一个核心问题(Shane & Venkataraman, 2000)。创业本质上是一个围绕识别、评估和开发市场机会的过程,因此创业机会是整个创业过程的起始点和关键点。全球创业观察机构(GEM)把创业分为生存型创业和机会型创业两种类型。根据 GEM 的调查数据(高建等,2007),随着新经济的兴起,中国从 2006 年起,机会型创业的比例开始超过生存型创业,达到 59.2%,生存型创业为 38.7%。根据 2010 年中国校友会网和《21 世纪人才报》发布的"2010 中国大学创业富豪榜",大学生创业比较集中在互联网等新机会涌现的新技术行业。由此可见,在宏观层面上,创业机会也是一个国家创业经济发展的关键因素,即当人们拥有更多创业机会的时候,创业行为就会更多地涌现。这样,在个体层面上,那些能够识别、发现或开发出市场机会的人,其选择创业的可能性就越大,即个体的机会把握力越强,越有可能选择创业。因此,我们有假设 **H2:机会把握力对创业倾向具**

有积极影响。

第三,创新创造力对机会把握力的影响。创新创造力是指创新性地解决创业过程中出现的各种问题,包括创造和改进新的技术、产品、服务和流程的能力(王辉,张辉华,2012)。Drucker(2002)认为,创新是创业的核心要素或本质所在,是创业者的一种工具,它能赋予资源一种新的能力。具有创新能力的人往往能从产业与市场结构的改变、出乎意料的情况、新出现的科学知识等诸多来源中发现创业机会。创业机会的发现往往就是创业者对市场或环境变化的敏锐把握,并且能用创新的思维和方法去开发这一机会。对于追求机会型创业来说,创新创造力是企业家发掘创业机会,并将其转换成保持创业持续成长的一种核心能力。在创业的整个过程中,包括创业机会的发现与形成阶段,创新创造力都具有重要的影响。因此,我们有假设 **H3:创新创造力对机会把握力具有积极影响。**

第四,创新创造力对创业原动力的影响。在技术和市场日新月异的今天,创新创造力往往成为创业者和创业企业成长与成功的一种核心能力。国内高校甚至把创新能力视为大学生创业教育的核心内容(李家华,卢旭东,2010)。但是,这并不意味着,有创新创造力的人一定会作出创业选择,因为在不同行业领域就业且具有良好创新创造力表现的人非常多。因此,创新创造力是否会导致最终的创业职业生涯的选择,还要看创新创造力的实践过程及其所实现目标是否真正满足了个体的某些内在需求。作为一种失败率非常高的行为,创新创造是一个不断持续试错的过程。创业者要在累战累败的尝试中坚持下来,除了对失败的容忍和正确认识外,还需要创新创造行为本身满足创业者一种内在的激励性需求,以激发并维持其持久的创业动力。因此,我们认为,具有创新创造力的人最终选择和追求创业生涯,是因为这种创新创造行为引发并满足了个体的一些内在需求,激发了其创业的原动力。因此,我们有假设 **H4:创新创造力对创业原动力具有积极影响。**

第五,关系胜任力对机会把握力的影响。社会资本是影响创业倾向的一个重要因素,它会通过对希求性感知和可行性感知的作用,对创业倾向产生影响(Liñán & Santos,2007)。同时,社会资本也是创业机会的重要影响因素(张玉利,杨俊,任兵,2008)。创业者与朋友、同学、老乡、亲人等保持良好的互动关系,在创业初期也非常重要,尤其在中国文化背景下具有非常重要的意义。相关案例研究显示,外部关系的建立和维护能有效地激发大学生的创业灵感,带来创业资源,提供情感支持,以及解决创业过程中出现的各种问题等(王辉,张辉华,2012)。此外,一些文献还在组织层面上讨论创业企业与外部组织的关系,特别是聚焦于与战略性合作伙伴关系的维持(如 Man & Lau,2000)。因此,关系胜任力作为一种建立和维持个人之间、个人和组织之间互动关系的能力,在创业倾向形成阶段对创业机会的识别和评估具有重要作用。在对创业机会未来前景不确定的情况下,创业者可以借助自己的外部关系获得相关信息和评估资源,直接或间接地帮助自己作出正确的判断决策。在创业机会选择初期,创业者除了依靠自身的知识和经验积累进行判断外,更重要的是,还需要依靠外部的各种关系弥补或加强对机会的识别、评估和把握。因此,我们有假设 **H5:关系胜任力对机会把握力具有积极影响**。

第六,关系胜任力对创新创造力的影响。创业是一个围绕着创业机会持续创新创造的过程,该过程需要创业者能够时刻洞悉环境变化与挑战。成功的创业者能不断运用创新创造性思维,解决创业过程中出现的各种问题。因此,创业成功的关键就在于,创业者如何与外部环境进行持续有效的互动,通过这种互动解决各种创业问题,从环境中获取各类信息、资金、知识、人才等有形和无形资源,这些资源往往是创业者发挥创新创造力的重要源泉和前提基础;否则,创新创造将有可能陷于"巧妇难为无米之炊"的境地,创业也可能在纷至沓来的问题中"流产"。因此,与外部环境中的组织或个人建立和维持良好的互动关系,不仅能在创业前期帮助创业者识别、评估和选择创业机会,同时也能在创业实施过程中帮助创业者不断地提升与发挥其创新创造力。因此,我们有假设 **H6:关系胜任力对创新创造力具有积极影响**。

基于以上论述,我们认为,机会把握力和创业原动力是直接影响创业倾向的两个重要的胜任力维度；同时，关系胜任力和创新创造力会通过机会把握力和创业原动力的中介作用，对创业倾向产生间接影响。以上四个胜任力因素在创业倾向的形成阶段将发挥重要的影响作用，其作用机制及其理论假设的关系如图11-1所示。

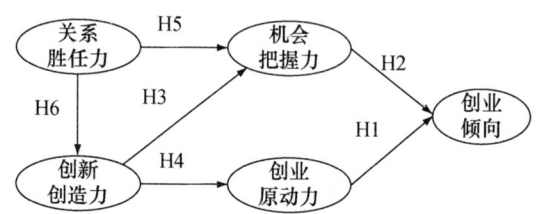

图11-1 创业倾向的胜任力作用模型及假设

三、研究方法

（一）样本数据

在创业研究中运用学生样本数据已成为较普遍的现象（Kolvereid，1996；Krueger，et al，2000；Veciana，et al，2005；Liñán & Chen，2009）。相关研究也显示，毕业时间不长或即将毕业的大学生表现出较高的创业倾向（Krueger，et al，2000）。本研究的样本数据主要来自于对上海松江大学城七所高校的大学生所进行的问卷调查。我们共发出调查问卷400份，收回有效样本362份。七所高校的样本比例分别为：上海对外贸易学院（36.5%）、东华大学（16.7%）、上海外国语大学（11.9%）、华东政法大学（12.7%）、上海工程技术大学（13.2%）、立信会计学院（7.8%）和复旦视觉艺术学院（1.2%）。样本的性别、年级和专业分布情况如表11-1所示。样本由SPSS软件随机均等分为两部分，分别用于探索性因子和验证性因子分析。

表 11-1 问卷调查样本分布情况

变量	类别	数量	比例
性别	女	215	59.4%
	男	147	40.6%
年级	大一	45	12.4%
	大二	121	33.4%
	大三	98	27.1%
	大四	75	20.7%
	硕士	23	6.4%
专业	文科	258	71.3%
	工科	26	7.2%
	理科	19	5.2%
	艺术	27	7.5%
	其他	32	8.8%

（二）变量及其测量

1. 因变量测量

已有的文献对创业倾向的测量进行了探讨并提出了相关的测量方法。例如，选择自主创业的可能性（Phan, et al, 2002），在可预见的将来创业的可能性（Lüthje & Franke, 2003），或者是测量对象在"就业"与"创业"之间的偏爱程度（Sánchez, 2011）。本研究主要采用 Liñá 和 Chen（2009）开发的测量量表，该量表充分借鉴了前人的研究成果，主要测量个体为创业所付出的种种努力。该量表得到了跨文化样本数据的支持（包括华人样本），具有良好的信效度。

2. 自变量测量

如前所述，创业胜任力的结构与内涵会因文化背景和群体特征的不同而存在差异。因此，本研究中创业胜任力的测量主要采用王辉和张辉华（2012）的大学生创业能力测量量表。该量表的构建主要基于创业大学生的案例访谈研究，并进行了大样本数据的实证分析，具有良好的信度和效度。其中，机会把握力、创业原动力、关系胜任力和创新创造力分别有 4 个测量条目,一共有16个测量条目。以上所有因变量与自变量的测量均采用7分度量表,"1"表示完全不同意,"7"表示完全同意。

(三)信度与效度检验

首先,运用统计软件 SPSS 16.0 对 22 个条目进行探索性因子分析。分析显示:样本适当性系数 KMO(Kaiser-Meyer-Olkin)的指标为 0.930,Bartlett 球形检验卡方值为 6144(df = 231,P < 0.001)。从探索性因子分析的结果看,22 个条目组成的创业能力维度模型的结构较为清晰,各因子载荷都大于 0.5,不存在 0.4 以上的交叉负荷,总体方差解释变异量为 79.085%。同时,各因子的 Cronbachs α 系数都大于 0.8,总体一致性系数为 0.95。

其次,运用统计软件 AMOS 17.0 对测量模型进行验证性因子分析。分析结果显示:χ^2 = 502.431,χ^2/df = 2.525,RMSEA = 0.087,IFI = 0.907,NNFI = 0.891,CFI = 0.906,各拟合优度指标值均在可接受的建议值以上。各变量的因素负载在 0.764 至 0.942 之间,显著水平均在 0.001 以上。如表 11-2 所示,各变量收敛效度的组合信度值 CR 均在 0.8 以上,平均方差提取值 AVE 均在 0.6 以上。

以上检验说明测量量表具有良好的信度和效度,测量量表收集的数据具备可靠性。

表 11-2 变量测量条目及信度效度检验

变量	测量条目	检验值
创业倾向	QX1.为成为创业者,我准备好做任何事 QX2.我的职业目标就是成为一名创业者 QX3.我将尽全力创建和经营自己的企业 QX4.我决定将来要创建一家企业 QX5.我非常认真地考虑过创建一家企业 QX5.我有坚定的意向在未来某一天创建一家企业	α = 0.949 CR = 0.951 AVE = 0.763

（续表）

变量	测量条目	检验值
关系 胜任力	GX1. 我会通过各种渠道去结识新朋友 GX2. 我善于和陌生人建立朋友关系 GX3. 我喜欢结识不同背景或不同类型的朋友 GX4. 我会主动和新结识的朋友保持联系	$\alpha = 0.877$ $CR = 0.877$ $AVE = 0.641$
机会 把握力	JH1. 我会通过与人交流评估自己所发现的商业机会 JH2. 我会向有行业经验的人请教商业机会的可行性 JH3. 我会通过实践尝试评估商业机会的可行性 JH4. 我寻找途径去评估一些商业机会的价值	$\alpha = 0.893$ $CR = 0.894$ $AVE = 0.679$
创新 创造力	CX1. 我喜欢用创新的方法来处理所面临的一些问题 CX2. 我喜欢突破常规的思路或方法做事情 CX3. 我经常思考和关注如何才能创新 CX4. 我做事情时总是有一种很强的创新意识	$\alpha = 0.926$ $CR = 0.932$ $AVE = 0.771$
创业 原动力	YD1. 我喜欢自主创业的生活方式 YD2. 我渴望拥有成功创业人士的生活方式 YD3. 我期望自己的创业成果能给社会带来重要影响 YD4. 通过创业,我可以更好地回报社会	$\alpha = 0.893$ $CR = 0.901$ $AVE = 0.694$

四、分析结果

首先,本研究运用SPSS统计分析软件对五个变量进行相关分析,分析的结果如表11-3所示。数据显示,所有变量间均具有显著相关关系($P < 0.001$),并且理论假设所涉及变量间的关系均具有较强的相关关系(r值处于0.376至0.73之间)。其中,创业原动力与创业倾向之间的相关关系表现最强($r = 0.73$),机会把握力与创业倾向之间的相关系数值$r = 0.493$,其余几个理论假设所涉及变量间的相关系数值均在0.5以上。因此,相关分析初步验证了前文理论研究提出的关系假设。

表 11-3　变量统计与相关系数分析

样本量 N=363	关系胜任力	创新创造力	机会把握力	创业原动力	创业倾向	均值	标准差
关系胜任力	1	.544**	.595**	.408**	.376**	4.4704	1.23848
创新创造力	.544**	1	.563**	.551**	.490**	4.4516	1.28450
机会把握力	.595**	.563**	1	.515**	.493**	4.3582	1.31478
创业原动力	.408**	.551**	.515**	1	.730**	4.5663	1.41264
创业倾向	.376**	.490**	.493**	.730**	1	3.5527	1.55789

注:** 表示显著性水平 $P < 0.01$。

其次,对理论模型及假设进行检验。本研究运用统计分析软件 AMOS 17.0 对图 11-1 所示的模型进行拟合检验,模型主要拟合指标为:$\chi^2 = 503.796$,$\chi^2/df = 2.494$,RMSEA $= 0.086$,IFI $= 0.907$,NNFI $= 0.893$,CFI $= 0.907$,拟合值均达到可接受的建议值以上。各变量间回归系数值如图 11-2 所示,创业原动力、机会把握力、创新创造力和关系胜任力四个变量对创业倾向具有显著影响,总体方差解释达到 62%。这说明,创业胜任力对创业倾向具有非常重要的影响作用,模型具有非常强的解释力。理论假设检验的主要结果如下:

第一,创业原动力的影响作用。创业原动力影响创业倾向的回归系数值达到 $0.69(P<0.001)$,说明创业原动力对创业倾向的影响作用非常大。因此,假设 H1 得到了支持。

第二,机会把握力的影响作用。机会把握力影响创业倾向的回归系数值达到 $0.20(P=0.005)$,说明机会把握力对创业倾向具有一定的影响作用。因此,假设 H2 得到了支持。

第三,创新创造力的影响作用。创新创造力对创业倾向影响的总体效应系数达到 0.487,具有较强的影响作用。但是,其影响作用是间接的,主要通过机会把握力和创业原动力的中介作用产生。其中,创新创造力对创业原动力具有显著影响,其回归系数值达到 $0.62(P<0.001)$,影响作用较强,且其对创业原动力的总体方差解释达到约 38.1%;同时,创新创造力影响机会把握力的回归系数值为 $0.30(P=0.001)$,也具有一定的影响作用。

因此,假设 H3 和 H4 得到了支持。

第四,关系胜任力的影响作用。关系胜任力对创业倾向影响的总体效应系数达到 0.395,具有较强的影响作用。同样,其影响作用是间接的,主要通过机会把握力和创新创造力的中介作用产生。其中,关系胜任力影响机会把握力的回归系数为 0.44($P<0.001$),影响作用较强;同时,关系胜任力影响创新创造力的回归系数值为 0.63($P<0.001$),具有较强的影响作用,且总体方差解释达到 40.2%。因此,假设 H5 和 H6 得到了支持。

如上所述,理论模型及其假设均得到了经验数据的支持,且模型总体具有较强的解释力。

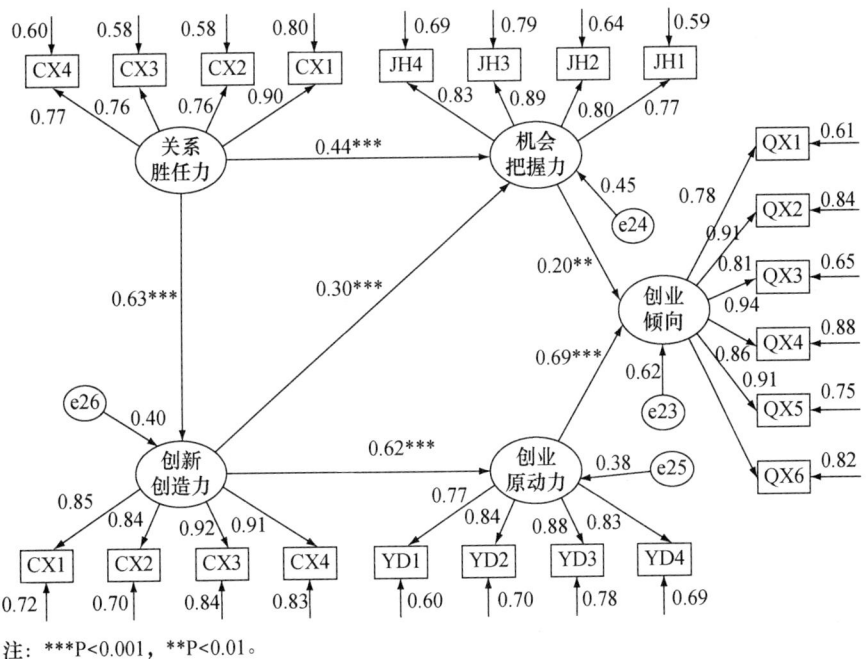

注:***P<0.001,**P<0.01。

图 11-2 结构方程模型分析结果

五、结果讨论与启示

我们对创业胜任力影响创业倾向的作用机制进行了研究,以上数据分析结果为两者的因果关系提供了一个坚实的实证依据。分析结果表明,创业胜任力对创业倾向形成具有较强的解释力(方差解释达到62%),甚至超过了计划行为理论模型(如李永强等,2008)和综合理论模型(如 Liñán & Chen,2009)。该研究为我们进一步理解创业倾向的形成机制提供了新的理论视角。与人口统计特征(如性别和年龄)、个人心理特质(如自我效能)、外部环境因素(如社会规范)等理论概念相比,胜任力概念在实践操作上更具有外部干预的优势。因此,对创业胜任力研究给予更多的关注,能更好地对创业行为进行预测和干预。以下分别对模型中涉及的四个创业胜任力维度进行讨论:

第一,创业原动力。分析结果显示,创业原动力对创业倾向具有很强的影响作用。基于计划行为理论的影响,创业态度成为预测创业倾向的一个重要变量。但是,创业态度的缺点是与创业倾向在概念内涵上非常接近,并且往往受外部情境因素影响较大。例如,一个有良好创业态度的人,可能由于家人和朋友的反对等原因而放弃创业;而一个创业态度不好的人,可能因为找不到工作而选择创业。创业原动力是对创业生活方式及其成果的一种企望和追求能力,主要测量个体所拥有的创业需求与创业价值观,与创业倾向的概念内涵能更好地区分,其形成也往往与个人的生活和教育经历相关,具有一定稳定性和持久性。对于不同的创业群体或文化背景,创业原动力会存在差异性。因此,未来可以拓展到对不同的创业群体和文化背景进行研究,使其概念内涵更加丰富和完善。

第二,机会把握力。创业者如何发现或识别创业机会是创业研究关注的一个核心问题(Shane & Venkataraman,2000)。根据 GEM 的定义(Harding,et al 2002),机会型创业是指个人感知到创业机会,并且由于个人偏好而选择了创业,创业机会对创业者产生了吸引或拉动作用。因此,可以认为,那些识别、评估和开发机会能力强的人往往会有更强的创业倾向。本研究的实证数据不仅很好地证实了这一论点,并且模型进一步反映了机会把握力与个体的创新创造力和关系胜任力具有较强的因果关系。即机会把握力实际上还在其他创业胜任力与创业倾向之间起到了中介效应的作用。这也就说明,在培养激发创业倾向的个体创业能力的过程中,机会把握力是首先需要重点关注和培养的创业胜任力维度。

第三,创新创造力。创新创造力被视为创业的一种核心或本质能力,并且人们相信,只有具备一定的创新创造力的人,才更有可能成为一名成功的创业者。本研究结果显示,创新创造力对创业倾向具有较强的影响作用,但是并不直接,而需要通过机会把握力和创业原动力的中介作用实现。这一点带来的启发就是,在创业倾向的形成阶段,创新创业力的培养需要能促进机会把握力和创业原动力的改善。由此,我们首先应把创新创造力视为一种实践导向的能力,甚至将创新本身就视为一种实践。因为一些研究表明,许多产品和服务创新完全是在与客户和市场互动的过程中实现的(王辉,张辉华,2012),这样的创新创造力才能较好地转换成真正的市场机会。同时,对个体创新创造力影响的认知,不仅要与个人的成长和成就有关,还应与整个社会经济的发展及成就等因素联系起来,使之被激发出一种具有社会价值取向的创业原动力,这样个体所获得的创新创造力才更有可能最终形成一种创业倾向和行为。

第四,关系胜任力。社会资本理论对创业倾向已有很好的解释力(Liñán & Santos,2007)。但是,中国人的"关系"是与社会资本相近却又具有本土化特征的一个理论概念(翟学伟,2009)。与社会资本类似,关系的重要功效是能为行动者带来实现目标所需的各种信息和资源。关系的本土化的特征在于,它已成为中国社会文化的重要价值取向,是身处其中的行动者会潜在遵循的一种心理和行为取向(翟学伟,1993),并会对其创业行为产生重要的影响作用。一些研究初步发现了中国人的社会关系对创业倾向具有积极的影响作用(史达,2011)。本研究不仅揭示了关系胜任力对创业倾向的重要影响(总体影响系数达到0.395),并且发现关系胜任力会通过机会把握力和创新创造力的中介作用对创业倾向产生间接影响。这初步说明,在创业倾向的形成过程中,具有本土化特征的关系胜任力存在复杂且重要的作用机制,未来值得作更深入的关注。

六、结论与展望

传统上,从人口统计特征和个人特质等理论角度对创业倾向进行解释与预测,已经获得了较多的研究成果。本研究从胜任力的视角理解创业倾向的形成,尝试为理解创业行为提供一个新的理论视角。本研究提出创业倾向的胜任力作用机制模型及假设获得了实证数据的支持,并且显示出较强的整体方差解释力。这说明,创业胜任力在创业倾向理论模型的研究中将是一个具有潜力的变量,值得保持进一步的关注。同时,由于创业胜任力是基于行为事件访谈法,以创业者为研究对象,从实际发生的创业事件中所提炼出来的心理与行为模式(Man & Lau,2000;仲理峰和时勘,2004),因此提供了一个与实践应用更易于转换的理论视角,将能更好地满足创业者对自身创业心理与行为的认知与理解,以便相应施加更具操作性的创业教育与培训等有效干预措施。

本研究也存在不足之处,未来可以作进一步的完善和深化研究。首先,在方法上,由于研究对象聚焦于高校大学生群体,因此所得出结论的普适性会存在局限性,以后可以进一步扩展到其他社会潜在创业群体,以完善理论模型与概念内涵。同时,模型中的因变量与自变量测量都采取自我评估方法,可能会存在共同方法偏差问题,以后可以进一步改善。其次,在理论上,本研究只局限于对胜任力理论概念的分析,未来可以进一步探讨胜任力因素与其他影响因素的联系与整合,以构建出更有解释力的综合理论模型。此外,未来还可以重点研究具有本土化特征的创业胜任力维度,如关系胜任力,深入挖掘其本土化的概念内涵。这不仅对理解中国人创业的心理与行为模式更有效,对丰富创业胜任力理论体系也会具有非常重要的价值。

主要参考文献

[1] Ajzen I. The theory of planned behavior[J]. Organizational Behavior and Human Decision Processes, 1991, 50(2):179—211.

[2] Bird B. Implementing entrepreneurial ideas: The case for intention[J]. Academy of Management Review, 1988, 13(3):442—453.

[3] Bird B. Towards a theory of entrepreneurial competency[J]. Advances in Entrepreneurship, Firm Emergence and Growth, 1995, 2(1):51—72.

[4] Chandler G N, Hanks S H. Measuring the performance of emerging businesses: A validation study[J]. Journal of Business Venturing, 1993, 8(5):391—408.

[5] Fayolle A, Gailly B, Lassas-Clerc N. Assessing the impact of entrepreneurship education programmes: A new methodology[J]. Journal of European Industrial Training, 2006, 30(9): 701—720.

[6] Giacomin O, Janssen F, Pruett M, et al. Entrepreneurial intentions, motivations and barriers: Differences among American, Asian and European students[J]. International Entrepreneurship and Management Journal, 2011, 7(2): 219—238.

[7] Harding R, Hart M, Jones-Evans D, et al. Global Entrepreneurship Monitor[J]. London: London Business School, 2002.

[8] Kolvereid L. Prediction of employment status choice intentions. Entrepreneurship Theory and Practice, 1996, 21(1):47—57.

[9] Krueger N F & Carsrud A L. Entrepreneurial intentions: Applying the theory of planned behavior[J]. Entrepreneurship and Regional Development, 1993, 5(4): 315—330.

[10] Krueger N F. The cognitive infrastructure of opportunity emergence[J]. Entrepreneurship Theory and Practice, Spring, 2000, 5—23.

[11] Krueger N F, Jr., Reilly M D, Carsrud A L. Competing models of entrepreneurial intentions[J]. Journal of Business Venturing, 2000, 15(5):411—432.

[12] Lee S H, Wong P K. An exploratory study of technopreneurial intentions: A career anchor perspective[J]. Journal of Business Venturing, 2004, 19(1):7—28.

[13] Liñán F, Chen Y W. Development and cross-cultural application of a specific instrument to measure entrepreneurial intentions[J]. Entrepreneurship Theory and Practice, 2009, 33(3):593—617.

[14] Liñán F, Santos F J. Does social capital affect entrepreneurial intentions? [J]. International Advances in Economic Research, 2007, 13(4):443—453.

[15] Lüthje C and Nikolaus F. The "making" of an entrepreneur: Testing a model of entrepreneurial intent among engineering students at MIT[J]. R&D Management, 2003, 33(2):135—147.

[16] Man T W Y, Lau T. Entrepreneurial competencies of SME owner/managers in the Hong Kong services sector: A qualitative analysis[J]. Journal of Enterprising Culture, 2000, 8(3):235—254.

[17] Man T W Y, Lau T, Chan K F. Home-grown and abroad-bred entrepreneurs in China: A study of the influences of external context on entrepreneurial competencies[J]. Journal of Enterprising Culture, 2008, 16(2):113—132.

[18] Markman G D, Baron R A. Person-entrepreneurship fit: Why some people are more successful as entrepreneurs than others[J]. Human Resource Management Review, 2003, 13(2):281—301.

[19] McClelland D C. Characteristics of successful entrepreneurs[J]. The Journal of Creative Behavior, 1987, 21(1):18—21.

[20] McClelland D C. Testing for competence rather than for "intelligence."[J]. American Psychologist, 1973, 28(1):1—14.

[21] Phan P H, Wong P K, & Wang C. Antecedents to entrepreneurship among university students in Singapore: Beliefs, attitudes and background[J]. Journal of Enterprising Culture, 2002, 10(2):151—174.

[22] Reynolds P, Storey D J, Westhead P. Cross-national comparisons of the variation in new firm formation rates[J]. Regional Studies, 1994, 28(4):443—456.

[23] Shapero A, Sokol L. The social dimensions of entrepreneurship[J]. Encyclopedia of entrepreneurship, 1982:72—90.

[24] Shane S, Venkataraman S. The promise of entrepreneurship as a field of research[J]. Academy of Management Review, 2000, 25(1):217—226.

[25] Spencer L M & Spencer P S M. Competence at work: Model for superior performance [M]. New York: John Wiley and Sons, 1993, 18.

[26] Sánchez José C. University training for entrepreneurial competencies: Its impact on in-

tention of venture creation[J]. International Entrepreneurship and Management Journal, 2011, 7(2):239—254.

[27] Veciana J M, Aponte M, Urbano D. University students' attitudes towards entrepreneurship: A two countries comparison[J]. The International Entrepreneurship and Management Journal, 2005, 1(2):165—182.

[28] Wilson F, Kickul J, Marlino D. Gender, entrepreneurial self-efficacy, and entrepreneurial career intentions: Implications for entrepreneurship education1[J]. Entrepreneurship Theory and Practice, 2007, 31(3):387—406.

[29] Wu S, Wu L. The impact of higher education on entrepreneurial intentions of university students in China[J]. Journal of Small Business and Enterprise Development, 2008, 15(4): 752—774.

[30] 彼得·F.德鲁克.创新与创业精神[M].张炜,译.上海:上海人民出版社,2002:42—43.

[31] 范巍,王重鸣.个体创业倾向与个性特征及背景因素的关系研究[J].人类工效学,2005,11(1):33—35.

[32] 高建,等.全球创业观察中国报告(2007)——创业转型与就业效应[M].北京:清华大学出版社,2008:18.

[33] 简丹丹,段锦云,朱月龙.创业意向的构思测量、影响因素及理论模型[J].心理科学进展,2010,18(1):162—169.

[34] 李永强,白璇,毛雨,曾峥.基于TPB模型的学生创业意愿影响因素分析[J].中国软科学,2008,(5):122—128.

[35] 李家华,卢旭东.把创新创业教育融入高校人才培养体系[J].中国高等教育,2010,(12): 9—11.

[36] 史达.关系、面子与创业行为:社会资本视角的研究[J].财经问题研究,2011,(3):5.

[37] 王辉,张辉华.大学生创业能力的内涵与结构[J].国家教育行政学院学报,2012,(2):81—86.

[38] 尹苗苗,蔡莉.创业能力研究现状探析与未来展望[J].外国经济与管理,2012,34(12):1—11.

[39] 张炜,王重鸣.中小高技术企业创业者组合模式与胜任特征研究[J].科学学与科

学技术管理,2004,(3):90—93.

[40] 仲理峰,时勘.家族企业高层管理者胜任特征模型[J].心理学报,2004,36(1):110—115.

[41] 张玉利,杨俊,任兵.社会资本、先前经验与创业机会——一个交互效应模型及其启示[J].管理世界,2008,(7):91—102.

[42] 翟学伟.是"关系",还是社会资本[J].社会,2009,(1):108—121.

[43] 翟学伟.中国人际关系的特质——本土的概念及其模式[J].社会学研究,1993,(4):74—83.